Diskurs um Verantwortung

Europäische Hochschulschriften
Publications Universitaires Européennes
European University Studies

Reihe XXI
Linguistik

Série XXI   Series XXI
Linguistique
Linguistics

Bd./Vol. 373

PETER LANG
Frankfurt am Main · Berlin · Bern · Bruxelles · New York · Oxford · Wien

Katharina Jacob

Diskurs um Verantwortung

Ethische Dimensionen wirtschaftlichen Handelns

Eine linguistische Mediendiskursanalyse

Mit einem Vorwort
von Ekkehard Felder

Bibliografische Information der Deutschen Nationalbibliothek
Die Deutsche Nationalbibliothek verzeichnet diese Publikation in
der Deutschen Nationalbibliografie; detaillierte bibliografische Daten
sind im Internet über http://dnb.d-nb.de abrufbar.

Gedruckt auf alterungsbeständigem,
säurefreiem Papier.

ISSN 0721-3352
ISBN 978-3-631-62067-0
© Peter Lang GmbH
Internationaler Verlag der Wissenschaften
Frankfurt am Main 2011
Alle Rechte vorbehalten.

Das Werk einschließlich aller seiner Teile ist urheberrechtlich
geschützt. Jede Verwertung außerhalb der engen Grenzen des
Urheberrechtsgesetzes ist ohne Zustimmung des Verlages
unzulässig und strafbar. Das gilt insbesondere für
Vervielfältigungen, Übersetzungen, Mikroverfilmungen und die
Einspeicherung und Verarbeitung in elektronischen Systemen.

www.peterlang.de

Meinen Eltern

Vorwort

Was haben ethische Handlungsdimensionen mit Diskursen zu tun? Diese Frage haben sich womöglich manche Leserinnen und Leser des Buchtitels gestellt. Sittliches Handeln und moralische Geltungsansprüche müssen doch unabhängig von der Sprache zu beurteilen sein! Dennoch hat eine Gesellschaft das grundlegende Bedürfnis, über die Kriterien, die wir unseren Entscheidungen zugrunde legen, zu kommunizieren. Demnach schließt sich die Frage an: Handelt es sich bei der Sprache um ein neutrales Medium oder sind Perspektivierungen durch den Sprachgebrauch unumgänglich? Die Unhintergehbarkeit menschlicher Erkenntnis ist seit Kant ein Topos und findet bei Humboldt eine Zuspitzung auf die Sprache als *das* Medium der Erkenntnis. Ist es von daher gerechtfertigt, auf Grund des Angewiesenseins auf die sprachlichen Zeichen zur Bezugnahme auf Gedanken und Sachverhalte in der Welt von einer „semiotischen Gefangenschaft" zu sprechen? Oder ermöglichen die sinn- und sachverwandten Benennungen (auf parole-Ebene) im Abgleich mit den „dahinter liegenden" Wort- und Begriffsfeldern (auf langue-Ebene) eine sprachlich instruierte Horizonterweiterung durch Sprach-Bewusstheit?

All diese Fragen stehen bei der vorliegenden Untersuchung mit dem Titel „Diskurs um Verantwortung. Ethische Dimensionen wirtschaftlichen Handelns" Pate. Sie grundsätzlich zu beantworten, ist nur unspezifisch oder gar unbefriedigend möglich – sie thematisch zu präzisieren, dahingegen schon. Ein solches Vorhaben ist allerdings nur in Weltausschnitten zu realisieren. Der Reiz derartiger Untersuchungen hängt selbstredend auch von der Relevanz des gewählten Wirklichkeitsausschnittes ab – hier ein wirtschaftliches Krisenszenario, welches nach 1929 wenige Vergleiche zulässt. So gesellt sich ein sprachliches und linguistisches Interesse zu einem gesellschaftspolitischen und epistemologischen.

Die vorliegende Monographie verfolgt hermeneutisch orientierte Erkenntnisziele, wie sie linguistischen Mediendiskursanalysen zugrunde liegen. Die Arbeit setzt sich zum Ziel, mit Hilfe sprachwissenschaftlicher Beschreibungsinstrumentarien unterschiedliche Perspektiven diverser Medien bei der Konstituierung eines bestimmten Referenten (hier VERANTWORTUNG) im Kontext der massenmedialen Berichterstattung über die Weltwirtschaftskrise 2008 zu analysieren und dabei korpuslinguistische Verfahren für eine qualitative Untersuchung zu nutzen. Durch den linguistischen Blick auf Form-Inhalts-Korrelationen erscheinen die untersuchten Inhalte im Vergleich zu den in den Sozialwissenschaften verbreiteten Inhaltsanalysen (*content analysis*) in neuem Licht: das heißt die untersuchten Sachverhalte im Referenzbereich VERANTWORTUNG werden konsequent unter dem Gesichtspunkt betrachtet, mit welchen sprachlichen Mitteln auf sie referiert wird (Wechselverhältnis zwischen sprachlichem Zeichen und referiertem Sachverhalt) und welche Implikationen damit einhergehen. Durch den intertextuellen Vergleich im Textkorpus, welches aus Artikeln überregionaler Qualitätszeitungen im Zeitrahmen von September 2008 bis September 2010 besteht, werden spezifische Zugriffsweisen auf vermeintlich gleiche Sachverhalte evident.

Die Untersuchung will Formen der Sachverhaltskonstitutionen, der Sachverhaltsverknüpfungen und der Sachverhaltsbewertungen an einem exemplarischen Mediendiskurs aufzeigen und fokussiert dabei Spezifika auf Wort- und Satzebene sowie in der Argumentation, um diskursspezifische Konzeptualisierungen herausarbeiten zu können. Solche Konzepte erweisen sich im Diskurs als handlungsleitend und stellen Interpretationskonstrukte dar, die verdeutlichen, welcher Orientierungsrahmen als Hintergrundfolie durch den Mediendiskurs einerseits erst konstituiert wird und andererseits als Beurteilungsgerüst die Entscheidungsprinzipien prägt. Linguistische Diskursanalysen verfügen von daher über interdisziplinäre Bezugspunkte zu anderen Sozial- und Geisteswissenschaften.

In dieser Untersuchung wird überzeugend dargelegt, wie mit Hilfe sprachwissenschaftlicher Verfahren ein gesamtgesellschaftlich äußerst relevantes Phänomen der Medienberichterstattung mit exemplarischem Methodenzugriff luzide erfasst werden kann. Die Untersuchungsmethode und die Ergebnisse haben beispielhaften Charakter und können weitere Studien dieser Art inspirieren.

Ich wünsche diesem Buch konstruktive Leser-Autorin-Interaktionen in Form von weiteren Publikationen und Diskussionen.

Heidelberg, im Juli 2011   Prof. Dr. Ekkehard Felder

Inhaltsverzeichnis

1 **Einführung** 11
   1.1 Erkenntnisinteresse 11
   1.2 Forschungsstand 12
   1.3 Aufbau der Arbeit 13

2 **Theoretische Voraussetzungen** 15
   2.1 Der Verantwortungsbegriff im philosophischen Forschungsdiskurs ... 15
      2.1.1 Eine philosophische Perspektive auf den Verantwortungsbegriff vor der linguistischen Mediendiskursanalyse 15
      2.1.2 Struktur und Funktion des Verantwortungsbegriffs als Relations- und Zuschreibungsbegriff 18
   2.2 Das Problem der Unvereinbarkeit von Form und Inhalt im Forschungsdiskurs der Verantwortungsethik 23
   2.3 Die Vereinbarkeit von Form und Inhalt aus linguistischer Perspektive 25
   2.4 Verantwortung zwischen Sprache, Welt und Konzept unter Einbeziehung eines variierbar-relationalen Attributfeldes 29
   2.5 Konstitution, Verknüpfung und Bewertung von Sachverhalten in einer Verantwortungssituation 33

3 **Methodische Vorgehensweise** 35
   3.1 Vier methodische Schwerpunkte auf der Mikroebene der sprachlichen Zeichen 36
   3.2 Vier Analyseebenen auf der Makroebene des Diskurses 37
      3.2.1 Bereich: Zusammenstellung des Textkorpus 37
      3.2.2 Zeit: Eine synchrone Perspektive 40
      3.2.3 Menge: Eine qualitative und quantitative Analyse 42
      3.2.4 Schlussweise: Induktion und Deduktion 42

4 **Konstitution moralischer Geltungsansprüche im Diskurs um Verantwortung in der Wirtschaft** 45
   4.1 Ebene der Lexeme 45

- 4.1.1 Ebene des engen Lexemverbandes 46
  - 4.1.1.1 *Verantwortung, Verantwortlichkeit* und *Verantwortliche* .. 47
  - 4.1.1.2 *verantworten* 48
  - 4.1.1.3 *verantwortlich, verantwortungsvoll* und *verantwortbar* 48
  - 4.1.1.4 *Unverantwortlichkeit, Verantwortungslosigkeit, unverantwortlich* und *verantwortungslos* 49
  - 4.1.1.5 Zwischenfazit: Ebene des engen Lexemverbandes 51
- 4.1.2 Ebene des weiten Lexemverbandes 51
  - 4.1.2.1 Verteilung von Verantwortung 52
  - 4.1.2.2 Funktionale und soziale Subjekte der Verantwortung 54
  - 4.1.2.3 Objekte und Adressaten der Verantwortung 56
  - 4.1.2.4 Verhaltensweisen und Einstellungen zu Verantwortung.... 57
  - 4.1.2.5 Zwischenfazit: Ebene des weiten Lexemverbandes 58
- 4.2 Ebene der Syntagmen 59
  - 4.2.1 Präpositionen als Junktoren konzeptspezifischer Attribute und Elemente diskursspezifischer Kollokationen 59
    - 4.2.1.1 *an, auf, aus, in, mit, vor* und *zwischen* als Junktoren konzeptspezifischer Attribute 60
    - 4.2.1.2 *bei, für* und *gegenüber* als Elemente diskursspezifischer Kollokationen 64
    - 4.2.1.3 Zwischenfazit: Präpositionen auf der Ebene der Syntagmen 69
  - 4.2.2 Substantive und Adjektive als Elemente diskursspezifischer Syntagmen 71
    - 4.2.2.1 Genitivkonstruktionen und Konjunktionen als Verknüpfung von zwei Elementen diskursspezifischer Syntagmen 71
    - 4.2.2.2 Adjektivkonstruktionen als Verknüpfung von zwei Elementen diskursspezifischer Syntagmen 77
  - 4.2.3 Verben unter valenz- und perspektivitätstheoretischen Gesichtspunkten 82
- 4.3 Ebene des Satzes – Ebene der Argumentation 86
  - 4.3.1 Allgemeine und spezielle agonale Zentren – eine quantitative Perspektive 87
  - 4.3.2 Argumentationsstrukturen – eine qualitative Perspektive 92

5 Zusammenfassung und Ausblick 101

Literaturverzeichnis 105

1 Einführung

Der Bereich der Wirtschaft erfährt, seitdem von einer globalen Finanz- und Wirtschaftskrise gesprochen wird, eine thematische Hochkonjunktur im gesellschaftlichen Diskurs. In den frühen Morgenstunden des 15. Septembers 2008 meldet die Investmentbank Lehman Brothers nach fast 200 Jahren an der Börse ihren Konkurs. In den Medien wird dieses Ereignis als der Auslöser der Finanzkrise konstituiert. Ununterbrochen berichten die Medien über die US-Immobilienkrise, von ihren Auswirkungen auf die weltweiten Finanzmärkte und der damit einhergehenden Krise in fast allen Bereichen der Weltwirtschaft. Verschiedene Staaten der ganzen Welt positionieren sich zu der wirtschaftlichen Lage, diskutieren über Ursachen und Folgen und agieren auf unterschiedliche Weise. Medial wird das Thema der Krise zum Dreh- und Angelpunkt, um verschiedene Perspektiven auf gutes und schlechtes Wirtschaften in der Welt zu vermitteln. Ethische Dimensionen wirtschaftlichen Handelns geraten ins Fadenkreuz der Diskussionen. Der handelnde Mensch steht hinsichtlich seiner Verantwortung vor anderen Menschen im Mittelpunkt seiner eigenen Betrachtung. In der Kontroverse über den wirtschaftlichen Abschwung erlangt die Thematisierung des positiv besetzten Verantwortungsbegriffs einen sprachlichen Aufschwung. Einer sprachlich konstituierten *Kultur der Verantwortungslosigkeit* (Frankfurter Rundschau 11.05.09) stehen immer wieder verlautbare Forderungen nach *mehr Verantwortung* (Financial Times Deutschland 17.07.09) diskursiv gegenüber. Kann folglich Verantwortung als ein regulatives Element in der Wirtschaft begriffen werden?

1.1 Erkenntnisinteresse

Diese Ereignisse in Wirtschaft, Politik und Gesellschaft werden als Ausgangspunkt der vorliegenden Untersuchung genommen. Der Arbeit liegt ein Erkenntnisinteresse an der Konstitution moralischer Geltungsansprüche im Diskurs über Wirtschaft zugrunde. Es wird davon ausgegangen, dass der Wirtschaft eine die Gesellschaft prägende und der Sprache eine die gesellschaftliche Wirklichkeit konstituierende Funktion zukommt. Wenn also die Wirtschaft die Gesellschaft prägt und die Sprache die Wirklichkeit einer Gesellschaft konstituiert, dann ist zu vermuten, dass ein Sprechen über Moral in der Wirtschaft die Konstitution moralischer Geltungsansprüche in der Gesellschaft beeinflusst. Um also Rückschlüsse auf gesellschaftliche Normen und Werte ziehen zu können, bedarf es einer eingehenden Analyse der Sprache über Moral in der Wirtschaft. Wie die einführenden Worte zeigen, scheint vor allem der Verantwortungsbegriff einem zentralen moralischen Geltungsanspruch in der Wirtschaft zu entsprechen. Demnach wird das allgemeine Erkenntnisinteresse, die Konstitution moralischer Geltungsansprüche im Diskurs über Wirtschaft, auf den wirtschaftsethischen Wert Verantwortung zugespitzt. Zentral ist dabei, nicht nur die sprachliche Konstitution von Verantwortung in Korrelation zu einer Konstitution von Verantwortung in der Welt zu setzen, sondern vor allem den moralischen Geltungsanspruch auf der Begriffs- bzw. Konzeptebene zu ergründen, um verschiedene Bedeutungen auf der Ebene der Sprache und verschiedene Handlungsdimensionen in den Verantwortungssituationen der Welt transparent machen zu können. Eine grundlegende und stets durch die Arbeit ziehende Frage wird demnach sein: Wie kann das Phänomen Verantwortung in der Wirtschaft beschrieben werden, welches sich im Wechselverhältnis zwischen Sprache, Konzept und Welt konstituiert. Hans Lenk, der sich stets einer pragmatischen Philosophie – also einer philosophischen Zuwendung zum praktischen Leben – verschreibt,[1] bezeichnet Verantwortung als „…ein[en] zu allgemeine[n] und zunächst nur formale[n] Begriff, der zwar eine Einheit vortäuscht, hinter dem sich aber vielfältige unterschiedliche Deutungen, Teilinterpretationen oder Bezugsperspektiven verbergen." (Lenk ^{2}1993: 115) Auf die Frage, was die ethische Dimension von Verantwortung ist, kann also vonseiten eines am Leben orientierten Philosophen lediglich geantwortet werden, dass der Verantwortungsbegriff bedeutungsleer und formal ist? Diese Positionierung weckt geradezu das diskurslinguistische Interesse. Wenn sich der Begriff ausschließlich durch seine Form auszeichnen soll und diese semantische Leere in einer Art der Willkür kontextabhängige Teilbedeutungen benötigt, dann stellt sich die Frage nach seinem ethischen Gehalt. Eine linguistische Perspektive ermöglicht also, den Verantwortungsbegriff in seiner formalen und inhaltlichen Entfaltung bezogen auf einen thematischen Kontext zu beleuchten, um den ethischen Gehalt dieses moralischen Geltungsanspruchs ergründen zu können.

1.2 Forschungsstand

Wie schon zuvor dargelegt, unterliegt die philosophische Auseinandersetzung mit dem Verantwortungsbegriff einer Kontroverse zwischen Form und Inhalt des Begriffs. Dies wird auch in der wirtschaftsethischen Auseinandersetzung mit dem Verantwortungsbegriff deutlich: Auf der einen Seite wird Verantwortung als ein wirtschaftsethischer Wert dargelegt, der einem allgemeinen und globalethischen Anspruch unterliegen soll (Beschorner/Hollstein/König 2005; Homann/Koslowski/Lütge 2005; Jähnichen 2008) und auf der anderen Seite erfol-

---

[1] Dies spiegelt sich auf eindrucksvolle Weise in einer Festschrift für Lenk wider (Dürr/Gebauer/Maring 2005).

gen in den wirtschaftsethischen Auseinandersetzungen spezielle Problemdarstellungen und Lösungsvorschläge (Faber/Manstetten 2007; Maucher 2007).

Im Bereich der Linguistik, im Speziellen der korpuslinguistischen Diskursanalyse, können noch wenige Auseinandersetzungen mit dem Thema Verantwortung belegt werden. Während Silke Domasch in ihrer linguistischen Diskursanalyse über *Biomedizin als sprachliche Kontroverse* (Domasch 2007) noch nicht auf das Thema Verantwortung eingeht, gewinnt es bei den Studien von Marcus Müller zur Bioethik-Debatte (Müller im Druck) an Brisanz. Für das Thema Verantwortung in der Wirtschaft können bislang noch keine Forschungsbeiträge über eine computergestützte linguistische Mediendiskursanalyse aufgeführt werden, die der Arbeit zugrunde gelegt werden könnten. Diverse Ansätze im Bereich der linguistischen Diskursanalyse (Warnke 2007; 2008; Felder 2009) und der Korpuslinguistik (Felder 2011; Bubenhofer 2008; 2009) liefern jedoch theoretische und methodische Voraussetzungen, um eine linguistische Mediendiskursanalyse durchführen zu können. Vor dem Hintergrund einer linguistischen Hermeneutik (Hermanns/Holly 2007; Felder 2011) geben Wilhelm Köllers perspektivitätstheoretischer Ansatz (2004) und Ekkehard Felders Ansatz, Kontroversen verschiedener Akteure über strittige Themenbereiche eines Diskurses zu erschließen (2006; 2011), der linguistischen Mediendiskursanalyse ihr Fundament.

Bei der Darstellung des Forschungsstandes fällt auf, dass zwei voneinander getrennte Forschungsbereiche für die vorliegenden Arbeit zentral sind: Der philosophische Forschungsdiskurs um den Verantwortungsbegriff und die linguistische Auseinandersetzung mit computergestützten Verfahren vor dem Hintergrund einer linguistischen Diskursanalyse.

1.3 Aufbau der Arbeit

Wie schon anhand der Darstellung des Erkenntnisinteresses und des Forschungsstandes deutlich werden konnte, wird der linguistischen Mediendiskursanalyse eine Analyse der philosophischen Begriffsgeschichte von Verantwortung vorangestellt. Dies wird Teil der theoretischen Voraussetzungen sein. Daran schließen sich linguistische Vorüberlegungen an. Aus der Verknüpfung der philosophischen und linguistischen Vorüberlegungen lassen sich methodische Schwerpunkte hinsichtlich der Ebene der Zeichen ableiten. Um auch der Ebene des Diskurses ein methodisches Fundament zu geben, werden vier zentrale Aspekte (Bereich, Zeit, Menge, Schlussweise) methodisch durchleuchtet, die vor allem für eine computergestützte Analyse sinnvoll erscheinen. Dem methodischen Teil schließt sich die linguistische Mediendiskursanalyse an. Die Ebenen der Betrachtung erfolgen von der Mikro- über die Meso- hin zu der Makroebene des Diskurses. Einführende oder zusammenfassende Passagen am Anfang und oder am Ende der einzelnen Kapiteln werden den Teil der linguistischen Mediendiskursanalyse – im Bestreben, eine Nachvollziehbarkeit zu gewährleisten – strukturieren.

Abschließend soll eine Tabelle über die Notationen in der vorliegenden Untersuchung informieren, die für ein Sprechen über Sprache von zentraler Bedeutung sind:

Notation	Beispiel
Sprachliches Zeichen	*Verantwortung*
Referent in der Welt	Verantwortung
Konzept bzw. Begriff: ›X‹	›Verantwortung‹
Teilbedeutungen auf Zeichenebene bzw. entsprechende Attribute auf Konzeptebene (strukturgebende Formelemente): ‚x'	‚Subjekt', ‚Objekt', ‚Instanz' etc. der Verantwortung
Teilbedeutungen auf Zeichenebene bzw. entsprechende Attribute auf Konzeptebene (funktionsgebende Inhaltselemente): ‚x'	‚Manager', ‚Finanzkrise', ‚Gesellschaft' etc. der Verantwortung
Zitate aus Korpus: *Zitat*	*Denn wirtschaftliche Freiheit funktioniert nicht ohne Verantwortung und Haftung.* (Die Welt 30.01.10)
Zitate aus Sekundärliteratur: „Zitat"	„Der deutsche Begriff ›Verantwortung‹ verweist – ebenso wie die analogen Begriffe in anderen Sprachen – unverkennbar auf die Praxis des ›Für-etwas-Rede-und-Antwort-Stehens‹." (Werner 2002: 521)

2 Theoretische Voraussetzungen

Die Sprache der Wirtschaft ist Gegenstand der Wirtschaftslinguistik. Dabei liegt die interne und externe Unternehmenskommunikation im Fokus der Betrachtung (Piwinger/Zerfaß 2007). Um den Schwerpunkt der vorliegenden Untersuchung herausstellen zu können, ist jedoch eine Differenzierung innerhalb der Bezeichnung *Sprache der Wirtschaft* vorzunehmen. Auch wenn keine scharfe Grenze gezogen werden kann, ist zwischen einer Sprache in der Wirtschaft und einer Sprache über die Wirtschaft zu unterscheiden. Während die Wirtschaftslinguistik vornehmlich das Sprechen und Schreiben in der Wirtschaft beschreibt oder beratende Hinweise für die interne und externe Unternehmenskommunikation formuliert, ermöglicht eine linguistische Mediendiskursanalyse die Sprache über die Wirtschaft näher zu beleuchten. Dadurch, dass der Mediendiskurs um Verantwortung in der Wirtschaft Gegenstand der vorliegenden Untersuchung ist, wird der Schwerpunkt im theoretischen Teil nicht auf einer Auseinandersetzung mit der Wirtschaftslinguistik liegen, vielmehr wird der Blick auf die philosophisch-ethische Auseinandersetzung mit dem Verantwortungsbegriff gerichtet. Von einer Transformation der dort erarbeiteten Aspekte in die Linguistik gelangen sodann die Überlegungen zu linguistischen Theorieansätzen, die für die Untersuchung zentral sein werden.

2.1 Der Verantwortungsbegriff im philosophischen Forschungsdiskurs

2.1.1 Eine philosophische Perspektive auf den Verantwortungsbegriff vor der linguistischen Mediendiskursanalyse

Sei es im Bereich der Bildung, Politik, Wirtschaft, Medizin oder Wissenschaft, der Begriff der Verantwortung wird sehr häufig verwendet, wenn menschliche Handlungsabläufe reflektiert und bewertet werden. Die theoretische Auseinandersetzung der damit einhergehenden ethischen Dimensionen ist in der Philosophie beheimatet. Stefan A. Seeger stellt in der neuesten philosophischen Auseinandersetzung neben der Darlegung der Wortgeschichte von Verantwortung, welche schon erste nachvollziehbare Gründe für die Komplexität des Begriffs liefert, die Begriffsgeschichte von Verantwortung dar (Seeger 2010). Auf eindrucksvolle Weise zeigt er, wie der Verantwortungsbegriff über die gesamte

Philosophiegeschichte – von Platon und Aristoteles,[2] über Kant, Max Weber, Hans Jonas und den zeitgenössischen Philosophen wie Hans Lenk – Gegenstand philosophischer Auseinandersetzungen ist. Durch den Verlauf der Zeit und durch die damit einhergehende Prägung verschiedener philosophischer Denkrichtungen erlangt der Verantwortungsbegriff sowohl ein facettenreiches Bedeutungsspektrum als auch eine hohe ethische Komplexität. Auch wenn Seeger dies an keiner Stelle erwähnt, wird anhand seiner Darlegungen deutlich, wie eng Wort- und Begriffsgeschichte beieinander liegen: Wenn davon ausgegangen wird, dass sich die Philosophie der Welt zuwendet – von der praktischen Philosophie, also der Ethik, und vor allem der angewandten Ethik ist dies zu erwarten[3] – dann geht mit jeder Veränderung in der Welt nicht nur eine Veränderung der Wort-, sondern auch der philosophischen Begriffsbedeutung einher. Folglich kann davon ausgegangen werden, dass philosophische Auseinandersetzungen Aufschluss über die Struktur und Funktion des Verantwortungsbegriffs in Bezug auf die Welt geben.

Bevor nun die linguistische Mediendiskursanalyse zu Verantwortung in der Wirtschaft durchgeführt wird, stellt sich zurecht die Frage, warum dieser eine Auseinandersetzung mit dem philosophischen Verantwortungsbegriff vorangestellt wird. Zwei Gründe können dafür genannt werden: Zum einen soll eine philosophische Perspektive auf den Verantwortungsbegriff dazu dienen, über die Beleuchtung der strukturellen und funktionalen Beschaffenheit des Verantwortungsbegriffs eine Wissensgrundlage über Ethik zu erlangen, die sowohl bei der qualitativen als auch bei der quantitativen Analyse Ideen für die linguistischen Überlegungen geben kann.[4] Zum anderen ermöglicht die philosophische Perspektive auf den Verantwortungsbegriff vor der linguistischen Mediendiskursanalyse einen Rahmen, auf den im Verlauf der linguistischen Analyse stets Bezug genommen werden kann. In der Ethik geht es darum, was Verantwortung für die sich stets verändernde Welt bedeuten soll. Eine linguistische Diskursanalyse erarbeitet, was Verantwortung durch die diskursive Vermittlung von Sprache in der Welt bedeutet und bedeuten soll. Durch den Ansatz einer linguistischen Diskursanalyse können möglicherweise Bereiche in der versprachlichten

---

2 Platon und Aristoteles verwenden den Terminus Verantwortung nicht, setzten sich jedoch mit Aspekten auseinander, die später unter den Verantwortungsbegriff gefasst werden (Seeger 2010: 175f.).

3 Es ist davon auszugehen, dass es dem Anspruch einer Ethik entspricht, Veränderungen in der Welt zu entsprechen: „Wenn sich Handlungsweisen und -dimensionen ändern, muss sich entsprechend die Ethik ändern." (Jonas 1979: 15).

4 Bei einer themengebundenen Diskursanalyse ist es von Vorteil über Fachliteratur Grundlagenwissen zu erlangen (Felder 2011: 131-134).

Welt ergründet werden, die für den Verantwortungsbegriff von zentraler und ethisch höchst brisanter Bedeutung sind.[5] Indem eine philosophische Perspektive auf den Verantwortungsbegriff vor der linguistischen Mediendiskursanalyse erfolgt, kann überprüft werden, ob die philosophischen Auseinandersetzungen an das Phänomen Verantwortung in der Welt – in der vorliegenden Untersuchung auf den Bereich der Wirtschaft beschränkt – auch tatsächlich anknüpfen. Dabei wird nicht außer Acht gelassen, dass im Bereich der philosophischen Ethik diesem Problem bereits Vorschub geleistet wurde: Die Unterscheidung zwischen normgebender (präskriptiver bzw. normativer) Ethik, beschreibender (deskriptiver bzw. empirischer) Ethik und Metaethik[6] (Quante ^{2}2006: 16-19) impliziert bereits eine mögliche Diskrepanz zwischen Idealität und Realität. Eine als soziale Regulation fungierende Norm kann zwar beschrieben werden, besitzt damit aber noch lange keine normative Gültigkeit (Gehlen ^{5}1986: 177-185). Arnold Gehlen deutet damit auf die Realität und die Idealität von Normen hin. Diese Diskrepanz wird zwar in der Philosophie angedacht, führt jedoch beim konsequenten Weiterdenken zu begrifflichen Problemen, welche in Kapitel 2.2 der vorliegenden Untersuchung noch ausführlicher dargelegt werden. Diese Probleme wecken geradezu das linguistische Interesse, den Zusammenhang zwischen realer und idealer Moral, zwischen Sprache und Welt vor dem theoretischen wie auch dem empirischen Hintergrund eingehender zu ergründen. Woher kommen und wohin gehen Werte und Normen? Beziehen sie sich in ihrer sprachlichen Konstitution explizit oder implizit auf eine in der Ethik konsolidierten Normativität? Auf welche Weise werden sie mit Akteuren, Bereichen, Handlungen und Folgen in der Welt in Beziehung gesetzt? Um diesen Fragen und dem zuvor erläuterten Problem der Diskrepanz zwischen Idealität und Realität von moralischen Geltungsansprüchen in einer linguistischen Analyse des Diskurses um Verantwortung in der Wirtschaft nachgehen zu können, eignet sich eine philosophische Perspektive auf den Verantwortungsbegriff.

---

5 In Anlehnung an Felder, wird davon ausgegangen, dass Wissen über die Welt größtenteils durch Sprache vermittelt und rezipiert wird (Felder 2009: 13-16). Im Rahmen der vorliegenden Untersuchung muss trotz dieser Annahme offengehalten werden, ob jedes Wissen über Ethik ausschließlich über Sprache vermittelt und rezipiert wird. Demnach liegt der Untersuchung die Frage zugrunde, welchen Mehrwert die Linguistik hinsichtlich der Analyse von ethischen Phänomenen leisten kann, ohne dabei den Anspruch zu erheben, dass ethische Phänomene ausschließlich über Sprache konstituiert werden.

6 Unter Metaethik wird eine semantische Analyse moralischer Urteile ohne moralische Bewertung einzelner Handlungen verstanden (Quante 22006: 17f.).

2.1.2 Struktur und Funktion des Verantwortungsbegriffs als Relations- und Zuschreibungsbegriff[7]

Sei es im Bereich der Sprachphilosophie, der philosophischen Anthropologie, der praktischen Philosophie oder der angewandten Ethik, das Verhältnis zwischen Sprache und Moral wurde im Verlauf der Philosophiegeschichte immer wieder beleuchtet. Ein zeitgenössischer Philosoph, Josef Rauscher, legt in seiner Abhandlung den unmittelbaren Zusammenhang zwischen Konstitution der Sprache und Ursprung des Ethischen dar (Rauscher 2001: 383). Er verdeutlicht diese Verknüpfung zwischen Gegebenheit der Sprache und Vorgabe ethischer Gebote an einer vereinfachten, aber „elementaren Struktur von Antwort und Verantwortung" (Rauscher 2001: 18):

> „Gebot, dem Anspruch des Gebots Folge leisten (= 1. Antwort), den Anderen zum Kriterium für die Erfüllung machen (daraus folgt ein 2. Gebot), dem Anderen zu entsprechen suchen (2. Antwort)..." (Rauscher 2001: 18)

Hieran möchte Rauscher verdeutlichen, dass der lineare Verlauf einer Gesprächssituation, in der gefragt und geantwortet wird, Geltungsansprüche enthält. In konkreteren Worten erläutert, impliziert beispielsweise die Frage *Wo ist die Geldbörse?* das Gebot zu antworten. Da dem Gebot, eine Antwort zu geben, der Anspruch inhärent ist, auch tatsächlich umgesetzt zu werden, antwortet der Gefragte *Die Geldbörse ist in der Tasche*. Mit der Antwort hat der Gefragte den Fragenden zum Auslöser seiner Antwort gemacht. Nicht nur die Frage impliziert das Gebot ‚Fragen sind zu beantworten', sondern auch die Tatsache, dass der Fragende die Frage stellt, enthält das Gebot ‚Fragen sind an den Fragenden zu beantworten'. Der dritte Teil der von Rauscher dargelegten Struktur verdeutlicht noch einmal den inhaltlichen Verknüpfungsanspruch zwischen Frage, Fragendem und Gefragtem: Die Frage gebietet, nicht allein auf formaler Ebene beantwortet zu werden (durch irgendeine Antwort: *Der Schlüssel ist in der Tasche*), sondern aus dem Gebot, den Fragenden als Auslöser der Antwort zu machen, resultiert eine Antwort, die der Frage auch inhaltlich entspricht, nämlich *Die Geldbörse ist in der Tasche*. Auch wenn die Entstehung des Terminus *Verant-*

---

[7] Struktur meint hier die Formierung des Begriffs auf kognitiver Ebene. Wenn also nach Strukturen des Verantwortungsbegriffs gefragt wird, dann ist die Betrachtungsperspektive auf die quantitative (auf die Menge der Begriffselemente auf kognitiver Ebene) und auf die qualitative (auf die Art und Weise der Begriffselemente auf kognitiver Ebene) Strukturelemente gerichtet, die die Form des Begriff ausmachen. Funktion des Begriffs meint hier die inhaltliche Zuschreibung auf kognitiver Ebene. Wenn also nach Funktionen des Verantwortungsbegriffs gefragt wird, dann ist die Betrachtungsperspektive auf die ethische Umsetzung der Strukturelemente gerichtet, die den Inhalt des Begriffs ausmachen.

wortung nicht mit der Entstehung des Begriffs ›Verantwortung‹ gleichzusetzen ist (Seeger 2010: 140), weisen die Untersuchungen Rauschers auf den engen Zusammenhang zwischen Wort- und Begriffsgeschichte hin. Der Anfang des Eintrages zum Verantwortungsbegriff im *Handbuch der Ethik* liefert nicht nur einen weiteren Beleg dafür, sondern kann zudem als Ausgangspunkt genommen werden, um die Struktur und Funktion des Verantwortungsbegriffs zu erläutern:

> „Der deutsche Begriff ›Verantwortung‹ verweist – ebenso wie die analogen Begriffe in anderen Sprachen – unverkennbar auf die Praxis des ›Für-etwas-Rede-und-Antwort-Stehens‹." (Werner 2002: 521)

Damit in der Praxis für etwas Rede und Antwort gestanden werden kann, bedarf es eines Subjekts, welches für ein Objekt – also für Handlungen, Handlungsfolgen, Dinge, Zustände oder Personen (Bayertz 1999: 1685) – verantwortlich ist. Die Praxis, für etwas Rede und Antwort zu stehen, impliziert zudem eine Instanz, die die Frage stellt und vor der sich das Subjekt zu verantworten hat. Der hier dargelegte Verantwortungsbegriff kann somit durch drei Elemente erläutert werden: dem Verantwortungssubjekt, -objekt und der Verantwortungsinstanz. Diese drei begrifflichen Elemente nehmen nicht nur Bezug zu drei Korrelaten in der Welt der Objekte, sondern weil sie dort in Relation zueinander stehen, stellen sie auch auf begrifflicher Ebene ein Beziehungsgefüge dar. Es kann somit von einem dreistelligen Relationsbegriff gesprochen werden.

Aus moralphilosophischer Perspektive wird der Verantwortungsbegriff jedoch zumeist als ein vierstelliger Relationsbegriff bezeichnet. Da für den Verantwortungsbegriff Handlungsabläufe zentral sind, die philosophische Ethik menschliches Handeln zum Gegenstand hat und dieses Handeln einem praktischen Sollen und einer allgemeinen Verbindlichkeit unterliegt (Prechtl 2008: 163), enthält der Verantwortungsbegriff eine ethische Dimension. Danach hat sich ein Verantwortungssubjekt, für ein Verantwortungsobjekt, gegenüber einer Verantwortungsinstanz und vor einem Werte- und Normensystem zu verantworten. Folglich wird im Bereich der praktischen Philosophie der Verantwortungsbegriff zumeist sehr eng an Begriffe wie Pflicht, Schuld, Zurechnung und Gerechtigkeit gekoppelt (Seeger 2010: 141-173; 275-282).

Auch wenn sich viele Philosophen bis in das 20. Jahrhundert mit dem Verantwortungsbegriff bereits befasst haben, eröffnet Max Weber neue Sichtweisen, die für die philosophische Begriffsgeschichte des Verantwortungsbegriffs einen zentralen Meilenstein darstellen. Er stellt der Gesinnungsethik die Verantwortungsethik gegenüber (Weber 1919: 79). Diese unterscheiden sich in dem Bereich, worauf sich moralische Verantwortung bezieht:

> „Der Bereich, für den der Gesinnungsethiker Verantwortung übernimmt, beschränkt sich auf sein eigenes Gewissen, der Verantwortungsethiker sorgt sich auch um die Außenwelt…" (Werner 2002: 523)

Damit arbeitet Weber einen Verantwortungsbegriff heraus, durch welchen die Bezug nehmenden Begriffselemente eine neue, nach außen gerichtete und größere Dimension erhalten. Es findet eine Schwerpunktverlagerung vom Verantwortungssubjekt zum Verantwortungskontext statt. Nicht allein die eigene Pflicht, die Motive und Absichten (Gesinnungsethik), sondern die Ergebnisse und Folgen der Handlung für die Außenwelt sowie die Instanzen, vor denen sich das Subjekt zu verantworten hat, werden zum Dreh- und Angelpunkt seiner Verantwortungsethik. Durch Webers begriffliche Erläuterungen findet eine lokale Verschiebung in der Perspektivierung des Begriffs ›Verantwortung‹ statt. *Verantwortung* bedeutet nach Weber nicht mehr ‚subjektintern für etwas Verantwortung übernehmen', sondern ‚für etwas subjektextern Verantwortung übernehmen'.

Hans Jonas schließt sich, in Kantischer Tradition stehend, dem Ansatz Webers an und ergänzt den von ihm lokal erweiterten Verantwortungsbegriff auf temporaler Ebene.

> „Hans Jonas hat gegenüber der traditionellen Kausalhandlungsergebnisverantwortung eine moralische Erweiterung der Verantwortlichkeit auf eine generelle moralische Fürsorge- und Erhaltungsverantwortung gefordert…" (Lenk [2]1993: 117)

Zum einen fasst Jonas Verantwortung als eine „kausale Zurechnung begangener Taten" (Jonas 1979: 172), zum anderen als eine Pflicht „für Zu-Tuendes" (Jonas 1979: 174) auf.[8] Mit dieser Unterscheidung verleiht er dem Begriff ›Verantwortung‹ zwei temporale Dimensionen. *Verantwortung* bedeutet nach Jonas einerseits ‚für etwas retrospektiv Verantwortung übernehmen' und andererseits ‚für etwas prospektiv Verantwortung übernehmen'. Aus diesen Prämissen leitet Jonas einen Imperativ ab:

> „Handle so, daß die Wirkungen deiner Handlung verträglich sind mit der Permanenz echten menschlichen Lebens auf Erden…" (Jonas 1979: 36)

Indem er bei dem Verantwortungsbegriff eine Perspektivenerweiterung auf temporaler Ebene vornimmt, wird auch das Begriffselement des Verantwortungsobjekts qualitativ ausgeweitet. Nicht wie bei Weber übernimmt ein Subjekt Verantwortung ausschließlich für ein sachliches Objekt (Handlungsergebnis, Handlungsfolge), sondern zudem für ein personal-soziales Objekt (zukünftige Generation) (Jonas 1979: 36). Mit der dargelegten Struktur und Funktion des Verantwortungsbegriffs hat er eine systematische Grundlage für die darauf folgenden

---

8 Nur kurz sei hier auf einen zentralen und vor allem problematischen Begriff verwiesen: der „Heuristik der Furcht" (Jonas 1979: 64). Das prospektive Bedeutungsspektrum des Verantwortungsbegriffs, die Folgenabschätzung für die Zukunft, erfordert bei Jonas eine spekulative „Erkennung des malum" (Jonas 1979: 63).

verantwortungstheoretischen Auseinandersetzungen geliefert. Nicht zuletzt die Darstellung des systematischen Zusammenhanges zwischen Wissen, Macht und Verantwortung (Jonas 1979: 174ff.) – der rapide Wissenszuwachs in der postmodernen Gesellschaft erfordere nach Jonas eine unmittelbare Erwei-terung des Verantwortungsbegriffs (Koschut 1989: 357) – verweist auf Probleme, mit denen sich nachfolgende Philosophen detailliert befassen.

Um den veränderten Handlungssituationen in der technisierten und spezialisierten Gesellschaft des 20. Jahrhunderts gerecht zu werden, begreift Hans Lenk ›Verantwortung‹ als fünfstelligen „Zuschreibungsrelationsbegriff"[9]:

> „Sich für ein Handlungsergebnis bzw. eine Situation oder Zustandsänderung zu verantworten, bedeutet einfach, daß man [1.] sich für Handlungen, Handlungsfolgen usw. [2.] gegenüber einem Adressaten [3.], dem man verpflichtet ist, und vor einer Instanz [4.] [...] gemäß bestimmten Kriterien, Normen [5.], zu rechtfertigen hat, und zwar ex ante oder ex post." (Lenk 1994: 246)

Auf den zu untersuchenden thematischen Diskurs um Verantwortung in der Wirtschaft übertragen, könnte eine Übertragung vom Abstrakten ins Konkrete (jedoch fiktiv zusammengestellt) folgendermaßen lauten:

Sich für *die Finanz- und Wirtschaftskrise* (Die Welt 09.09.10) zu verantworten, bedeutet, daß sich *die Investmentbanker* (Neues Deutschland 27.12.08) für die *Insolvenz der US-Investmentbank Lehman Brothers* (Handelsblatt 30.12.08) und den *Finanzcrash* (Financial Times Deutschland 26.01.10) *gegenüber ihren Mitarbeitern* (Die Tageszeitung 13.07.10) und *zukünftigen Generationen* (Handelsblatt 25.08.09), denen sie verpflichtet sind, und vor *der großen Instanz Gottvater Staat* (Die Welt 30.01.10) gemäß *gesellschaftliche[n] Normen* (Financial Times Deutschland 08.05.09) zu rechtfertigen haben und zwar im Nachhinein und Vorhinein.

Zum einen ist für Lenks Begriff von Verantwortung bezeichnend, dass er eine Unterscheidung zwischen Handlungsergebnis und -folge macht. Dadurch kann zwischen dem Abschluss eines konkreten Handlungsablaufs (*Insolvenz der US-Investmentbank Lehman Brothers*; Handelsblatt 30.12.08), der jedoch nicht den Ausgang einer Handlungsabfolge darstellen muss, und den schwerer greifbaren Handlungsfolgen (*Finanzcrash*; Financial Times Deutschland 26.01.10) hinsichtlich der Verantwortbarkeit differenziert werden. Lenk erkennt die Erweiterung von Handlungsdimensionen an und versucht dieser mit einer Differenzierung im Begriffselement des Adressaten gerecht zu werden: Er unterscheidet zwischen Personen, die „direkt" und „indirekt" (Lenk ²1993: 116) betroffen

---

9   Lenk definiert ›Verantwortung‹ als Zuschreibungsrelationsbegriff: „Verantwortung soll hier beschrieben werden als ein Zuschreibungskonzept: Wir schreiben jemandem Verantwortung zu. Und zugleich ist Verantwortung ein Relationsbegriff, das heißt also, eine Beziehung zwischen verschiedenen Dingen und Personen, ein Zuschreibungsrelationsbegriff..." (Lenk 1994: 240).

sind. Dies ermöglicht im Falle der sprachlich in den Medien konstituierten *Finanz- und Wirtschaftskrise* (Die Welt 26.02.10), die Verantwortung der *Investmentbanker* (Neues Deutschland 27.12.08) sowohl gegenüber *ihren Mitarbeitern* (Die Tageszeitung 13.07.10) als auch gegenüber den *künftigen Generationen* (Handelsblatt 27.03.09) ethisch in Betracht ziehen zu können. In ähnlicher Weise wie Jonas unterscheidet Lenk zwischen deskriptiver und normativer Verantwortungszuschreibung. Diese beiden Sichtweisen erhellen den strukturellen und funktionalen Charakter des Verantwortungsbegriffs auf besondere Weise: Nach Lenk eröffnet die Sicht auf seine strukturgebenden Elemente eine deskriptive Verwendungsmethode. Die Sicht auf sein reiches funktionsgebendes Bezugs- und Relationspotential erfordert eine normative Verwendungsmethode (Lenk 1994: 246 263f.). Auffällig ist auch, dass Lenk eine Splittung des klassisch dritten Relationselements der Instanz in Instanz und Adressat vornimmt: Auf diese Weise können beispielsweise die *Investmentbanker* (Neues Deutschland 27.12.08) gegenüber *ihren Mitarbeitern* (Die Tageszeitung 13.07.10) bzw. den *künftigen Generationen* (Handelsblatt 27.03.09) und zugleich vor der *großen Instanz Gottvater Staat* (Die Welt 30.01.10) verantwortlich gemacht werden. Der direkte Adressat (*Mitarbeiter*), der indirekte (*künftige Generationen*) und die Instanz (*Staat*) können sich auf unterschiedliche Werte und Normen berufen, wodurch Konfliktsituationen ausgelöst werden können. Wie schon die Bezeichnung *Investmentbanker* (Neues Deutschland 27.12.08) zeigt, kann nicht stets von dem Subjekt im Singular gesprochen werden, wenn es um Verantwortung geht. Lenk unterscheidet zwar zwischen einer individuellen Verantwortung und Mitverantwortung (Lenk ^{2}1993: 123), beschreibt aber auch das Verteilungsproblem der Gesamtverantwortung einer Gruppe auf die einzelnen Gruppenbeteiligten (Lenk ^{2}1993: 125-130). Auch ergeben sich nach seiner Ansicht weitere Verantwortungsprobleme: die „synergistische[n] Kombinationseffekte" (Lenk ^{2}1993: 129); damit meint Lenk die längerfristige Summierung von kleinen verantwortungsunproblematischen Handlungsfolgen zu verantwortungsproblematischen Gesamtfolgen. Auch spricht er die ungesehenen verantwortungsproblematischen Handlungsnebeneffekte an (Lenk ^{2}1993: 130). Lenk legt nicht nur an dieser Stelle, sondern auch in anderen Schriften (Lenk 1991, 1998) weitere Verantwortungsprobleme dar, auf die im Rahmen der vorliegenden Untersuchung nicht weiter eingegangen werden kann. Es ist jedoch festzuhalten, dass mit der Zunahme an Komplexität in Handlungssituationszusammenhängen die Wahrscheinlichkeit von Verantwortungskonflikten zunimmt und daraus Probleme in und für die Struktur und Funktion des Verantwortungsbegriffs erwachsen.

2.2 Das Problem der Unvereinbarkeit von Form und Inhalt im Forschungsdiskurs der Verantwortungsethik

Je komplexer die Handlungssituationszusammenhänge werden, desto vielschichtiger wird nach Lenk der Verantwortungsbegriff, denn er soll im Sinne einer praktischen und angewandten Ethik dazu dienen, Handlungsdimensionen umfassend beschreiben und ethisch bewerten zu können. Auf strukturgebender Formebene gelingt es Lenk, die verweisenden Begriffselemente relativ klar in übergeordnete Begriffe (Subjekt, Adressat, Handlungen bzw. Handlungsfolgen, Instanz und Werte bzw. Normen) zu fassen. Doch nicht allein seine anschließenden Differenzierungen[10], sondern auch die in Kapitel 2.1.2 vorgenommene Konkretisierung durch Textbeispiele, haben verdeutlicht, dass die strukturgebende Formebene, wenn ihr reziprokes Verhältnis zur funktionsgebenden Inhaltsebene beachtet wird, stets erweitert werden muss. Wird die Perspektive vorherrschend auf die strukturgebende Form des Begriffs gerichtet, ist der Ethiker bestrebt, den funktionsgebenden Inhalt in ein ausgleichendes Verhältnis zu bringen. Dabei droht die Dimension der inhaltlichen Begriffsfunktion zu verkümmern, weil der inhaltlich angereicherte und konkrete Verantwortungsbegriff nicht durch die formale Strukturebene ausreichend (also entsprechend den Sachverhalten in der Welt) beschrieben werden kann.[11] Wird hingegen die Perspektive vorherrschend auf den funktionsgebenden Inhalt des Begriffs gerichtet, ist der Ethiker bestrebt, die strukturgebende Form in ein ausgleichendes Verhältnis zu bringen. Dabei droht die Dimension der formalen Begriffsstruktur gesprengt zu werden, weil der formale und abstrakte Verantwortungsbegriff nicht so weit ausgedehnt werden kann, wie es die inhaltliche Seite des Begriffs (entsprechend den Sachverhalten in der Welt) erfordert. Beide Perspektiven werden in der philosophischen Auseinandersetzung eingenommen, um dem Problem der komplexen Handlungssituationszusammenhänge und des daraus resultierenden viel-

---

10 Wie bereits dargelegt, unterscheidet Lenk zwischen Ergebnis und Folge, direkt und indirekt betroffenen Personen, Adressat und Instanz der Verantwortung, individueller Verantwortung und Mitverantwortung, Folge und Folgensumme sowie Haupt- und Nebeneffekten von Folgen.

11 Es sei an dieser Stelle noch einmal betont, dass weder Jonas noch Lenk von der Struktur und Funktion des Verantwortungsbegriffs sprechen. Dadurch, dass sie von einer formalen und strukturellen Seite des Begriffs sprechen, wird die Gegenüberstellung von strukturgebender Form (Subjekt, Objekt, Instanz etc.) und funktionsgebendem Inhalt (Manager, Finanzkrise, Gesellschaft etc.) herangezogen, um das ethische Problem des Verantwortungsbegriffs verdeutlichen zu können.

schichtigen und ethisch schwer anwendbaren Verantwortungsbegriffs entgegenzuwirken.

Lenk versucht beispielsweise seinem strukturell ausgeprägten Verantwortungsbegriff Anwendbarkeit zu verleihen. Es entstehen auf der Grundlage der ausdifferenzierten strukturgebenden Form sehr viele verschiedene Verantwortungsarten (Lenk ²1993: 115-125, 1994: 247-259).[12] Durch das detaillierte inhaltliche Ausbuchstabieren der strukturgebenden Form ist er sogleich gezwungen, durch „Prioritäts- und Präferenzregeln" (Lenk 1994: 271ff.) eine Hierarchisierung zwischen den vielen verschiedenen Verantwortungsarten vorzunehmen.

Günter Ropohl würdigt Lenk zwar, dass er bestrebt sei, dem praktischen Sprachgebrauch und demnach dem Anwendungsbereich des Verantwortungsbegriffs gerecht zu werden, weist jedoch deutlich darauf hin, dass die starken Ausdifferenzierungen der Verantwortungstypen „theoretische Inkonsequenzen" (Ropohl 1996: 70) nach sich ziehen und die „philosophische Reflexion des eigentlichen Problems unnötig belasten." (Ropohl 1996: 71) Obwohl Ropohl bestrebt ist, einen Ausgleich zwischen einem inhaltlichen und formalen Verantwortungsbegriff zu suchen – er stellt auf abstrakte Weise W-Fragen an den Verantwortungsbegriff, um das inhaltliche (ethische) Material in der Struktur seines Verantwortungsbegriff mit beachten zu können[13] – wirft ihm Seeger vor, durch

---

12 Indem Lenk zwischen Aufgaben- bzw. Rollenverantwortung (Verantwortung entsprechend der Rolle, der Aufgabe bzw. des Berufs, der Loyalitätsart, der Institution, der Für- und Vorsorge) und (universal)moralischer Verantwortung unterscheidet, möchte er eine konkrete Zuschreibung ermöglichen. Dadurch entstehen bestimmte Verantwortungstypen, beispielsweise *Führungsverantwortung* (Die Welt 06.09.10) oder *Unternehmensverantwortung* (Financial Times Deutschland 16.11.09; Die Tageszeitung 16.01.10).

13 „(A) Wer verantwortet (B) Was, (C) WOFÜR, (D) WESWEGEN, (E) WOVOR, (F) WANN und (G) WIE?" (Ropohl 1996: 74). Eine Übertragung vom Abstrakten ins Konkrete (jedoch fiktiv zusammengestellt) könnte folgendermaßen lauten: (A) *Investmentbanker* (Neues Deutschland 27.12.08) verantworten (B) die *Insolvenz der US-Investmentbank Lehman Brothers* (Handelsblatt 30.12.08) mit den Folgen (C) des *Finanzcrash[s]* (Financial Times Deutschland 26.01.10) und der *Finanz- und Wirtschaftskrise* (Die Welt 26.02.10), wegen (D) *gesellschaftliche[r] Normen* und *der großen Instanz Gottvater Staat* (Die Welt 30.01.10), vor (E) *ihren Mitarbeitern* (Die Tageszeitung 13.07.10) und *künftigen Generationen* (Handelsblatt 27.03.09), (F) momentan oder nachher und (G) aktiv oder passiv. Es ist jedoch anzumerken, dass die Übertragung vom Abstrakten ins Konkrete seitens der Verfasserin Schwierigkeiten bereitet hat. Es musste erst die von Ropohl erstellte morphologische Matrix zu Rate gezogen werden, um Ideen für die inhaltliche Beantwortung der abstrakten Fragen zu bekommen. (Die Matrix stellt die sieben W-Fragen mit Beispielen für unterschiedliche inhaltliche Antworten dar. Dadurch, dass auf jede W-Frage über tausende Antworten gegeben werden können, entste-

seinen formalen und strukturstarken Verantwortungsbegriff den inhaltlichen Bezug zur Welt zu verlieren (Seeger 2010: 209).

Während Seeger im Anschluss an seine Kritik an Lenk und Ropohl (Seeger 2010: 209) Georg Pichts Ansatz des dreistelligen Verantwortungsbegriffs (Subjekt verantwortet sich für Objekt vor Instanz) vorschlägt (Seeger 2010: 207; 209), um dem Problem des Formalismus in der Auseinandersetzung mit dem Verantwortungsbegriff zu entrinnen, scheint sich aus externer Betrachtungsperspektive dieses Forschungsdiskurses das Problem des stetigen Wechsels zwischen einem dominant formalen und einem dominant inhaltlichen Verantwortungsbegriff zu wiederholen. Es ist nicht Ziel im Rahmen der vorliegenden Untersuchung, abzuwägen, welche Sicht auf den Verantwortungsbegriff ethisch adäquater ist. Auffällig ist für den Forschungsdiskurs der Verantwortungsethik, dass zwar der Anspruch der ethischen Anwendbarkeit des Verantwortungsbegriffs entsprechend einer praktischen bzw. angewandten Ethik stets durchscheint, jedoch bislang noch keine philosophische Sicht auf den Verantwortungsbegriff geworfen wurde, die ein adäquates Verhältnis zwischen Form und Inhalt und eine damit einhergehende ethische Anwendbarkeit liefert.

Es stellt sich somit die Frage, ob ›Verantwortung‹ als Strukturbegriff verstanden werden kann, dessen Eigenschaft es ist, bestimmte inhaltliche Elemente (Teilbedeutungen) entsprechend der Form in Relation zu setzen, oder ob ›Verantwortung‹ als Funktionsbegriff verstanden werden kann, der die Eigenschaft hat, bestimmte formale Elemente entsprechend des Inhalts in Relation zu setzen.

2.3 Die Vereinbarkeit von Form und Inhalt aus linguistischer Perspektive

Im Forschungsbereich der Linguistik hat das Interesse an der Korrelation zwischen Form und Inhalt eine lange Tradition. Dies ermöglicht eine Differenzierung sowohl zwischen ausdrucks- und inhaltsseitigen als auch zwischen strukturellen und funktionalen Aspekten eines sprachlichen Zeichens. Dadurch, dass Sprache sowohl als System als auch als Mittel der Kommunikation begriffen werden kann, eröffnet der linguistische Forschungskontext einen Perspektivenwechsel zwischen theoretischen und empirischen Betrachtungsweisen. Bei der Frage nach der Konstitution moralischer Geltungsansprüche im Diskurs um Verantwortung in der Wirtschaft ermöglicht damit die linguistische Betrachtungsweise, die Unvereinbarkeit von strukturgebender Form- und funktionsge-

---

hen aus der Kombinierbarkeit der unterschiedlichen Antworten über tausend verschiedene Verantwortungstypen (Ropohl 1996: 75). Dass inhaltliche Beispiele zu Rate gezogen werden, ist Indiz genug, um Ropohl für einen zu formal gehaltenen Verantwortungsbegriff zu kritisieren.

bender Inhaltsebene, wie sie sich in der philosophischen Auseinandersetzung mit dem Verantwortungsbegriff abzuzeichnen scheint, zu hinterfragen.[14]

Bevor die Form-Inhalts-Korrelation näher beleuchtet wird, soll zunächst dem Problem der vermeintlichen Unvereinbarkeit von strukturgebender Form- und funktionsgebender Inhaltsebene durch die linguistische Unterscheidung zwischen Zeichen- und Konzeptebene begegnet werden, um dann weitere theoretische Grundlagen für die linguistische Analyse des Verantwortungsbegriffs liefern zu können. Die Lektüre der verschiedenen philosophischen Auseinandersetzungen mit dem Verantwortungsbegriff spiegelt einerseits den Anspruch einer Begriffskonstitution auf kognitiver Ebene und andererseits das Bestreben nach Anwendbarkeit des Begriffs auf kommunikativer Ebene wider. Zu Beginn des Kapitels 2.1.2 wurde in Fußnote 7 eine Definition für Struktur und Funktion des Begriffs gegeben: Danach sind Struktur wie auch Funktion auf der Begriffsebene, also der kognitiven Ebene, zu verorten. Die inhaltliche Dimension des Begriffs auf kognitiver Ebene impliziert jedoch einen kommunikativen Aspekt. Dieses kommunikative Potential auf kognitiver Ebene ermöglicht zwar den Verantwortungsbegriff hin zu seiner ethischen Anwendbarkeit zu konstituieren, führt aber gerade dazu, dass ein Streit um einen anwendungsnahen (begriffsfernen) oder anwendungsfernen (begriffsnahen) Begriff ausgelöst wird. Aus externer Perspektive erscheint es zunächst so, als sei dem Verantwortungsbegriff im Forschungsdiskurs der Verantwortungsethik das Problem der Unvereinbarkeit zwischen strukturgebender Form und funktionsgebendem Inhalt inhärent. Das Problem liegt jedoch nicht im Verantwortungsbegriff selbst, sondern in der philosophischen Betrachtung des Verantwortungsbegriffs. Es fehlt die Unterscheidung zwischen der Zeichen- und Begriffs- bzw. Konzeptebene,[15] welche zulassen würde, die Korrelation zwischen strukturgebender Form und funktionsgebendem Inhalt einerseits auf Zeichenebene und andererseits auf Konzeptebene

---

14 Dabei geht es nicht um die Beleuchtung der ethischen Verwendbarkeit des Verantwortungsbegriffs, sondern um die linguistische Beleuchtung der Verwendung des Verantwortungsbegriffs und der damit einhergehenden Konstitution moralischer Geltungsansprüche. Die Frage, welche ethischen Rückschlüsse aus der linguistischen Analyse geschlossen werden können – ob möglicherweise die linguistische Beschreibung von Bewertungen im Diskurs um Verantwortung im Sinne einer deskriptiven Diskurslinguistik (Felder 2011: 119ff.) einen Zugang für eine ethischen Bewertung von Verantwortung im Diskurs ermöglicht – kann im Anschluss an die linguistische Analyse gestellt werden.

15 In der vorliegenden Untersuchung bedeutet Begriff dasselbe wie Konzept. In Anlehnung an Felder wird unter Konzept „eine kognitive Einheit [verstanden], an der Attribute (Beifügungen) identifiziert werden können, wenn sie sich in Texten manifesieren" (Felder 2009: 20).

zu beleuchten. Außerdem wird dadurch möglich, die Wechselverhältnisse zwischen abstraktem Konzept und konkretem sprachlichen Zeichen und das damit einhergehende Problem der Anwendbarkeit des Verantwortungsbegriffs eingehender zu ergründen:

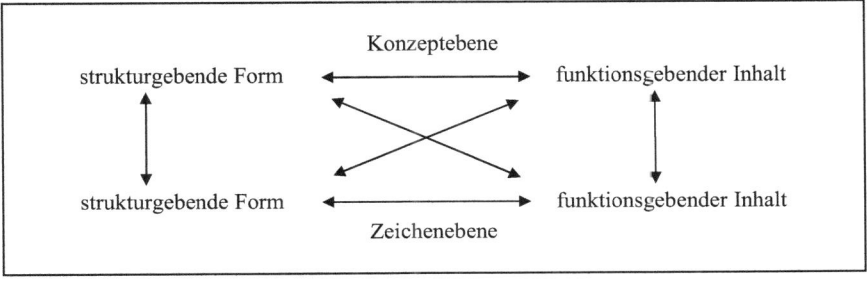

⟵⟶ Betrachtungsperspektiven auf die Korrelationen

Um die dargelegten und in der Skizze veranschaulichten Wechselverhältnisse mit linguistischen Ansätzen vollständig konkretisieren zu können, ist es von Vorteil, die Betrachtung zunächst auf die Zeichenebene zu beschränken. Ferdinand de Saussure hat mit seinem Zeichenmodell eine semiotische Grundlage für die Linguistik geschaffen. Er begreift den Charakter eines sprachlichen Zeichens als bilateral. Die eine Seite betrifft die Form bzw. den Ausdruck, die andere den Inhalt eines sprachlichen Zeichens. Beide Seiten stehen in einem reziproken Verhältnis (Linke/Nussbaumer/Portmann [5]2004: 30). De Saussure beschreibt dieses Verhältnis als arbiträr, konventionell und assoziativ. Form und Inhalt stehen in keinem a priori festgesetzten Zusammenhang. Die Zeichenform ist nicht vom Zeicheninhalt abzuleiten und der Zeicheninhalt ist nicht aus der Zeichenform herzuleiten (Arbitrarität). Um dieser Willkür stabilisierend entgegen wirken zu können, sind Prozesse erforderlich, aus denen eine Übereinstimmung zwischen einer bestimmten Form und dem entsprechenden Inhalt erwächst (Konventionalität). Die voneinander verschiedenen und zugleich zusammengehörigen Seiten müssen in der Vorstellung miteinander verknüpft werden, damit ein sprachliches Zeichen seine Eigenschaft, es steht symbolisch für etwas, erhält (Linke/Nussbaumer/Portmann [5]2004: 33-36). Obwohl de Saussure ein „ausschließlich sprachsystematisches Interesse" habe und „jeden außersprachlichen Bezug von Zeichen" vernachlässige (Linke/Nussbaumer/Portmann [5]2004: 30), impliziert das willkürliche, konventionelle und assoziative Verhältnis zwischen Form- und Inhaltsseite Menschen, die denken, merken und in Verbindung miteinander treten. Auch wenn de Saussure nach Linke/Nussbaumer/Portmann bemüht ist, ausschließlich die Zeichenebene zu beleuchten, verweist das Zeichenmodell von de Saussure indirekt auf die Konzeptebene.

Auch die Aneinanderreihung von sprachlichen Zeichen deutet auf ein Wechselverhältnis zwischen Zeichen- und Konzeptebene hin. Die Möglichkeit, sprachliche Zeichen miteinander in Beziehung zu setzen, unterliegt zwei Prinzipien, dem syntagmatischen und dem paradigmatischen. Durch die Form-Inhalts-Korrelation eines sprachlichen Zeichens ist die grammatische wie auch semantische Beziehung zwischen verschiedenen sprachlichen Zeichen auf horizontaler Ebene festgelegt (syntagmatisches Prinzip). Folglich ist der Satz *Sechs Banken übernehmen Verantwortung in der Krise* (Wirtschaftblatt 04.06.09) grammatisch und der Satz *Zwischen moralischer Verantwortung und rechtlicher Haftung besteht heute eine erhebliche Diskrepanz* (Financial Times Deutschland 19.08.10) semantisch richtig, während nach syntagmatischen Prinzipien *Sechs Banken *übernehmt Verantwortung in der Krise* (ungrammatischer Satz) als grammatisch und *Zwischen moralischer Verantwortung und rechtlicher Haftung *schwimmt heute eine erhebliche *Flaschenpost* (ungrammatischer Satz) als semantisch falsch zu identifizieren ist (Linke/Nussbaumer/Portmann [5]2004: 37f.). Anhand der Substituierbarkeit der einzelnen sprachlichen Zeichen kann das paradigmatische Prinzip der Beziehung zwischen verschiedenen sprachlichen Zeichen erläutert werden. Auch hier ist die Form-Inhalt-Korrelation eines sprachlichen Zeichens ausschlaggebend für die Austauschbarkeit verschiedener Satzelemente auf vertikaler Ebene. Wie bei dem syntagmatischen kann auch bei dem paradigmatischen Prinzip ein sprachliches Zeichen nach semantischen und grammatischen Kriterien ausgetauscht werden. So kann das Substantiv *Krise* in *verantwortlich für die Krise* (Frankfurter Rundschau 01.09.09) durch das Substantiv *Misere* in *verantwortlich für die Misere* (Die Tageszeitung 20.11.08) nach semantischen Kriterien ersetzt werden. Auf der Grundlage des grammatischen Kriteriums kann einerseits das Verb *verantwortet* in dem Satz *Der US-Amerikaner verantwortet die deutschen Immobiliengeschäfte der Ex-Investmentbank* (Handelsblatt 02.10.08) ins Präteritum gesetzt werden. Andererseits verdeutlich der soeben zitierte Satz, dass das Verb darin nicht durch ein intransitives Verb ersetzt werden kann, ohne dabei die durch die Verbvalenz erforderte Verknüpfung zwischen *Der US-Amerikaner* und *die deutschen Immobiliengeschäfte der Ex-Investmentbank* zu verlieren (Linke/Nussbaumer/Portmann [5]2004: 38f). Vor dem Hintergrund der Valenz verschiedener Wortarten (Substantive, Adjektive, Verben und Präpositionen) kann die paradigmatische Beziehung nicht nur nach grammatischen, sondern auch nach semantischen Kriterien bestimmt werden (Linke/Nussbaumer/Portmann [5]2004: 39). Wenn auch die syntagmatischen und paradigmatischen Beziehungen zwischen sprachlichen Zeichen ausschließlich auf der Zeichenebene beleuchtet wurden, verweisen sie, wie auch die Arbitrarität, Konventionalität und Assoziation im Verhältnis zwischen Form- und Inhaltsseite eines sprachlichen Zeichens, indirekt auf die Konzeptebene.[16] Für den Analyseteil der vorliegenden Untersuchung wird sowohl die Form-Inhalts-Korrelation als auch die Differenzierung zwischen syntagmatischen und paradigmatischen Beziehungen sprachlicher Zeichen von zentraler Bedeutung sein, um ein Ringen um verschiedene Verantwortungskonstellationen auf Zeichen- wie auch auf Konzeptebene in Hinblick auf Verantwortungssituationen in der Welt zu ergründen.

2.4 Verantwortung zwischen Sprache, Welt und Konzept unter Einbeziehung eines variierbar-relationalen Attributfeldes

Köller stellt auf eindrucksvolle Weise dar, wie Individuen durch ein sprachliches Zugreifen auf die Welt ihre aspektivische Wahrnehmung objektivieren und wie diese perspektivierte Objektivierung der Welt in der Sprache wiederzuerkennen ist (Köller 2004: 3ff.). Köller richtet damit seinen Blick nicht nur auf die kommunikative, sondern auch auf die kognitive Ebene von Sprache. Unter Einbeziehung des semiotischen Dreiecks[17] ist der Objektivierungsprozess unter kommunikativen und kognitiven Gesichtspunkten (Köller 2004: 20-25) verständlich zu machen. Ein sprachlicher Ausdruck nimmt auf ein bestimmtes Objekt in der Welt Bezug, sei es so konkret wie *Tisch* oder so abstrakt wie *Freiheit*, so punktuell wie ein Ereignis oder so prozessual wie eine Handlungssituation, sei das Objekt personen- oder sachbezogen. Um die Objekte in der Welt mittels sprachlicher Ausdrücke erfassen und umgekehrt durch sprachliche Ausdrücke auf die Objekte in der Welt Bezug nehmen zu können, bedarf es kognitiver Konzepte. Dabei können sie als Schnittstelle zwischen den Objekten in der Welt und den sprachlichen Ausdrücken begriffen werden. Die aspektivische Wahrnehmung der Objekte in der Welt schlägt sich in den Attributen der Konzepte nieder. Die an das Konzept gebundenen Attribute werden im sprachlichen Ausdruck sowie in seinem Kotext und Kontext implizit und oder explizit dominant gesetzt (onomasiologische Perspektive). Auf der sprachlichen Oberfläche können auf umgekehrte Weise implizite und oder explizite Teilbedeutungen eruiert

---

16 Durch das semiotische Dreieck nach Ogden und Richards (Ogden/Richards 1974: 18), worauf auch Köller (Köller 2004: 239) und Felder (Felder 2006: 15) Bezug nehmen, wird deutlich, dass mit jeder Beleuchtung sprachlicher Zeichen und deren syntagmatischen Verknüpfung und paradigmatischen Substituierbarkeit sowohl die Zeichen- als auch die Konzeptebene mit zu beachten sind. Im folgenden Kapitel wird dies eingehend beleuchtet.

17 In Anlehnung an das semiotische Dreieck von Ogden und Richards (Ogden/Richards 1974: 18), worauf auch Köller (Köller 2004: 239) und Felder (Felder 2006: 15) Bezug nehmen.

werden, die Rückschlüsse auf die Attribute des Konzepts zulassen und Einfluss auf die Konstitution der Objekte in der Welt nehmen (semasiologische Perspektive). Da der Ausdruck eines sprachlichen Zeichens keine vollständige Übertragung aller Teilbedeutungen gewährleistet, um die Attribute des Konzepts umfassend offenlegen zu können,[18] und weil ein Objekt in der Welt nicht in seiner ontischen Vollständigkeit, sondern nur aspektivisch wahrgenommen, im Konzept durch damit einhergehende Attribute (bewusst oder unbewusst) aufgenommen und sprachlich konstituiert werden kann, erlangte die Sprache ihre perspektivierende und perspektivierte Eigenschaft. Folglich sind die Konzepte nicht nur Voraussetzung, um mit der Sprache auf die Welt zuzugreifen und die Welt in Sprache zu fassen. Sie werden zudem durch Sprache und Objekte in der Welt konstituiert. Sprachliche Ausdrücke, Objekte in der Welt und Konzepte stehen in wechselseitiger und sich gegenseitig bedingender Beziehung (Köller 2004: 239-242).

Nachdem die triadische Struktur des Zeichenmodells nach Ogden/Richards und der perspektivitätstheoretische Ansatz von Köller nachgezeichnet wurde, stellt sich nun die Frage, wie dieser Ansatz mit der Differenzierung zwischen strukturgebender Form und funktionsgebendem Inhalt sowohl auf Zeichen- als auch auf Konzeptebene (siehe Kapitel 2.3 der vorliegenden Untersuchung), welche für die linguistische Analyse von *Verantwortung* bzw. ›Verantwortung‹ vorgenommen wurde, verbunden werden kann. Sowohl Felder (1995: 66f.; 2009: 21) als auch Vogel (2009: 39ff.) unterscheiden auf der Zeichenebene zwischen Zeichenausdruck und Zeicheninhalt. Sie gehen davon aus, dass anhand sprachlicher Zeichen Teilbedeutungen eruiert werden können, die auf Attribute des Konzepts verweisen. Hinsichtlich der Konzeptebene präzisiert Felder die Attribute durch Attributfelder: „Zu einem Attributfeld gehören zwei gegensätzliche Kategorien, die durch Attribute (Begriffe) hoher Allgemeinheit gekennzeichnet sind." (Felder 1995: 67). Vogel ergänzt Felders Ansatz mit der Begründung, dass dabei die Gefahr bestehe, „Konzepte um der Prägnanz oder Anschaulichkeit Willen auf konträre Teilbedeutungen" (Vogel 2009: 40) zu reduzieren. Vogel schlägt daher vor, alle relevant erscheinenden Teilbedeutungen eines Konzepts, ungeachtet dessen, ob sie durch zwei dichotomische Pole höherer Ordnung kategorisiert werden können, unter dem Begriff „Attributfeld" (Vogel 2009: 40) zu fassen. Wenn zwei Teilbedeutungen eines Konzepts in einem kontrastiven Verhältnis stehen, dann präferiert er die Bezeichnung „*antagonistische Attributfelder*" (Vogel 2009: 40). Um das Wechselverhältnis zwischen der

---

18 Felder spricht in diesem Zusammenhang von einem Bedeutungsfixierungsversuch (Felder 2006: 15).

sprachlichen Konstitution von *Verantwortung*[19], dem Konzept ›Verantwortung‹ und der Verantwortung als moralischer Geltungsanspruch in der Welt erarbeiten zu können, bedarf es einer weiteren Differenzierung des Attributfeldes. Wie schon in Kapitel 2.3 der vorliegenden Untersuchung vorgestellt wurde, ist für die Analyse von Verantwortung die Unterscheidung zwischen strukturgebender Form und funktionsgebendem Inhalt sowohl auf Zeichen- als auch auf Konzeptebene sinnvoll. In Anlehnung an das eher geschlossene Konzept von „Attributfeld" nach Felder (Felder 1995: 67), welches die Attribute in zwei dichotomische Pole höherer Ordnung einteilt, wird auch in der vorliegenden Arbeit zwischen Attributen, die wiederum durch Attribute höherer Ordnung gekennzeichnet werden können, unterschieden. Es wird jedoch nicht zwischen zwei kontrastierenden, sondern zwischen relationalen Attributen höherer Ordnung differenziert, woraus ein relationales Attributfeld entsteht. In Anlehnung an das eher offene Konzept von „Attributfeld" nach Vogel (Vogel 2009: 40), welches alle als relevant erscheinenden Teilbedeutungen subsumiert, wird in der vorliegenden Untersuchung entsprechend der verschiedenen Verantwortungssituationen in der Welt, die sich durch unterschiedliche Konstellationen auszeichnen, ein variierbares relationales Attributfeld angenommen. Der hier verwendete Begriff Attributfeld meint somit ein variierbar-relationales Attributfeld.

Die soeben dargelegte Auffassung zur Konzeptstruktur, welche sich aufgrund ihrer strukturgebenden Form und ihres funktionsgebenden Inhalts durch ein variierbar-relationales Attributfeld auszeichnet, ist aus der Auseinandersetzung mit dem Verantwortungsbegriff des Forschungsdiskurses in der Philosophie erwachsen. Im Rahmen der vorliegenden Untersuchung kann die Auseinandersetzung mit weiteren theoretischen Ansätzen zu Konzeptstrukturen nicht ausführlich dargelegt werden. Auf sie soll jedoch verwiesen werden, da sie die Konzeption des variierbar-relationalen Attributfeldes eines Konzepts, in dem die strukturgebende Form und der funktionsgebende Inhalt in Korrelation stehen, inspiriert haben: Der Begriff Frame, worunter Konerding „bestimmte sprachliche Texte" versteht, „…die konzeptgebundenes Wissen, hier insbesondere stereotypes Wissen, detailliert zur Darstellung bringen sollen…" (Konerding 1993: 282), der Begriff Wissensrahmen, die Busse vor dem Hintergrund einer Konvergenz zwischen kognitiver und kulturwissenschaftlicher Semantik betrachten möchte und hervorhebt, „…dass nur auf der Basis einer solchen theoretischen

---

19 Das Lexem *Verantwortung* steht an dieser Textstelle als Platzhalter für alle Lexeme, die das stammbildenden Morphem *verantwort* enthalten. In dem Analyseteil der vorliegenden Untersuchung werden jedoch all diese Lexeme Beachtung finden, die auf verschiedene Weise das Konzept ›Verantwortung‹ prägen und in Korrelation zu Verantwortungssituationen in der Welt stehen.

Perspektive das verstehensrelevante Wissen in seiner ganzen verstehensermöglichenden Breite und Tiefe überhaupt ansatzweise erfasst und beschrieben werden kann" (Busse 2008: 75) und der Begriff Schemata (Ziem 2008: 247-282) hat dazu angeregt, den formalen und funktionalen Aspekt von Wissen über Verantwortung als moralischer Geltungsanspruch auf der Konzeptebene hinsichtlcih eines variierbar-relationalen Attributfeldes herauszuarbeiten.

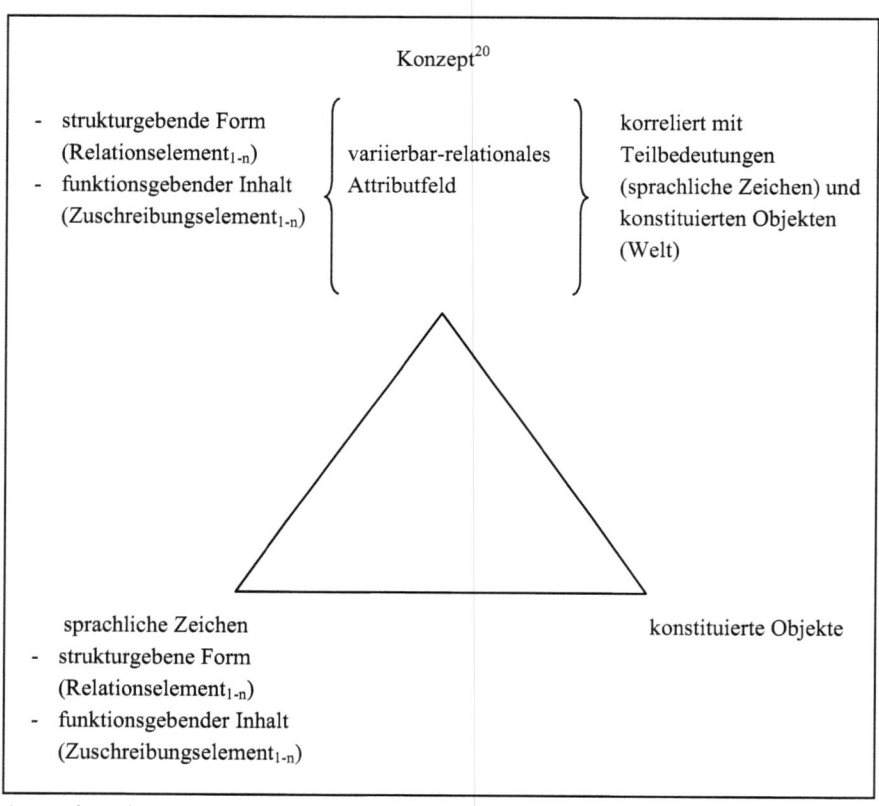

Anwendung des semiotischen Dreiecks nach Ogden und Richards (Ogden/Richards 1974: 18), Köller (Köller 2004: 239), Felder (Felder 2009: 21) und Vogel (Vogel 2009: 40).

---

20 Konzept wird hier, im Unterschied zu sprachliche Zeichen und konstituierte Objekte, durch den Singular markiert, da angenommen wird, dass sich das Konzept ›Verantwortung‹ durch viele verschiedene konstituierte Objekte in der Welt und entsprechende sprachliche Zeichen auszeichnet.

2.5 Konstitution, Verknüpfung und Bewertung von Sachverhalten in einer Verantwortungssituation

Im Folgenden soll die Anwendung des semiotischen Dreiecks auf den Verantwortungsbegriff durch die Darlegung einer konkreten Verantwortungssituation veranschaulicht werden. Wenn der Satz *Die Finanzmanager müssen sich vor ihrem eigenen Gewissen für die Wirtschaftskrise gegenüber der Gesellschaft verantworten* als Konstitution einer Verantwortungssituation begriffen wird, dann können als Teilbedeutungen auf Zeichenebene bzw. Attribute auf Konzeptebene ‚Finanzmanager verantworten‘, ‚Verantwortung vor eigenem Gewissen‘, ‚Wirtschaftskrise wird verantwortet‘ und ‚vor Gesellschaft wird verantwortet‘ expliziert werden. Dabei fällt jedoch auf, dass diese Teilbedeutungen bzw. Attribute der Verantwortungssituation in der Welt und dem entsprechenden Konzept ›Verantwortung‹ nicht annähernd entsprechen. Erst wenn der Blick auf die Präpositionen *vor*, *für* und *gegenüber* hinsichtlich der strukturgebenden Form gerichtet wird, kann die Struktur der Verantwortungssituation nachgezeichnet werden: Ein Subjekt übernimmt vor einer Instanz, für ein Objekt und gegenüber eines Adressaten Verantwortung. Wird nun diese Struktur entsprechend den Teilbedeutungen bzw. Attributen der Verantwortungssituation inhaltlich angereichert, erlangt die Struktur der Verantwortungssituation ihre Funktion: Das Strukturelement ‚Verantwortungssubjekt‘ erhält durch die Teilbedeutung bzw. das Attribut ‚Finanzmanager verantworten‘ in der Verantwortungssituation seine Funktion. Entsprechend erhält das Strukturelement ‚Verantwortungsinstanz‘ durch ‚Verantwortung vor eigenem Gewissen‘, das Strukturelement ‚Verantwortungsobjekt‘ durch ‚Wirtschaftskrise wird verantwortet‘ und das Strukturelement ‚Verantwortungsadressat‘ durch ‚vor Gesellschaft wird verantwortet‘ seine Funktion. Die Verknüpfung von strukturgebender Form und funktionsgebendem Inhalt lässt auf eine Verknüpfungsleistung sowohl auf kommunikativer Ebene des sprachlichen Zeichens als auch auf kognitiver Ebene des Konzepts schließen. Die vier dargelegten Elemente der strukturgebenden Form und des funktionsgebenden Inhalts verweisen in ihrer Verknüpfung auf ein spezifisches Konzept von ›Verantwortung‹ entsprechend der versprachlichten Verantwortungssituation *Die Finanzmanager müssen sich vor ihrem eigenen Gewissen für die Wirtschaftskrise gegenüber der Gesellschaft verantworten*. Da mit einer Verantwortungssituation ein moralischer Geltungsanspruch einhergeht, liegt in der Sachverhaltskonstitution und Sachverhaltsverknüpfung zugleich eine Sachverhaltsbewertung. Wie die Untersuchungen zum Diskurs um Verantwortung in der Wirtschaft noch zeigen werden, ist das Konzept ›Verantwortung‹ nicht nur an konzeptexterne Handlungsdimensionen geknüpft. Mit anderen Worten fungiert ›Verantwortung‹ nicht nur als handlungsleitendes Konzept hinsichtlich seiner Einbettung in den Wirtschaftsdiskurs. Das Konzept ›Verantwortung‹ impliziert zudem eine konzeptinterne Handlungsdimension. Wenn also von „handlungsleitenden Konzepten" (Felder 2009: 21) ausgegangen wird,[21] die einen Diskurs prägen und von diesem geprägt werden, dann ist stets zwischen der konzeptinternen und -externen Handlungsdimension zu unterscheiden: Einerseits werden innerhalb des Konzepts ›Verantwortung‹ Sachverhalte konstituiert, verknüpft und bewertet (Verantwortungsdiskurs).[22] Andererseits werden mit dem handlungsleitenden Konzept ›Verantwortung‹ Sachverhalte konstituiert, verknüpft und bewertet, die sich außerhalb des Konzepts befinden (Verantwortung im Wirtschaftsdiskurs).[23] Beide Handlungsdimensionen sind jedoch nicht voneinander getrennt zu betrachten. Es wird zu untersuchen sein, auf welche Weise die konzeptinternen mit den konzeptexternen Handlungsdimensionen, also wie der Verantwortungsdiskurs mit dem Wirtschaftsdiskurs textuell in Verbindung stehen.[24] Anhand des Bestrebens, das Konzept ›Verantwortung‹ hinsichtlich des Verantwortungsdiskurses bzw. des Wirtschaftsdiskurses zu beleuchten, ist schon zu erkennen, dass neben der Zeichen- und Konzeptebene, die Diskursebene eine ebenso zentrale Rolle spielt, wenn es darum geht, eine wirtschaftsspezifische Konstitution von Wissensbeständen über Moral am Beispiel von Verantwortung im Diskurs verschiedener Printmedien zu analysieren (Felder 2009).

---

21 In Anlehnung an Felder sind unter „handlungsleitenden Konzepten" die Inhaltsseiten sprachlicher Zeichen zu verstehen, „welche die Textproduzenten bei der Vermittlung von gesellschaftlich relevanten Sachverhalten unbewusst verwenden oder bewusst versuchen durchzusetzen" (Felder 2009: 21). Durch die für den Verantwortungsbegriff zentrale Unterscheidung zwischen strukturgebender Form und funktionsgebendem Inhalt werden die „handlungsleitenden Konzepte" (Felder 2009: 21) in der vorliegenden Untersuchung auch unter strukturellen Gesichtspunkten beleuchtet.
22 Ein Subjekt (*Finanzmanager*) übernimmt vor einer Instanz (*eigenem Gewissen*), für ein Objekt (*Finanzkrise*) und gegenüber einem Adressaten (*Gesellschaft*) Verantwortung.
23 Wie im Analyseteil der vorliegenden Untersuchung noch zu sehen ist, wird beispielsweise ›Verantwortung‹ in der Wirtschaft mit ›Freiheit‹ in der Wirtschaft konstituiert und verknüpft, womit eine spezifische sprachliche Bewertung einhergeht.
24 Daraus resultiert ein Ringen um Verantwortung auf zwei verschiedenen Ebenen (Ringen um Verantwortung bezieht sich hier auf die „Semantischen Kämpfe" in einem Diskurs in Anlehnung an Felder 2006): Neben dem Ringen um die Bedeutung von Verantwortung in der Wirtschaft besteht ein Ringen um den Platz der Bedeutung von Verantwortung in der Wirtschaft hinsichtlich anderer Bereiche in der Wirtschaft.

3 Methodische Vorgehensweise

In der vorliegenden Untersuchung wurde die Methode der linguistischen Diskursanalyse gewählt. In Foucaultscher Tradition stehend, meint Diskurs im Allgemeinen die Regelmäßigkeit von Aussagen, welche sich durch kulturelle, soziale und institutionelle Kontexte in einer Sprachgemeinschaft vor dem Hintergrund gesellschaftlicher Machtverteilungen konstituieren (Foucault 1973: 61-82).[25] Diskurslinguisten greifen diese Tradition auf und machen sie für die aktuelle Forschung fruchtbar (u.a. Domasch 2007; Felder 2011; Müller im Druck; Vogel 2009; Warnke 2007; 2008). Im Speziellen meint Diskurs in Anlehnung an Felder ein Textnetz zu einem Thema (Felder 2011: 119). Wenn im Verlauf der vorliegenden Untersuchung von Diskurs gesprochen wird, dann ist damit ein Diskursausschnitt zum Thema Verantwortung in der Wirtschaft gemeint, der sich durch die Auswahl der Texte im Korpus auszeichnet und nicht den Anspruch auf einen vollständig erfassten Diskurs um Verantwortung in der Wirtschaft erhebt. Gegenstand der vorliegenden linguistischen Diskursanalyse sind Medientexte. In Anlehnung an Luhmann werden gesellschaftsprägende Strukturen vor allem durch Medien konstituiert (Luhmann [4]2009: 9). So erhalten Medien eine wirklichkeitskonstituierende Funktion (Jäckel [4]2008: 242-247). Vor dem Hintergrund des Diskurses um Verantwortung in der Wirtschaft ist Luhmanns Unterscheidung zwischen drei Arten sich gegenseitig bedingender Medien zu erwähnen, die im Wechselverhältnis zwischen Wissen, Gesellschaft und Medien eine tragende Stellung einnehmen: Die „Sprache" (Luhmann 1984: 220), die „Verbreitungsmedien" (Luhmann 1984: 221) und die „symbolisch generalisierten Kommunikationsmedien" (Luhmann 1984: 222).

> „Als symbolisch generalisiert wollen wir Medien bezeichnen, die Generalisierungen verwenden [...] Wichtige Beispiele sind: Wahrheit, Liebe, Eigentum/Geld, Macht/Recht; in Ansätzen auch religiöser Glaube, Kunst und heute vielleicht zivilisatorisch standardisierte »Grundwerte«." (Luhmann 1984: 222)

Es kann also angenommen werden, dass auch Verantwortung als ein symbolisch generalisiertes Kommunikationsmedium zu begreifen ist. Durch die Differenzierung zwischen Sprache, Verbreitungsmedium und symbolisch generalisiertes Kommunikationsmedium wird das Verhältnis von Kultur und Systemstrukturen in der gesellschaftlichen Entwicklung (Luhmann 1984: 225) analysierbar und

---

25   Umgekehrt wird die Sprachgemeinschaft vom Diskurs bestimmt: „Ich [Foucault] setze voraus, daß in jeder Gesellschaft die Produktion des Diskurses zugleich kontrolliert, selektiert, organisiert und kanalisiert wird..." (Foucault 1991: 10f.) Es ist also davon auszugehen, dass zwischen Diskurs und Sprachgemeinschaft ein reziprokes Verhältnis besteht.

liefert für die Analyse der Sprache (nach Luhmann Medium der Sprache) über Verantwortung (in Anlehnung an Luhmann symbolisch generalisiertes Kommunikationsmedium) in den Printmedien (nach Luhmann Verbreitungsmedium) eine methodische Grundlage.

Vor dem Hintergrund der soeben dargelegten Prämissen einer linguistischen Mediendiskursanalyse werden nun im Folgenden die vier methodischen Schwerpunkte auf der Mikroebene der sprachlichen Zeichen und die vier Analyseebenen auf der Makroebene des Diskurses der vorliegenden Untersuchung vorgestellt.

3.1 Vier methodische Schwerpunkte auf der Mikroebene der sprachlichen Zeichen

Aus den theoretischen Voraussetzungen der vorliegenden Untersuchung können methodische Schwerpunkte geschlossen werden: Von dem semiotischen Dreieck, welches auf den Verantwortungsbegriff angewendet und dahingehend ergänzt wurde, ist abzuleiten, dass es bei der methodischen Vorgehensweise von Vorteil ist, zwischen strukturgebender Form und funktionsgebendem Inhalt zu unterscheiden (erster methodischer Schwerpunkt) und zwar sowohl auf Zeichen- als auch auf Konzeptebene (zweiter methodischer Schwerpunkt). Um ›Verantwortung‹ in seinen konstituierenden Elementen schrittweise erfassen zu können, eignet sich eine Verbindung der Analysemethode nach Felder[26] und der nach Bubenhofer[27], die im Analyseteil noch ausführlicher vorgestellt wird (dritter methodischer Schwerpunkt). Wie in Kapitel 2.5 dargelegt wurde, spielen die verschiedenen Handlungsdimensionen (Sachverhaltskonstitution, Sachverhaltsverknüpfung und Sachverhaltungsbewertung) bei Verantwortung als moralischer Geltungsanspruch in doppeltem Sinne (konzeptintern und -extern) eine zentrale Rolle (vierter methodischer Schwerpunkt). Diese vier methodischen Schwerpunkte, bilden die Grundlage für die Analyse auf der Mikroebene der sprachlichen Zeichen. Vor dem Hintergrund des Paradigmas der *pragma-semiotischen Textarbeit* (Felder 2011: 123-128) wären die ersten beiden methodischen Schwerpunkte dem semiotischen und der vierte dem pragmatischen Anspruch einer Textarbeit zuzuordnen. Der dritte methodische Schwerpunkt ist als konkre-

---

26 Felder schlägt vier aufeinander folgende Analyseebenen vor: Ebene der Lexik, Ebene der Syntagmen, Ebene des Satzes bzw. der Äußerungseinheit, Ebenes des Textes, Ebene der Text-Bild-Beziehungen (Felder 2009: 26-49).
27 Bubenhofer legt in seiner online gestellten Einführung in die Korpusanalyse drei verschiedene Analyseschwerpunkte dar: Semantik, Argumentationsmuster und Diskursanalyse (http://www.buben hofer.com/korpuslinguistik/kurs/index.php?id=anwendungen_start.html, Stand 23.01.11).

te Vorgehensweise einer linguistischen Diskursanalyse, welche aus dem Paradigma einer *pragma-semiotischen Textarbeit* (Felder 2011: 123-128) resultiert, zu verstehen. Um die Darstellung der methodischen Vorgehensweise zu vervollständigen, werden im Folgenden die Aspekte vorgestellt, welche für die linguistische Mediendiskursanalyse, also für die Analyse auf der Makroebene, zentral sind.

3.2 Vier Analyseebenen auf der Makroebene des Diskurses

Vor dem Hintergrund einer linguistischen Mediendiskursanalyse, die sich dem Paradigma der *pragma-semiotischen Textarbeit* (Felder 2011: 123-128) im Sinne einer linguistischen Hermeneutik verschreibt und der zugleich ein Textkorpus von bis zu 8000 Artikel verschiedener Printmedien zugrunde liegt, stellt sich die Frage nach einer methodischen Vorgehensweise, welche ermöglicht, die linguistische Perspektive sowohl auf eine sprachliche Mikroebene (sprachliche Zeichen) als auch auf eine sprachliche Makroebene (Diskurs) zu richten. Zu Beginn des dritten Kapitels wurden die vier methodischen Schwerpunkte erläutert, welche als methodisches Handwerkzeug für die Mikroebene der sprachlichen Zeichen genutzt werden können. Für die Makroebene des Diskurses eignen sich folgende Analyseebenen: die Analyseebene des Bereichs, der Zeit, der Menge und der Schlussweise. Da sich ein Diskurs durch die regelhafte Formierung der sprachlichen Zeichen auszeichnet und umgekehrt die sprachlichen Zeichen durch den Diskurs bestimmt sind, ist die methodische Vorgehensweise auf der Mikroebene der sprachlichen Zeichen nicht von der auf der Makroebene zu trennen.[28]

3.2.1 Bereich: Zusammenstellung des Textkorpus

Bei der Zusammenstellung des Textkorpus sind verschiedene Vorüberlegungen inhaltlicher und formaler Art anzustellen. Um ein Korpus analysieren zu können, welches aufgrund der Auswahlkriterien eine Einheit darstellen und damit eine interne Vergleichbarkeit zulassen soll, wurden ausschließlich Medienartikel aus gedruckten Tageszeitungen ausgewählt. In der vorliegenden Untersuchung

---

28 Im Rahmen der vorliegenden Untersuchung muss darauf verzichtet werden, ausführlich auf verschiedene Vorgehensweisen im Forschungsbereich der Korpuslinguistik einzugehen. Die vier Analyseebenen (Bereich, Zeit, Menge und Schlussweise), die im Folgenden vorgestellt werden, sind aus der Auseinandersetzung mit korpuslinguistischen Ansätzen (Bubenhofer 2008; 2009; Felder 2011), aus der Fragestellung der vorliegenden Untersuchung wie auch aus ersten, von der Verfasserin durchgeführten Analyseversuchen erwachsen.

liegt das Interesse auf dem Mediendiskurs um Verantwortung in der Wirtschaft, der nicht eine tendenziöse Perspektive, sondern verschiedene Blickwinkel auf das Thema ermöglicht. Folglich wurde bei der Auswahl der gedruckten Tageszeitungen darauf geachtet, dass ein breites Spektrum hinsichtlich der politischen und wirtschaftlichen Haltung gewährleistet ist. Damit bei der Analyse sprachlicher Konstitutionen keine regionalen Schwerpunkte gesetzt werden und nicht nur hinsichtlich der politischen und wirtschaftlichen Haltung, sondern auch hinsichtlich der lokalen Präsenz der Zeitungen ein breites Spektrum geboten wird, sind ausschließlich überregionale Zeitungen ausgewählt worden. Da der Schwerpunkt der vorliegenden Untersuchung nicht auf einem deutschen, sondern deutschsprachigen Mediendiskurs liegt, wurde zudem eine überregionale Tageszeitung aus Österreich hinzugenommen. Somit besteht das Korpus aus sieben verschiedenen Tageszeitungen: Financial Times Deutschland, Handelsblatt, Wirtschaftsblatt, Die Welt, Die Tageszeitung, Frankfurter Rundschau und Neues Deutschland. Damit ein breites Spektrum nicht nur bezogen auf die politische und wirtschaftliche Haltung sowie die lokale Präsenz der Zeitungen, sondern auch hinsichtlich der Textsorten gewährleistet wird, wurden bei der Suchanfrage alle das Thema betreffende Textsorten aufgenommen. Während Artikel aus den Zeitungen Financial Times Deutschland, Wirtschaftsblatt, Die Welt, Die Tageszeitung und Frankfurter Rundschau über die Datenbank LexisNexis Wirtschaft (www.lexisnexis.com) in das Korpus aufgenommen werden konnten, mussten Artikel aus den Zeitungen Neues Deutschland und Handelsblatt über die entsprechenden Archive recherchiert werden, die ebenfalls über das Internet zu beziehen sind (www.neues-deutschland.de und www.wirtschaftspresse.biz).

Das Korpus stellt sich aus drei Teilkorpora zusammen. Wie Bubenhofer vorschlägt (Bubenhofer 2008: 413f.) liegt der Untersuchung ein das Thema allgemein, speziell und neutral betreffendes Korpus zugrunde.[29] Aus dem speziellen Teilkorpus werden noch zwei weitere Korpora zusammengestellt: das quantitative und das qualitative Argumentationskorpus.

Um den Diskurs um Verantwortung in der Wirtschaft analysieren zu können, wurde das allgemeine Teilkorpus durch die Verknüpfung von den stammbildenden Morphemen *verantwort* und *wirtschaft* in der Suchanfrage zusammengestellt.[30] Dadurch werden alle Artikel aufgenommen, die die beiden

---

29 Es sei darauf hingewiesen, dass Bubenhofer nicht die Termini allgemeines, spezielles und neutrales Korpus verwendet.
30 Während bei LexisNexis die Suchanfrage für linguistische Zwecke differenziert eingestellt werden kann (Suchanfrage: „!verantwort! I/25 !wirtschaft!" bedeutet: finde alle Lexeme, die das stammbildende Morphem !verantwort! und !wirtschaft! enthalten und nicht mehr als 25 Tokens voneinander entfernt sind), sind die Suchoptionen bei den

Lexeme mit dem stammbildenden Morphem *verantwort* und *wirtschaft* in einem Abstand von 25 Tokens enthalten.

Das spezielle Teilkorpus basiert auf dem allgemeinen Teilkorpus (Bubenhofer 2008: 413f.). Mit einer Ergänzung bei der Suchanfrage durch das Schlüssellexem *krise* (also *verantwort und *wirtschaft und *krise)[31] wurden aus dem allgemeinen Teilkorpus entsprechende Artikel ausgewählt. Das spezielle Teilkorpus ist Gegenstand der linguistischen Mediendiskursanalyse. Die Suchanfrage des speziellen Teilkorpus ermöglicht, die Konstitution moralischer Geltungsansprüche im Diskurs um Verantwortung in der Wirtschaft auf ein Problembereich zuzuspitzen, bei dem anzunehmen ist, dass Verantwortung an Relevanz gewinnt und damit eine sprachliche Prägnanz erhält.[32]

Dem neutralen Teilkorpus liegen Medien zugrunde, die bei LexisNexis unter Deutsche Presse zu fassen sind.[33] Mit dem lexikalische Schlüsselmorphem *verantwort* wurde die Suchanfrage definiert. Das neutrale Teilkorpus ist als Referenzkorpus zu verstehen, weil es den Blick auf die sprachliche Konstitution von Verantwortung in einem unspezifischen Kontext ermöglicht. Wenn nach den typischen Sprachgebrauchsmustern (Bubenhofer 2009: 43-53), die sich durch den häufig wiederholenden und damit regelhaften Sprachgebrauch als sprachliche Themenspezifika des Diskurses auszeichnen, gefragt wird, dann ist das Referenzkorpus der Bezugspunkt, mit dem die relative Häufigkeit und die damit einhergehende sprachliche Typik des Diskurses um Verantwortung in der Wirtschaft hinsichtlich des Krisenaspekts herausgestellt werden kann.

---

beiden Internet-Archiven eingeschränkter: Bei der Suchanfrage über www.wirtschaftspresse.biz konnten durch vier verschiedene Suchanfragen („Verantwortung Wirtschaft", „Verantwortlichkeit Wirtschaft", „verantworten Wirtschaft", „verantwortlich Wirtschaft") Handelsblatt-Artikel in das Korpus aufgenommen werden; bei der Suchanfrage über www.neues-deutschland.de konnten ebenfalls durch vier verschiedene Suchanfragen („+Verantwortung* +Wirtschaft*", „+Verantwortlichkeit* +Wirtschaft*", „+verantworten* +Wirtschaft*", „+verantwortlich* +Wirtschaft*") Neues-Deutschland-Artikel in das Korpus aufgenommen werden.

31   Das Suchverfahren wurde wie in Fußnote 30 erläutert und mit dem Zusatz *krise* ergänzt durchgeführt.
32   Wenn im Folgenden der Terminus spezielles Teilkorpus verwendet wird, dann wird der Fokus der Betrachtung auf den Diskurs um Verantwortung in der Wirtschaft hinsichtlich des Krisenaspekts gerichtet. Folglich liegt der Analyse des Diskurses um Verantwortung in der Wirtschaft hinsichtlich des Krisenaspekts das spezielle Teilkorpus zugrunde.
33   Genaue Quellenbeschreibung: http://www.lexisnexis.com, Stand: 24.11.10.

3.2.2 Zeit: Eine synchrone Perspektive

Zu der inhaltlichen Zusammenstellung des Textkorpus gehört der zentrale Aspekt der Zeitspanne. Dadurch, dass das spezielle Textkorpus Gegenstand der linguistischen Mediendiskursanalyse ist, um den Diskurs um Verantwortung in der Wirtschaft hinsichtlich des Krisenaspekts beleuchten zu können, wurde der Zeitraum vom 15. September 2008 bis zum 15. September 2010 festgelegt. Alle Artikel aus den in Kapitel 3.2.1 vorgestellten Zeitungen, die in dieser Zeitspanne veröffentlicht worden sind, wurden in das allgemeine und spezielle Teilkorpus aufgenommen. Das neutrale Teilkorpus umfasst Medienbeiträge vom 01. Oktober 2010.

Die Zeitspanne beginnt mit dem 15. September 2008, da an diesem Tag ein markantes Ereignis für die Weltwirtschaft der letzten Jahrzehnte und darauf folgenden Jahre zu verzeichnen ist:

> *In den frühen Morgenstunden des 15. September 2008 muss Lehman nach 158 Jahren Konkurs anmelden - weil sein Haus im Zuge der US-Immobilienkrise um faule Kredite 3,3 Milliarden US-Dollar abschreiben muss.*
>
> *Und nicht nur das. Die Pleite der viertgrößten Investmentbank Amerikas löst rund um den Globus eine Kettenreaktion aus, die fast zu einer Kernschmelze des internationalen Finanzsystems geführt hätte. Die sich langsam zuziehende Kreditklemme verwandelt sich buchstäblich über Nacht in eine zuschnappende Falle. Kreditlinien unter Banken, Anlagen in Geldmarktfonds, Spargutbaben – nichts scheint mehr sicher. Einem Domino-Effekt gleich brechen viele Banken zusammen. ‚Lehman war der Sündenfall‘, sagt heute der Chef einer deutschen Großbank, ‚der aus der schwelenden Finanzkrise eine Massenpanik gemacht hat.‘* (Handelsblatt 22.10.08)

Unter den Titeln *Was am 15. September passierte* und *Hauptursachen der Finanzmarktkrise* veröffentlicht dpa-AFX Wirtschaftsnachrichten am 11. September 2009 rekapitulierende Artikel. Ausschnitte daraus verdeutlichen, wie die wirtschaftliche Dimension des 15. Septembers 2008 von den Medien 2009 eingeschätzt wird:

> *Der 15. September 2008 brachte mehr als die Pleite der traditionsreichen Investmentbank Lehman Brothers. Dieser Tag markierte das Ende der Wall Street wie man sie über Jahrzehnte kannte sowie eine dramatische Zuspitzung der Finanzkrise, mit der die gesamte Weltwirtschaft ins Chaos zu stürzen drohte.* (dpa-AFX Wirtschaftsnachrichten 11.09.09)
>
> *Der Untergang der US-Investmentbank Lehman Brothers gilt als Höhepunkt der Finanzkrise. Von der Lehman-Pleite gingen Schockwellen aus, die die Finanzmärkte erschütterten, das Vertrauen in die Banken zerrütteten. Beispiellose staatliche Milliardenprogramme zur Stützung waren notwendig. Schließlich wuchs sich die Krise zur schärfsten Rezession der Weltwirtschaft in der Nachkriegszeit aus. Die Ursachen für das Desaster sind vielfältig.* (dpa-AFX Wirtschaftsnachrichten 11.09.09)

Die Zeitspanne endet mit dem 15. September 2010. Am zweiten *Lehman-Jahrestag* (Die Presse 15.09.10) rekapitulieren die Medien erneut und legen Folgen und Ursachen für die Krise in der Wirtschaft dar:

> *Genau vor zwei Jahren ging Lehman Brothers pleite. Der Untergang der Investmentbank stand am Beginn der Weltwirtschaftskrise.* (Der Standard 14.09.10)

> *Aus der Immobilienkrise war zunächst eine Bankenkrise geworden, die ihrerseits eine Wirtschaftskrise nach sich zog.* (Die Welt 14.09.10)

> *Ein Zusammenbruch des Finanzsystems wurde [nach dem 15. September 2008] befürchtet und eine globale Rezession. Doch das große Bankensterben wurde durch Staatsmilliarden verhindert. Und die Rezession scheint überwunden. Alle atmen auf. Aber: Auch zwei Jahre nach der Fast-Katastrophe ist die Krise nicht tot. Sie schläft nur. ‚Der Sommer endet', so Joachim Fels von Morgan Stanley, ‚die Krise nicht.'* (Kölner Stadt-Anzeiger 13.09.10)

Obwohl die Krise in der Wirtschaft noch nicht als überwunden konstituiert wird, verweisen die Rückblenden auf keine konstante Krisenzeit:

> *Käme ein Weltraumreisender nach zwei Jahren im All auf die Erde zurück und würde einen Blick auf die Dax-Tafel werfen: Er könnte sich im trügerischen Gefühl wiegen, dass er an der Börse nichts verpasst hat. Der deutsche Leitindex notiert ziemlich genau auf dem gleichen Niveau wie Mitte September 2008. In Wahrheit haben nicht nur der Dax, sondern die Aktienmärkte weltweit die dramatischsten Jahre seit der Großen Depression hinter sich. Zwischenzeitlich, als unser Weltraumreisender hinter dem Mars schwebte, war das Börsenbarometer auch schon mal auf 3666 Punkte heruntergekracht.* (Die Welt 14.09.10)

Es ist nicht Gegenstand der vorliegenden Untersuchung, die Ereignisse und den Verlauf der Wirtschaftskrise in dem Zeitraum zwischen dem 15. September 2008 und dem 15. September 2010 hinsichtlich seiner medialen Konstitution zu beleuchten. Aufgrund der dargelegten Ausschnitte ist jedoch zu vermuten, dass auch im Diskurs um Verantwortung in der Wirtschaft hinsichtlich des Krisenaspekts keine konstante sprachliche Konstitution moralischer Geltungsansprüche über diese Zeitspanne erfolgt; denn es ist nur konsequent davon auszugehen, dass sich ein medial konstituierter Wandel in der Wirtschaftkrise auch in der Veränderung in der Konstitution moralischer Geltungsansprüche niederschlägt. Um dies untersuchen zu können, wäre eine diachrone Perspektive erforderlich, durch welche verschiedene Zeitabschnitte vergleichend analysiert werden könnten. Dieses Vorhaben kann im Rahmen der vorliegenden Untersuchung leider nicht weiter verfolgt werden. Der Entschluss, die Analyse ausschließlich auf eine synchrone Perspektive bezüglich des Zeitraums vom 15. September 2008 bis zum 15. September 2010 zu beschränken, liegt darin begründet, dass der Fokus auf der verknüpfungskomplexen Konstitution von Verantwortung als moralischer Geltungsanspruch im Wechselverhältnis zwischen Sprache, Konzept und Welt liegt.

3.2.3 Menge: Eine qualitative und quantitative Analyse

Bei einer computergestützten Mediendiskursanalyse von Korpora mit bis zu 8000 Zeitungsartikeln stellt sich die Frage nach einer adäquaten Vorgehensweise hinsichtlich der Textmenge. In der vorliegenden Untersuchung wird ein Wechsel zwischen quantitativer und qualitativer Analyse bevorzugt. Während die Lektüre einzelner Artikel oder Artikelausschnitte einerseits und die Beachtung selten im Diskurs vorkommender Lexeme andererseits Einblick in die themenspezifischen Merkmale des Diskurses liefert (Analysenähe zum Text), läuft man bei dieser qualitativen Analyse Gefahr, die Regelmäßigkeiten des Gesamtdiskurses aus dem Blick zu verlieren. Die quantitative Analyse ermöglicht hingegen, themenspezifische Merkmale des Diskurses arbeitsökonomisch in Hinblick auf ihre diskursive Regelhaftigkeit zu beleuchten (Analysenähe zum Diskurs). Dabei besteht jedoch die Gefahr, den Blick querschnittartig auf minimale und durch die Suchanfrage klar festgelegte Textausschnitte im Diskurs zu richten und seltene themenspezifische Merkmale, die unter funktionaler Perspektive häufig eine zentrale Teilbedeutung für eine regelhafte Kategorie des Diskurses darstellen, weniger beachten zu können. Der Wechsel zwischen quantitativer und qualitativer Analyse stellt somit eine Vorgehensweise dar, die Vorteile der einen Analyseweise (qualitative bzw. quantitative) zu nutzen und den damit einhergehenden Nachteilen durch die andere Analyseweise (quantitative bzw. qualitative) entgegenzuwirken, um so eine Analysenähe sowohl zum Text als auch zum Diskurs im gegenseitig bedingenden Wechselspiel zu gewährleisten.

3.2.4 Schlussweise: Induktion und Deduktion

Eine linguistische Mediendiskursanalyse mit computergestützten Analyseverfahren impliziert wegen ihrer empirischen Textgrundlage den Anspruch einer vorwiegend induktiven Schlussweise: Über die Arbeit an der Empirie können vor dem Hintergrund wissenschaftlicher Reflexionen theoretische Rückschlüsse gezogen werden (Bubenhofer 2009: 17). Das Werkzeug, welches für die Arbeit an der Empirie verwendet wird, unterliegt jedoch streng genommen theoretischen Regelhaftigkeiten und bestimmt somit auch die theoretischen Rückschlüsse (Bubenhofer 2009: 16ff.). Folglich ist zwar der Anspruch einer linguistischen Mediendiskursanalyse, induktiv vorzugehen. Es ist jedoch festzuhalten, dass nicht nur die hermeneutische Textarbeit, die an wissenschaftlich, individuell und sozial bedingtem Vorwissen des Analysierenden anknüpft, sondern auch die computergestützten Analyseverfahren, die sich aus linguistisch reflektierten Suchanfragen speisen, eine deduktive Vorgehensweise an die Empirie implizieren. Personenbezogenes Vorwissen des Analysierenden und sachbezogene

Analyseverfahren mithilfe eines Computerprogramms[34] bestimmen also auf deduktive Weise die Arbeit an der Empirie mit induktivem Anspruch. In der Analyse der vorliegenden Untersuchung wird somit in Anlehnung an Bubenhofer (Bubenhofer 2009: 17) ein stetiger Wechsel zwischen deduktiver und induktiver Schlussweise durchgeführt.[35] Der Wechsel von Deduktion aus der Theorie (philosophische, linguistische Theorien) zu Induktion aus der Empirie (Textanalyse) ist jedoch nicht nur für den Beginn der Analyse zu verzeichnen. Auch innerhalb des Prozesses der Analyse werden induktiv erschlossene Ergebnisse aus der Empirie in der Theorie kategorisiert und als Voraussetzung eines nächsten Analyseschritts genommen.

---

34 Mithilfe des Computerprogramms AntConc werden die computergestützten Analysen durchgeführt.
35 Es sei darauf hingewiesen, dass die induktive Schlussweise in der Forschungsliteratur der Korpuslinguistik als corpus-driven, die deduktive als corpus-based bezeichnet wird (Bubenhofer 2009: 17; 99-102).

4 Konstitution moralischer Geltungsansprüche im Diskurs um Verantwortung in der Wirtschaft

Die linguistische Analyse des Diskurses um Verantwortung in der Wirtschaft erfordert vor allem einen Blick auf die Ebene der Lexeme, der Syntagmen, der Sätze und der Argumentationen. Dadurch, dass nicht der Wirtschaftsdiskurs in der Zeit vom 15. September 2008 und 15. September 2010, sondern der Verantwortungsdiskurs in der Wirtschaft in dieser Zeitspanne – also ein spezieller Diskursausschnitt im Wirtschaftsdiskurs – im Mittelpunkt der Analyse stehen, wird vor allem der Kotext um *verantwort*[36] in den linguistischen Betrachtungshorizont genommen. Folglich werden die von Felder (Felder 2009: 26-49) vorgeschlagenen Analyseebenen zur Diskursanalyse auf die Ebene der Lexeme, der Syntagmen und des Satzes beschränkt. Die Ebene des Satzes wird jedoch mit der von Bubenhofer vorgeschlagenen Ebene der Argumentation (siehe Fußnote 27 der vorliegenden Untersuchung) verknüpft, um der argumentativen Struktur um ›Verantwortung‹, die zumeist über die Satzgrenzen hinaus geht, jedoch noch nicht unter die Kategorie der Ebene des Textes nach Felder zu fassen ist, gerecht werden zu können.

4.1 Ebene der Lexeme

Im Folgenden wird auf der Ebene der Lexeme zwischen dem engen und dem weiten Lexemverband[37], welche in Wechselbeziehung zur Konzeptebene und der konstituierten Objektebene in der Welt stehen, unterschieden. Zu dem engen Lexemverband gehören die Lexeme, die das stammbildende Morphem *verantwort* und keine weiteren autosemantischen Lexeme durch Komposition

---

36 Die Schreibweise *verantwort* steht für das stammbildende Morphem und fungiert als Suchbegriff bei AntConc, um im Korpus Lexeme finden zu können, die auf das Konzept ›Verantwortung‹ verweisen.

37 In Anlehnung an Linke/Nussbaumer/Portmann (^{5}2004) wird ein Lexem als „eine Menge [...] verschiedener syntaktischer Wörter, die gewisse wesentliche Dinge gemeinsam haben" definiert (Linke/Nussbaumer/Portmann (^{5}2004): 63). „Ein Lexemverband ist gegenüber dem Lexem eine noch größere Abstraktion; der Begriff verhält sich insbesondere gegenüber dem Merkmal der Wortart neutral." (Linke/Nussbaumer/Portmann (^{5}2004): 63). Die begriffliche Differenzierung zwischen engem und weiten Lexemverband wird zwar nicht von Linke/Nussbau-mer/Portmann vorgenommen, eignet sich jedoch vor dem Hintergrund einer Analyse, die sich von der Mikro- über die Meso- hin zur Makroperspektive sprachlicher Zeichen bewegt.

enthalten.[38] Unter dem weiten Lexemverband sind die Lexeme, die das stammbildende Morphem *verantwort* enthalten und zudem mit ergänzenden autosemantischen Lexemen durch Komposition verbunden sind.

4.1.1 Ebene des engen Lexemverbandes

Wird das spezielle Teilkorpus als Ausgangspunkt der Analyse genommen – es enthält 68088 Types und 1001761 Tokens – können folgende Belege für den engen Lexemverband, die auf das Konzept ›Verantwortung‹ verweisen, gefunden werden. In der Auflistung werden alle Belege der Tokens, nicht nur der Typs, aufgelistet, um beispielsweise Differenzierungen hinsichtlich des Tempus, Genus und Numerus beobachten zu können, die Aufschluss über die Struktur und Funktion des Verantwortungsbegriffs in dem zu untersuchenden Diskurs geben könnten:

Verantwortung:	957 Belege für *Verantwortung*, 1 Beleg für *Verantwortungen*
Verantwortlichkeit:	26 Belege für *Verantwortlichkeit*, 8 Belege für *Verantwortlichkeiten*
Verantwortliche:	17 Belege für *Verantwortliche*, 2 Belege für *Verantwortlicher*, 92 Belege für *Verantwortlichen*
verantworten:	72 Belege für *verantworten*, 10 Belege für *verantwortet*, 1 Beleg für *verantworteten*
verantwortet:	1 Beleg für *verantwortete* (attributiv verwendetes Adjektiv)
verantwortlich:	561 Belege für *verantwortlich*, 16 Belege für *verantwortliche*, 8 Belege für *verantwortlicher*, 13 Belege für *verantwortliches*, 26 Belege für *verantwortlichen*
verantwortbar:	5 Belege für *verantwortbar*, 1 Beleg für *verantwortbarem*
verantwortungsvoll:	20 Belege für *verantwortungsvoll*, 12 Belege für *verantwortungsvolle*, 2 Belege für *verantwortungsvolles*, 7 Belege für *verantwortungsvoller*, 10 Belege für *verantwortungsvollen*
verantwortend:	2 Belege für *verantwortende*, 2 Belege für *verantwortenden*

---

38 Folglich gehören die verschiedenen Wortarten in ihrer Variationsmöglichkeit durch Konjugation (Genus, Numerus und Tempus, Modus), Deklination (Genus und Numerus) oder Komparation zum Begriffskreis des engen Lexemverbandes. Es sind aber auch durch Derivation entstandene Lexeme, die allerdings keine auto-, sondern synsemantische Ergänzungen enthalten, unter dem Begriff des engen Lexemverbandes zu fassen. Die Grenze zum weiten Lexemverband erscheint somit fließend.

Das spezielle Teilkorpus enthält somit auf der Ebene des engen Lexemverbandes Lexeme mit dem stammbildenden Morphem, die verschiedenen Wortarten zuzuschreiben sind: Substantiven, Verben, Adjektiven, Adverbien und Partizipien. Im Folgenden soll dargelegt werden, auf welche Weise sie auf die Konzeptebene von ›Verantwortung‹ Bezug nehmen.

4.1.1.1 *Verantwortung*, *Verantwortlichkeit* und *Verantwortliche*

Auch wenn *Verantwortung* schon in die Kategorie der Gattungsnamen mit abstrakter Bedeutung (Weinrich [4]2007: 319ff.) fällt, verweist das Abstrakt-Suffix -*keit* in *Verantwortlichkeit* auf noch expliziter Weise auf ein abstraktes Substantiv (Weinrich [4]2007: 321). Weinrich unterscheidet zwischen Umfang (Extension) und Inhalt (Intension) des Gattungsnamens, welche in gegenläufiger Beziehung stehen: „je weiter der Umfang, umso vager der Inhalt – und umgekehrt" (Weinrich [4]2007: 319). Diese Unterscheidung kann auf die Differenzierung zwischen strukturgebender Form und funktionsgebendem Inhalt, welche in den vorherigen Kapiteln des Theorieteils dargelegt wurde, übertragen werden: Der Umfang (Extension) des abstrakten Gattungsnamens entspricht der strukturgebenden Form und der Inhalt (Intension) entspricht dem funktionsgebenden Inhalt. *Verantwortung* und *Verantwortlichkeit* verweisen hinsichtlich der Extension und Intension zunächst auf allgemeine und nicht differenzierte Weise auf das Konzept ›Verantwortung‹. Erst durch die Analyse des Kotextes von *Verantwortung* und *Verantwortlichkeit*, können Teilbedeutungen identifiziert werden, die speziellere Hinweise auf die strukturgebende Form der begrifflichen Extension und dem funktionsgebenden Inhalt der begrifflichen Intension geben. Bei dem Lexem *Verantwortliche* kann bereits eine Struktur von zwei Relationselementen abgelesen werden: Es wird nicht nur auf das allgemein gehaltene Konzept ›Verantwortung‹ verwiesen, sondern zudem auf das Subjekt, dem Verantwortung zugeschrieben wird, also dem Träger der Verantwortung. Bei dem speziellen Teilkorpus, welches sich auf Verantwortung in der Wirtschaft hinsichtlich des Krisenaspekts bezieht, fällt auf, dass die Pluralform der Verantwortungsträger häufiger vorkommt, als die Singularform.[39] Folglich ist anzunehmen, dass es hinsichtlich des Krisenaspekts in der Wirtschaft weniger um eine individuell als um eine kollektiv geprägte Art des Verantwortungsübernehmens geht.

---

39 Um für die Analyse von Verantwortung aussagekräftige Differenzierungen bei Numerus (Substantive und Verben) und Tempus (Verben) vornehmen zu können, wurde das Korpus nicht lemmatisiert.

4.1.1.2 *verantworten*

Das Lexem *verantworten* wird zumeist in Vergangenheitsformen gesetzt: Wenn die 72 Belege für *verantworten* in ihrem Kotext betrachtet werden, fällt auf, dass das Lexem *verantworten* zumeist das Nachverb einer Tempusklammer mit dem Hilfsverb *haben* (Weinrich ^{4}2007: 191) darstellt.[40] Außerdem kann im Vergleich zum neutralen Teilkorpus bestätigt werden, dass im speziellen Teilkorpus zu Verantwortung in der Wirtschaft hinsichtlich des Krisenaspekts das Lexem *verantworten* häufiger retrospektiv, im Sinne einer Schuldzuweisung, und weniger prospektiv, im Sinne einer Vorsichtsmaßnahme, verwendet wird:

> *Wir werden von den gleichen Leuten regiert, die diese Krise verursacht haben. Deshalb brauchen wir konkrete Reformen: Die Kontrollorgane, die die Überwindung der Krise übernehmen, etwa die Kontrolle der Bankbürgschaften, dürfen nicht von Vertretern der Finanzwirtschaft besetzt werden, die die Krise zu verantworten haben.* (Die Welt 08.04.09)

Neben dem Aspekt der Retrospektivität kann bei dem Lexem *verantworten* eine Struktur von drei Relationselementen abgelesen werden: Es wird zum einen auf ein allgemein gehaltenes Konzept ›Verantwortung‹ verwiesen, welches erforderlich ist, um etwas zu *verantworten*. Zum anderen wird dadurch ein Subjekt der Verantwortung konstituiert, weil jedes Verb eines Verbträgers, also eines Subjekts, bedarf. Des Weiteren richtet das Lexem *verantworten* die lexikalische Perspektive auf ein Objekt der Verantwortung, denn ein Subjekt muss bei der Verwendung des Lexems *verantworten* aufgrund der Valenz des Verbes ein Objekt verantworten. Außerdem wird die Handlungsdimension, welche dem Konzept ›Verantwortung‹ aufgrund seines Zuschreibungs- und Relationscharakters inhärent ist, durch die sprachliche Konstitution von *verantworten* explizit perspektiviert.

4.1.1.3 *verantwortlich*, *verantwortungsvoll* und *verantwortbar*

Bei den attributiv verwendeten Lexemen, die auf das Konzept ›Verantwortung‹ verweisen, scheinen aufgrund der Häufigkeit der Belege typische Sprachgebrauchsmuster mit dem Lexem *verantwortlich* aufzutreten. Ob hierbei eine adjektivische oder adverbiale Verwendungsweise vorliegt, kann erst durch eine Analyse auf syntagmatischer Ebene festgestellt werden. Es kann allerdings schon festgehalten werden, dass bei dem Lexem *verantwortlich* eine Struktur von zwei Relationselementen identifiziert werden kann: Es verweist auf das allgemein gehaltene Konzept ›Verantwortung‹ und entweder auf Subjekte, die

---

[40] Bei 72 Belegen für *verantworten* sind 13 Belege für *haben*, 24 Belege für *hat*, 3 Belege für *habe*, 2 Beleg für *hätte* und 2 Belege für *hätten* in einem Kotexthorizont von +/− 8 Lexemen zum Suchlexem *verantworten* zu finden.

Verantwortung tragen (adjektivische Verwendungsweise), oder auf Verben, welche eine Handlungsdimension unter Berücksichtigung des allgemein gehaltenen Konzepts ›Verantwortung‹ (adverbiale Verwendungsweise) konstituieren. Werden die Lexeme *verantwortungsvoll* und *verantwortbar* unabhängig von ihrer adjektivischen oder adverbialen Verwendungsweise in Betracht gezogen, fällt auf, dass sie sich in ihrer perspektivierenden Art unterscheiden. Mit dem Lexem *verantwortungsvoll* geht durch das Derivations-Halbsuffix -voll eine aktivische, positiv bewertende Bedeutung einher (Weinrich ^{4}2007: 1005):

> *Der Online-Branchendienst Ecoreporter lobt das Konzept der drei Ethik- und Umweltbanken: ‚Wenn sich alle so verantwortungsvoll verhalten hätten wie die grünen und kirchlichen Banken, hätte es die Krise nie gegeben', sagt Sprecher Jörg Weber.* (Frankfurter Rundschau 21.07.09)

Für das Lexem *verantwortbar* ist durch das Derivationssuffix -bar eine passivische Bedeutung festzumachen (Weinrich ^{4}2007: 999), die bei Beleuchtung des Kotextes einer negativen Konnotation unterliegt:

> *Die Finanz- und Wirtschaftskrise bedeute eine ‚Zeitenwende', kein Betriebsunfall. ‚Ein Weitermachen wie bisher ist weder ökonomisch noch finanzpolitisch, noch sozial verantwortbar', schreiben Steinmeier und Gabriel.* (Die Welt 22.06.09)

4.1.1.4 *Unverantwortlichkeit, Verantwortungslosigkeit, unverantwortlich* und *verantwortungslos*

Neben den affirmativen Lexemen des engen Lexemverbandes, die auf das Konzept ›Verantwortung‹ verweisen,[41] sind auch Lexeme mit negierenden Teilbedeutungen des engen Lexemverbandes im speziellen Teilkorpus zu belegen:

Unverantwortlichkeit:	3 Belege für *Unverantwortlichkeit*
Verantwortungslosigkeit:	28 Belege für *Verantwortungslosigkeit*
unverantwortlich:	30 Belege für *unverantwortlich*, 13 Belege für *unverantwortliche*, 3 Belege für *unverantwortlicher*, 1 Beleg für *unverantwortliches*, 6 Belege für *unverantwortlichen*, 3 Belege für *unverantwortlichem*, 1 Beleg für *unverantwortlichste*
verantwortungslos:	23 Belege für *verantwortungslos*, 9 Belege für *verantwortungslose*, 2 Belege für *verantwortungsloser*, 11 Belege für *verantwortungslosen*

Es ist zwar die Funktion von Negationen den auf die Welt bezugnehmenden Geltungsanspruch auf der Zeichenebene aufzuheben oder zu relativieren. Damit jedoch sprachlich negiert werden kann, muss sprachlich konstituiert werden,

---

[41] Es ist jedoch nicht auszuschließen, dass die affirmativen Lexeme in manchen Kotexten auch durch lexemexterne Negationsformen negiert werden.

was negiert wird. Somit kann Perspektivität einerseits durch die sprachliche Konstitution und andererseits durch die negierende Konstitution sowohl auf Zeichen- als auch auf Konzeptebene identifiziert werden (Köller 2004: 540-543). Zumeist spiegeln sich anhand verschiedener Negationsformen[42] perspektivierte Denkmuster wider: Erwartungen, Normen und Werte sowie kulturbedingte Vorstellungsweisen. Köller formuliert diese pragmatische Funktion von Negationen auf eingängige Weise:

> „Sätze mit Negationen perspektivieren eine Einzelvorstellung oder eine Sachverhaltsvorstellung nicht auf eine eigenständige Weise, sondern auf der Basis einer Wahrnehmungserwartung, die durch den jeweiligen sprachlichen Ausdruck ohne Negationen thematisiert wird." (Köller 2004: 578-579)

Neben den 3 Belegen für das Lexem *Unverantwortlichkeit* fallen die 28 Belege für *Verantwortungslosigkeit* im speziellen Teilkorpus für Verantwortung in der Wirtschaft hinsichtlich des Krisenaspekts auf. Folglich entspricht zwar die abstrakte Explizitheit durch das Abstrakt-Suffix -keit (Weinrich [4]2007: 321) sowohl im Lexem *Unverantwortlichkeit* als auch im Lexem *Verantwortungslosigkeit* einem typischen Sprachgebrauchsmuster in dem speziellen Teilkorpus,[43] um einen moralisch stark ausgeprägten Erwartungshorizont – im Sinne eines Rückgriffs auf eine theoretische Konzeption von Ethik in der Wirtschaft – als nicht erfüllt konstituieren zu können. Vor dem Hintergrund der Belegzahlen wird jedoch das negierende unselbstständige Abstrakt-Suffix -losigkeit (in Anlehnung an Weinrich [4]2007: 321) dem negierenden unselbstständigen Präfix un- vorgezogen. Köller schreibt dem Präfix un- eine klassische Funktion im Sinne eines Minuszeichens zu (Köller 2004: 553). Dies scheint für die Negation von der zu erwartenden ›Verantwortung‹ im zu untersuchenden Diskurs nicht auszureichen. Es bedarf eines Suffixes, welches mit pejorativ perspektivierender Leere assoziiert werden kann,[44] um die fehlenden Verantwortung sprachlich zu konstituieren. Wird der Fokus von den Substantiven auf das attributiv verwendete Lexem gerichtet, stellt sich das typische Sprachgebrauchsmuster auf recht ausgeglichene Weise dar: Das Lexem *unverantwortlich* kann 57 Mal belegt werden – ohne in

---

42 Aufgrund der verschiedenen Negationsformen, welche unterschiedliche „Negationsbezüge und [...] Negationsintensitäten" (Köller 2004: 549) ermöglichen, existiert eine Variantenvielfalt in der Weltobjektivierung und somit ein Reichtum in den Perspektivierungsmöglichkeiten im Bereich von Negationen. Köller teilt Formen der Negation in fünf große Gruppen ein: 1. selbstständige Negationswörter, 2. Negationspronomen, 3. unselbstständige Negationsaffixe, 4. Begriffsbildung mit immanenter Negationsstruktur und 5. indirekte Negationsformen (Köller 2004: 549).

43 Im Vergleich zum neutralen Teilkorpus.

44 Köller verdeutlicht diese pejorative Perspektivierung durch die Gegenüberstellung von arbeitsfrei – arbeitslos und spannungsfrei – spannungslos (Köller 2004: 555).

diesem Fall eine Unterscheidung zwischen adjektivischer und adverbialer Verwendungsweise vorzunehmen – und für das Lexem *verantwortungslos* können 45 Belege gefunden werden.

4.1.1.5 Zwischenfazit: Ebene des engen Lexemverbandes

Es kann also festgehalten werden, dass sprachliche und konzeptuelle Perspektivität auf der Ebene des engen Lexemverbandes schon allein durch die Variation der Wortarten, durch die ihnen inhärenten Modifikationsmöglichkeiten und durch Derivationsweisen zu identifizieren ist. Vor dem Hintergrund der strukturgebenden Form und dem funktionsgebenden Inhalt ziehen diese unterschiedlich perspektivierenden Teilbedeutungen (auf der Zeichenebene) bzw. Attribute (variierbar-relationales Attributfeld auf Konzeptebene) verschiedene Strukturen und Funktionen nach sich: Während ›Verantwortung‹ bei *Verantwortung* in einer allgemein gehaltenen Weise noch in der Quantität (Strukturelemente) und in der Qualität (Funktionselemente) variierbare Attribute impliziert, konstituiert *Verantwortliche* ›Verantwortung‹ expliziter: Es setzt die Teilbedeutungen ‚Verantwortungsträger' und ‚allgemein gehaltenes Konzept von Verantwortung' auf Zeichenebene dominant. Folglich kann auf Konzeptebene das Attributfeld durch zwei formgebende Strukturelemente (Subjekte der Verantwortung, allgemein gehaltenes Konzept von Verantwortung) beschrieben werden. Auffällig ist hierbei, dass auf der Konzeptebene von ›Verantwortung‹ ein ‚allgemein gehaltenes Konzept von Verantwortung' als Attribut fungiert. Es bringt keinen Erkenntnisgewinn ein Konzept durch ein Konzept als Attribut zu beschreiben. Grund dafür ist die Analyseebene: Dadurch, dass in diesem Kapitel der Fokus auf der Ebene der Lexeme liegt, bleiben aufgrund des abstrakten Gattungsnamens *Verantwortung* die Teilbedeutungen auf Zeichenebene und die Attribute auf Konzeptebene weitestgehend implizit. Die Analyse des engen Lexemverbandes zeigt zwar, wie strukturgebende Formen und damit einhergehende funktionsgebende Inhalte implizit angelegt sein können. Die Analysen auf der Ebene des weiten Lexemverbandes, der Syntagmen und des Satzes bzw. der Argumentation werden allerdings zeigen, dass das Konzept ›Verantwortung‹ durch Bedeutungszuschreibungen hinsichtlich seiner strukturgebenden Form und seines funktionsgebenden Inhalts expliziter dargelegt werden kann.

4.1.2 Ebene des weiten Lexemverbandes

In dem speziellen Teilkorpus fällt auf, dass im Vergleich zu anderen Abstrakta (beispielsweise *Glück*) das stammbildende Morphem *verantwort* sehr häufig mit ergänzenden autosemantischen Lexemen in Kompositionsgefügen verbunden ist: Beispielsweise können für das Lexem *Verantwortung* 967 Belege und in Kompositionsgefügen 106 Belege nachgewiesen werden (Durchschnitt 9,1), das

Lexem *Glück* kann in demselben Korpus hingegen nur 54 und in Kompositionsgefügen 10 Mal belegt werden (Durchschnitt 5,4). Einerseits ist der hohe Durchschnitt hinsichtlich der Bindungsaffinität von *Verantwortung* auf die Art der Zusammenstellung des speziellen Teilkorpus zurückzuführen (die Suchbegriffe waren nicht *glück *wirtschaft *krise). Andererseits liegt die Bindungsaffinität im Lexem *Verantwortung* selbst begründet. Sein Zuschreibungs- und Relationscharakter wird durch die Bindungsaffinität auf Lexemebene belegt.

Im Folgenden wird die für den Diskurs typische Bindungsaffinität auf Lexemebene beleuchtet. Da im Rahmen des Kapitels 4.1.1 die verschiedenen Wortarten und ihre Modifikationen in den Fokus genommen wurden, wird nun hier der Einfluss von grammatischen auf semantische Variationen in der Wechselwirkung zwischen *Verantwortung* ›Verantwortung‹ und Verantwortung in der Welt weniger Beachtung finden. Vielmehr stehen die semantischen Variationen in Hinblick auf die Diskursspezifik im Mittelpunkt der Betrachtung.

4.1.2.1 Verteilung von Verantwortung

Lenk legt stets am Ende seiner philosophischen Darlegungen über den Verantwortungsbegriff das Verteilungsproblem von Verantwortung in einer Gemeinschaft dar und stellt dabei die Gesamtverantwortung in einen problematischen Kontrast zu der Gruppen- und Teil- bzw. Mitverantwortung (Lenk ^{2}1993: 125-130). Müller verweist in seinen Untersuchungen zu Verantwortung in der Bioethik-Debatte hinsichtlich der Verantwortungsträger auf die Kategorien „*Personen, Gruppen und Kollektive*", unter die verschiedene Verantwortungsträger gefasst werden können (Müller im Druck). Im Diskurs um Verantwortung in der Wirtschaft hinsichtlich des Krisenaspekts können in ähnlicher Weise Kategorien erstellt werden. Im Unterschied zur Bioethik-Debatte werden diese Kategorien im speziellen Teilkorpus nicht nur implizit, sondern auch explizit versprachlicht:

Gesamtverantwortung (5 Belege)

Hauptverantwortung (7 Belege), *hauptverantwortlich* (4 Belege), *Hauptverantwortliche/er/en* (8 Belege)

Mitverantwortung (18 Belege), *mitverantwortlich/en* (37 Belege), *Mitverantwortlichen* (1 Beleg)

Eigenverantwortung (21 Belege), *Eigenverantwortlichkeit* (2 Belege), *eigenverantwortlich/ e/er/es/en* (5 Belege)

Kernverantwortung (1 Beleg)

Müller stellt auf eingängige Weise den Zusammenhang zwischen Verantwortungsträger und Handlungs- bzw. Entscheidungsbefugnis dar und verknüpft Verantwortungszuschreibung mit Machtzuschreibung. Daraus leitet er ein implizites Konkurrenzpotential zwischen den verschiedenen Verantwortungsträger ab

(Müller im Druck). Wenn diese Überlegungen auf den Diskurs um Verantwortung in der Wirtschaft hinsichtlich des Krisenaspekts übertragen werden, dann liegt aufgrund der expliziten Versprachlichung der Verteilungskategorien kein implizites, sondern ein explizites Konkurrenzpotential vor. Die Handlungen, Ereignisse und Folgen in der Wirtschaftskrise scheinen Anlass zu geben, die Verteilung der Verantwortung durch perspektivierende Ergänzungen in Kompositionsgefügen sprachlich zu konstituieren und im Ringen um Verantwortungszuschreibung das Konzept ›Verantwortung‹ in Hinblick auf die Wirtschaftkrise zu prägen:

> *Für Skidelsky tragen Banken, Hedgefonds und Spekulanten eine große Mitverantwortung an der aktuellen Krise, aber die Hauptverantwortung trifft nicht diese Akteure, sondern die Wirtschaftswissenschaft, deren Lehren die Akteure gleichsam schulbuchmäßig befolgt haben.* (Frankfurter Rundschau 05.03.10)

In der Summe können die Lexeme *Mitverantwortung* (18 Belege), *mitverantwortlich/en* (37 Belege) und *Mitverantwortlichen* (1 Beleg) hinsichtlich der Verknüpfung von der Teilbedeutung ‚allgemein gehaltenes Konzept von Verantwortung' mit der Teilbedeutung ‚Teilhabe an der Verantwortung' als diskurstypische Lexeme begriffen werden.[45] Des Weiteren sind die Lexeme *Eigenverantwortung, Eigenverantwortlichkeit* und *eigenverantwortlich/e/er/es/en* im Vergleich zu den anderen Lexemen, durch welche die Verteilung von Verantwortung konstituiert wird, häufig belegt. Es wird auf den Ebenen der Syntagmen, des Satzes und der Argumentation anhand der Teilbedeutungen im Kotext noch zu untersuchen sein, warum gerade die ‚Teilhabe an der Verantwortung' durch *Mitverantwortung* und die ‚individuelle Übernahme von Verantwortung' durch *Eigenverantwortung* diskurstypische Lexeme sind. Müller unterscheidet in der Bioethik-Debatte zwischen Fremd- und Selbstzuschreibung von Verantwortung (Müller im Druck). Die für den Diskurs um Verantwortung in der Wirtschaft typischen Lexeme *Mitverantwortung* und *Eigenverantwortung* suggerieren zunächst, diese Zuschreibungspole zu bestätigen; *Mitverantwortung* könnte eine Zuschreibungsweise von außen und *Eigenverantwortung* eine Zuschreibungsweise von innen konstituieren. Da jedoch bei der Analyse von Medientexten davon auszugehen ist, dass die externe Verantwortungszuschreibung häufiger zu belegen ist als die interne – die zu Verantwortung Gezogenen kommen in Medientexten seltener zu Wort – sind beide Verteilungslexeme als Zuschreibungslexeme von außen zu begreifen. Auch die 5 Belege für das Lexem *Selbstverantwortung* und die 3 Belege für *selbstverantwortlich/em*, die eine selbstreferenzielle Perspektive auf die Verantwortlichen konstituieren, stehen stets in ar-

---

45 Im Vergleich zum neutralen Teilkorpus.

gumentativen Zusammenhängen, indem von außen Mangel an und Forderung nach Selbstverantwortung konstatiert wird:

> *Ackermann: Aber gerade die Finanzkrise beweist doch, dass der Staat als wirtschaftlicher Akteur versagt. Die Katastrophe nahm ihren Anfang in einer falschen Geldpolitik und falschen staatlichen Anreizen in den USA. Auch die Finanzaufsicht hat versagt. Natürlich haben auch skrupellose Marktakteure die Krise verschärft. Denn wirtschaftliche Freiheit funktioniert nicht ohne Verantwortung und Haftung. Eine Lehre für die Bürger besteht darin, sich selbstverantwortlich um ihre Geldgeschäfte und ökonomischen Zusammenhänge zu kümmern und zu informieren. Sie sollten nicht ständig nach dem Staat rufen.* (Die Welt 30.01.10)

4.1.2.2 Funktionale und soziale Subjekte der Verantwortung

Im Diskurs um Verantwortung in der Wirtschaft hinsichtlich des Krisenaspekts werden die Subjekte der Verantwortung verhältnismäßig häufig in Kompositionsgefügen mit *Verantwortung, Verantwortlichkeit* oder *Verantwortliche* sprachlich konstituiert. Folgende Belege können im speziellen Teilkorpus nachgewiesen werden:

Banken-Verantwortung (1 Beleg)

Eigentümerverantwortung (8 Belege), *Verantwortungseigentümer* (1 Beleg)

Führungsverantwortung (6 Belege)

Leistungsverantwortlichkeit (1 Beleg)

Regierungsverantwortung (11 Belege)

Unternehmensverantwortung (8 Belege)

US-Verantwortung (1 Beleg)

Wirtschaftsverantwortlichen (1 Beleg)

Verantwortungsgeneration (1 Beleg)

Verantwortungs-Mittelschicht (1 Beleg)

Verantwortungsgemeinschaft (1 Beleg)

Verantwortungspartnerschaft (1 Beleg)

Bei der Auflistung fällt auf, dass zwar wenige Belege für die einzelnen Lexeme in Kompositionsgefügen anzugeben sind. Die Subjekte der Verantwortung bieten jedoch eine große Spannbreite an semantischen Variationen. Die Diskursspezifik kann damit nicht an der Häufigkeit eines einzelnen Kompositums festgemacht werden, sondern an der themenspezifischen Variation innerhalb der Kompositionsgefüge, die auf Subjekte der Verantwortung verweisen: Denn wenn alle Kompositionsgefüge mit den Lexemen *Verantwortung, Verantwortlichkeit, Verantwortliche* im Diskurs um Verantwortung in der Wirtschaft hinsichtlich des Krisenaspekts in Betracht gezogen werden, dann können mehr wirtschaftsspezifische Kompositionsgefüge (29 Belege) als nicht diskursspezifische Kompositionsgefüge (4 Belege) nachgewiesen werden. Die Kompositionsgefüge lassen sich vor dem Hintergrund der Semantik des Derivationselements in zwei Subjektkategorien einteilen: Zum einen wird Verantwortungssubjekten aufgrund einer funktional-institutionellen Dimension Verantwortung zugeschrieben (*Führungsverantwortung, Unternehmensverantwortung*), zum anderen aufgrund einer sozialen Dimension[46] (*Verantwortungsgeneration, Verantwortungsmittelschicht*). Dabei ist auffällig, dass sich bei den wirtschaftsspezifischen (funktional-institutionelle Dimension) Kompositionsgefügen entsprechend eines Determinativkompositums (Weinrich [4]2007: 924f.) das zu Beginn stehende wirtschaftsspezifisch Bestimmungswort auf das verantwortungsspezifische Grundwort bezieht. Bei den nicht wirtschaftsspezifischen (soziale Dimension) Kompositionsgefügen stellt sich dies auf umgekehrte Weise dar: das Bestimmungswort ist verantwortungsspezifisch und das Grundwort sozialspezifisch. Daraus kann geschlossen werden, dass in der funktional-institutionellen Kategorie die wirtschaftsspezifische und in der sozialen Kategorie die verantwortungsspezifische Teilbedeutung stärker perspektiviert wird. Neben der Differenz hinsichtlich der Reihenfolge im Determinativkompositum verbindet die beiden Kategorien die morphologische Art der Verknüpfung: Außer bei den Lexemen *Bankenverantwortung* und *US-Verantwortung* verbindet die beiden Lexeme im Kompositionsgefüge, die auf Verantwortungssubjekte verweisen, ein Fugenelement. Im Vergleich zu den Kompositionsgefügen, die auf Objekte der Verantwortung verweisen, deutet somit das Fugenelement -s- im Kompositionsgefüge zumeist auf Verantwortungssubjekte.

Um die Struktur der Variationsspannbreite innerhalb der funktional-institutionellen Kategorie der Verantwortungssubjekte aufzeigen und eine kategoriale Grundlage für die Analyse auf der Ebene der Syntagmen liefern zu können, kann auf der Grundlage der Lexemanalyse eine kategoriale Skala aufgestellt werden: Länder (*US-Verantwortung*) – Gesellschaftsbereiche: Politik oder Wirtschaft (*Regierungsverantwortung* oder *Wirtschaftsverantwortlichen*) – Institutionen (*Unternehmensverantwortung*) – Institutionsbereiche (*Eigentümerverantwortung*) – Funktionsträger der Institutionsbereiche (*Führungsverantwortung*). Die semantisch bedingten Übergänge zwischen den Elementen der Skala müssen für den Diskurs um Verantwortung in der Wirtschaft hinsichtlich des Krisenaspekts jedoch fließend aufgefasst werden.

---

46 Soziale Subjekte der Verantwortung meint hier: Beteiligte einer sozialbedingten Gruppe, die Verantwortung übernimmt.

4.1.2.3 Objekte und Adressaten der Verantwortung

So wie Kompositionsgefüge im Diskurs um Verantwortung in der Wirtschaft hinsichtlich des Krisenaspekts auf funktionale und soziale Verantwortungssubjekte verweisen, können im speziellen Teilkorpus für Kompositionsgefüge Belege nachgewiesen werden, die Bezüge auf Objekte der Verantwortung (Sachen) und Adressaten der Verantwortung (Personen) enthalten:

Budgetverantwortung (3 Belege)

Finanzverantwortung (1 Beleg), *Finanzverantwortliche/n* (2 Belege)

Kreditverantwortung (1 Beleg)

Kundenverantwortlichkeit (1 Beleg)

Personalverantwortliche/en (3 Belege)

Schutzverantwortung (1 Beleg)

Sozialverantwortung (1 Beleg), *sozialverantwortlichem* (1 Beleg)

Umweltverantwortliche (1 Beleg)

Vergütungsverantwortlichen (1 Beleg)

Wirtschaftsverantwortlichen (1 Beleg)

Entweder wird den Verantwortungssubjekten durch die Kompositionsgefüge Verantwortung für konkrete Sachen (Budget, Finanzen, Kredit, Vergütung), für abstrakte Sachen (Schutz, Soziales, Umwelt, Wirtschaft) oder für spezifische Personengruppen (Kunden, Personal) zugeschrieben. Bei der Durchsicht der Auflistung verwundert zum einen, dass die Zahl der Belege noch geringer ist als bei den Kompositionsgefügen, die auf Subjekte der Verantwortung verweisen. Folglich kann daraus nur eine tendenzielle Diskursspezifik in wirtschaftsspezifischer Variation innerhalb der Kompositionsgefüge, die auf Subjekte der Verantwortung verweisen, abgeleitet werden. Zum anderen stellt sich die Frage, warum keine Handlungsdimensionen hinsichtlich des Krisenaspekts in der Wirtschaft (Handlungen, Handlungsergebnisse und Handlungsfolgen) in Kompositionsgefügen konstituiert werden. Diese Frage kann erst eingehen behandelt werden, wenn die Ebene der Syntagmen, des Satzes und der Argumentation beleuchtet wurde. Lexeme wie *Zukunftsverantwortung* (3 Belege) und *Ergebnisverantwortung* (2 Belege) deuten jedoch darauf hin, dass es sich lohnen kann, den Blick auf den Kotext um *Verantwortung* hinsichtlich möglicher Handlungsdimensionen zu richten. Auch die Gegenüberstellung von der aktiven Perspektivierung in dem Lexem *Führungsverantwortung* (bedingt durch die Semantik des nominalisierten Verbes als Bestimmungswort im Determinativkompositum) und *Verantwortungsträger* (bedingt durch die Semantik des nominalisierten Verbes als Grundwort im Determinativkompositum) verweist auf eine mögliche Konstitution von Handlungsdimensionen auf der Ebene der Syntagmen, des Satzes und der Argumentation.

4.1.2.4 Verhaltensweisen und Einstellungen zu Verantwortung

Neben den drei bereits dargelegten Verweiskategorien – Verteilung, Subjekte sowie Objekte und Adressaten von Verantwortung – kann auf der Grundlage der Lexemanalyse eine vierte Verweiskategorie für den Diskurs um Verantwortung in der Wirtschaft hinsichtlich des Krisenaspekts aufgestellt werden: Verhaltensweisen und Einstellungen zu Verantwortung. Folgende Belege sind aus dem speziellen Teilkorpus dafür aufzuführen:

Verantwortungs-Bekenntnis (1 Beleg)

Verantwortungsbereitschaft (2 Belege)

Verantwortungsbewusstsein (18 Belege), *verantwortungsbewusst/e/em/en/er/es* (23 Belege)

Verantwortungsflucht (1 Beleg)

Verantwortungsgefühl (5 Belege)

Verantwortungslast (1 Beleg)

Verantwortungsverweigerung (2 Belege)

In dieser Kategorie können Teilbedeutungen identifiziert werden, die auf kognitive, emotionale und agierende Prozesse hinweisen. Wie bei der Kategorie der Verteilung von Verantwortung, ist auch hier auffällig, dass sie zwar keine wirtschaftsspezifische Semantik aufweist, jedoch für den Diskurs um Verantwortung in der Wirtschaft hinsichtlich des Krisenaspekts themenspezifisch ist.[47] Während die Kategorie der Verteilung von Verantwortung ein hartes Ringen um Verantwortungsverteilung in der Wirtschaft andeutet, verweist die Kategorie der Verhaltenweisen und Einstellungen zu Verantwortung auf ein weiches Ringen um Verantwortungsverhaltensweisen und -einstellungen.[48] Auf Verantwortung als moralischen Geltungsanspruch übertragen, wird Verantwortung im Diskurs um Verantwortung in der Wirtschaft hinsichtlich des Krisenaspekts mit harten (Sachstände betreffend) und weichen (Seelenstände betreffend) Teilbedeutungen konstituiert.

---

47 Im Vergleich zum neutralen Teilkorpus.
48 Durch die Aufstellung der Kategorien und durch die Belege der Häufigkeit kann lediglich von einem impliziten Ringen um Verantwortung (in Anlehnung an semantische Kämpfe nach Felder 2006) gesprochen werden. Die Analyse der Syntagmen, des Satzes und der Argumentation müssen vorgenommen werden, um ein explizites Ringen um Verantwortung nachweisen zu können.

4.1.2.5 Zwischenfazit: Ebene des weiten Lexemverbandes

Durch die Analyse auf der Ebene des weiten Lexemverbandes konnten die Attribute, die dem Konzept ›Verantwortung‹ im Diskurs um Verantwortung in der Wirtschaft hinsichtlich des Krisenaspekts zugeschrieben werden können, weiter konkretisiert werden. Während auf der Ebene des engen Lexemverbandes noch auf ein allgemein gehaltenes Konzept von Verantwortung verwiesen wird und durch Wortarten und ihre Modifikationen Zuschreibungs- und Relationstendenzen von ›Verantwortung‹ aufgezeigt werden, können nun auf der Ebene des weiten Lexemverbandes konkretere Teilbedeutungen auf Zeichenebene und Attribute auf Konzeptebene identifiziert werden. In vier Zuschreibungskategorien wurden die Kompositionsgefüge aufgeteilt: Verteilung, Subjekte, Objekte und Adressaten von Verantwortung sowie Verhaltensweisen und Einstellungen zu Verantwortung. Daraus könnte geschlossen werden, dass das Charakteristikum jeder Kategorie ist, zwei Strukturelemente (zweistellige Form) und zwei Funktionselemente (zweistelliger Inhalt) aufzuzeigen: Es konnte nämlich zumeist die Teilbedeutung ‚allgemein gehaltenes Konzept von Verantwortung' in der Verknüpfung mit der Teilbedeutung ‚Verteilung' oder ‚Subjekte' oder ‚Objekte/Adressaten' oder ‚Verhaltensweisen/Einstellungen' belegt werden. Wenn aber die Analyseergebnisse des engen Lexemverbandes mit einbezogen werden, dann fällt auf, dass bei manchen Kompositionsgefügen weitere strukturgebende Element und damit funktionsgebende Elemente zu identifizieren sind. Auf den weiten Lexemverband übertragen, können beispielsweise bei *Personalverantwortliche* drei Strukturelemente und damit drei Funktionselement herausgearbeitet werden: ‚Subjekte der Verantwortung' sind bezogen auf ein ‚allgemein gehaltenes Konzept von Verantwortung' für das ‚Personal' als Objekte der Verantwortung verantwortlich.

An wenigen Stellen konnten sprachliche Tendenzen aufgezeigt werden, die ›Verantwortung‹ mit Attributen verschiedener Handlungsdimensionen (Handlungen, Handlungsergebnisse und Handlungsfolgen) beschreiben lassen. Auch konnten nur 2 Belege für *Verantwortungsethik* auf Instanzen, vor denen sich Verantwortungssubjekte zu verantworten haben, verweisen. Aus diesen wenigen Belegen können zu diesem Zeitpunkt noch keine Kategorien für Handlungen, Handlungsergebnisse und Handlungsfolgen sowie Instanzen aufgestellt werden. Sie werden aber als richtungsweisende Hinweise für die Analyse der Syntagmen, der Sätze und der Argumentationen genommen.

4.2 Ebene der Syntagmen

Im folgenden Kapitel wird die Betrachtung auf Mehrwortverbindungen, also auf Syntagmen, gerichtet. Ausgangspunkt der Untersuchung werden die Lexeme in Mehrwortverbindungen sein, die das stammbildende Morphem *verantwort* enthalten.

4.2.1 Präpositionen als Junktoren konzeptspezifischer Attribute und Elemente diskursspezifischer Kollokationen

Köller ordnet die Präposition wie auch die Konjunktionen den „prototypische[n] Verknüpfungszeichen" zu (Köller 2004: 490). Weinrich bezeichnet sie als „Subklasse der Junktoren" (Weinrich ^{4}2007: 612), da er ihnen eine enge relationale Verknüpfungsfunktion zuschreibt: Die Präpositionen „teilen mit allen anderen Junktoren die Aufgabe, aus einer Basis und einem Adjunkt ein Determinationsgefüge zu bilden, in dem die Basis vom Adjunkt her determiniert wird" (Weinrich ^{4}2007: 612). Die Einordnung nach Weinrich eignet sich für die folgende Analyse der Präpositionen: Schon bei der ersten Durchsicht der computergestützten Analyseergebnisse fällt auf, dass die Suche nach dem stammbildenden Morphem *verantwort* mit der nachgestellten Ergänzung einer bestimmten Präposition zwei Richtungen aufweist, die für die Analyse des Diskurses um Verantwortung in der Wirtschaft hinsichtlich des Krisenaspekts gewinnbringend sind: Zum einen können sie als Junktoren konzeptspezifischer Attribute angesehen werden, die auf das Konzept ›Verantwortung‹ im Wirtschaftsdiskurs verweisen. Über sie können strukturgebende Form- und funktionsgebende Inhaltselemente, die sowohl auf Zeichen- als auch auf Konzeptebene in einem engen Beziehungsgefüge stehen, eruiert werden. Zum anderen können sie als Elemente und damit Indizien diskursspezifischer Kollokationen bezeichnet werden.[49]

In der Analyse der Syntagmen, welche Lexeme mit dem stammbildenden Morphem *verantwort* und eine sogleich darauf folgende Präposition enthalten, wurden nach folgenden Präpositionen gesucht: *an, auf, aus, bei, durch, für, ge-*

---

49 Bubenhofer definiert Kollokation: „Zwei Wörter, die frequent und/oder überzufällig oft nahe zusammen in einem Korpus auftreten." (Bubenhofer 2009: 8). Von dieser Definition ausgehend, meint Kollokation in der vorliegenden Untersuchung: Eine durch Häufigkeit gekennzeichnete, feste Verbindung von zwei oder mehr unmittelbar aufeinander folgenden Lexemen, die dadurch als diskursspezifisch begriffen werden können.

gen/wider, gegenüber, hinter, in, mit, nach, neben, über, unter, von, vor, zu und *zwischen*.[50] Die zentralen Ergebnisse werden im Folgenden dargelegt.[51]

4.2.1.1 *an, auf, aus, in, mit, vor* und *zwischen* als Junktoren konzeptspezifischer Attribute

Die Präposition *an* verweist im Präpositionalgefüge mit dem stammbildenden Morphem *verantwort* auf zwei verschiedene Attributkategorien: auf Subjekte und Objekte der Verantwortung. Dadurch werden das ‚allgemein gehaltene Konzept Verantwortung' und subjekt- bzw. objektbezogene Teilbedeutungen miteinander verknüpft. Verantwortung wird hinsichtlich der Subjektkategorie bemängelt oder eingefordert:

> *Die Finanzkrise habe die ‚organisierte Unverantwortlichkeit an der Spitze von Banken und Unternehmen' deutlich gemacht.* (Die Welt 03.04.09)

> *Er befürchtet eine Verwässerung der Volcker-Regel durch die Abgabe der Verantwortung an die Aufsichtsbehörden.* (Handelsblatt 16.03.10)

> *Ziel ist, wieder mehr Verantwortung an regionale und lokale Amtsträgern zu delegieren.* (Handelsblatt 06.11.08)

Wird die Objektkategorie näher beleuchtet, kann eine diskursspezifische Handlungsdimension, die mit dem Konzept ›Verantwortung‹ einhergeht, festgemacht werden: Die Krise der Wirtschaft wird als Folge, die argumentativ Subjekten zugeschrieben wird, dargelegt:

> *Für Skidelsky tragen Banken, Hedgefonds und Spekulanten eine große Mitverantwortung an der aktuellen Krise...* (Frankfurter Rundschau 05.03.10)

> *Die Politik der Fed hat deshalb im Ergebnis einen Teil der Verantwortungslast an dieser Finanzkrise zu tragen.* (Handelsblatt 13.02.09)

---

50 Die Präpositionen wurden aus der DUDEN-Grammatik ausgewählt (DUDEN [7]2005: 895-929).

51 Im Rahmen der vorliegenden Untersuchung wird bei der Analyse der Präpositionen der Fokus auf die Präpositionen gelegt, die unmittelbar oder in einem minimalen Abstand von ein bis zwei Worten an das stammbildende Morphem *verantwort* anschließen. Durch stichprobenartige Analysen konnten auch Präpositionen vor dem stammbildenden Morphem *verantwort* identifiziert werden, die auf Relationselemente einer Verantwortungssituation verweisen und in dieselben Kategorien einzuordnen sind, wie sie im Folgenden für die Präpositionen, die dem stammbildenden Morphem *verantwort* folgen, aufgestellt werden. Da die Präpositionen vor dem stammbildende Morphem *verantwort* in einem größeren Wortabstand auftreten, wird in der vorliegenden Untersuchung bevorzugt, die Analyseebene der Syntagmen auf einen engen und damit dem Konzept ›Verantwortung‹ klar zuzuordnenden Rahmen zu beschränken.

Während die Präposition *an* die Zuschreibung von Verantwortung auf Subjekte entweder durch statisch-perspektivierte Feststellung eines Verantwortungsbereichs oder durch dynamisch-perspektivierte Forderung eines Verantwortungsbereichs konstituiert,[52] ist für die Präposition *auf* die dynamisch-perspektivierte Forderung eines Verantwortungsbereichs dominanter. Folglich wird dadurch eine Subjektverschiebung konstituiert:

Politiker hatten kritisiert, dass die Banken die Verantwortung auf die Steuerzahler abwälzen wollten. (Die Welt 20.11.09)

Im letzten Aufschwung (2005 bis 2007) fiel sogar die reale Lohn- und Gehaltssumme. Die Regierung schiebt die Verantwortung auf die Tarifparteien. (Neues Deutschland 28.08.10)

Durch die Präposition *aus* kann eine neue Verwendungsweise analysiert werden, durch welche Teilbedeutungen der Verantwortungssubjekte identifiziert werden können. Über sie können Bereiche analysiert werden, aus denen die Verantwortungssubjekte kommen:

Und praktisch alle Verantwortlichen aus Wirtschaft und Politik fordern nun entschlossene Reformen, damit wir schnell wieder aus der Misere herauskommen. (Die Tageszeitung 14.11.08)

Was immer wir auch beschließen [...] es wird nichts nützen, weil ein paar Verantwortungslose aus der Wirtschaft ein Spielcasino gemacht haben. (Die Tageszeitung 01.11.08)

Wie auch bei der Präposition *aus* liefert das Präpositionalgefüge mit der Präposition *in* Hinweise für drei bzw. vier verschiedene Bereiche der Subjekte. Die erste Kategorie fasst die Akteure als Verantwortungssubjekte aus dem wirtschaftlichen, die zweite aus dem politischen Bereich zusammen, die dritte Kategorie umfasst Subjektbereiche in geographischer Hinsicht und die vierte Kategorie verdeutlicht, dass auch zwei Akteure aus den drei zuvor genannten Bereichen für eine Verantwortungssituation Verantwortungssubjekte sein können. Im Folgenden werden Beispiele für die vier Kategorien aufgelistet:

1. Wirtschaftlicher Bereich

Verantwortlichkeiten in den Führungsgremien (Handelsblatt 29.12.09), *Personal- und Vergütungsverantwortlichen in 72 Unternehmen in Deutschland* (Die Welt 31.01.09), *Verantwortung in den Unternehmen* (Die Tageszeitung 16.01.10), *Verantwortung in diesen Institutionen* (Handelsblatt 05.05.09), *Verantwortlichen in der Finanzbranche*

---

52 *Die Finanzkrise habe die „organisierte Unverantwortlichkeit an der Spitze von Banken und Unternehmen" deutlich gemacht.* (Die Welt 03.04.09) (statische Feststellung eines Verantwortungsbereichs) versus *Ziel ist, wieder mehr Verantwortung an regionale und lokale Amtsträger zu delegieren.* (Handelsblatt 06.11.08) (dynamische Forderung eines Verantwortungsbereichs).

(Financial Times Deutschland 28.10.08), *Verantwortung in der Marktwirtschaft* (Handelsblatt 13.03.09), *Eigentümerverantwortung in der Marktwirtschaft* (Handelsblatt 13.03.09), *Verantwortung in der Wirtschaft* (Handelsblatt 23.12.2009; Neues Deutschland 20.04.09), *Verantwortung in der Ökonomie* (Financial Times Deutschland 19.08.10)

2. **Politischer Bereich**

Verantwortungsgemeinschaft in der Koalition (Handelsblatt 16.07.09), *Verantwortlichen in der Politik* (Wirtschaftsblatt 14.01.09), *Verantwortlichen in der EU* (Neues Deutschland 28.11.08)

3. **Bereich in geographischer Hinsicht**

Verantwortung in Europa (Neues Deutschland 09.01.09), *Verantwortung in einem Land wie Deutschland* (Handelsblatt 22.05.09), *Verantwortung in Deutschland* (Die Tageszeitung 10.11.08)

4. **Mischformen**

Verantwortlichen in Wirtschaft und Politik (Frankfurter Rundschau 06.12.08), *Verantwortlichen in Politik und Wirtschaft* (Neues Deutschland 23.01.09; Die Tageszeitung 12.04.10; Wirtschaftsblatt 17.06.09), *Verantwortung in der Weltpolitik und -wirtschaft* (Handelsblatt 16.04.10), *Regierungsverantwortung in Bayern* (Handelsblatt 02.10.09), *Verantwortlichen in den Unternehmen und Regionen* (Die Tageszeitung 11.12.09)

Die Präposition *mit* in einem Präpositionsgefüge mit dem stammbildenden Morphem *verantwort*, welches in diesem Rahmen zumeist in adjektivischer Form vorkommt, richtet die Perspektive auf konzeptspezifische Attribute hinsichtlich des Verantwortungsobjekts:

Im Moment erleben wir, was es heißt, unverantwortlich zu wirtschaften, unverantwortlich mit Geld umzugehen. (Frankfurter Rundschau 10.10.08)

Mitarbeiter und Politiker trauen ihm [dem Unternehmer] am ehesten zu, ökonomisch sinnvoll, aber auch verantwortlich mit den ihm anvertrauten Ressourcen Kapital und Arbeit umzugehen. (Handelsblatt 02.12.08)

Es können zwar nur 2 Belege für die Präposition *vor* in einem Präpositionsgefüge mit dem stammbildenden Morphem *verantwort* gefunden werden, welche auf die Verantwortungsinstanzen verweisen, die Beleg liefert jedoch drei konzeptspezifische Attribute, die das Konzept ›Verantwortung‹ hinsichtlich seines Strukturelements der Instanz für den Wirtschaftsdiskurs konkretisieren:

‚*Unternehmerische Freiheit in evangelischer Perspektive ist Freiheit in Verantwortung vor Gott und den Menschen'*, so heißt es in der Denkschrift. (Handelsblatt 27.03.09)

Dagegen muss eine Verantwortungsethik stehen, dass der Menschen sagt, ich muss mich und mein Handeln verantworten vor Gott und der Gemeinschaft. (Handelsblatt 23.12.09)

Die Teilbedeutungen ‚der Mensch' als Verantwortungssubjekt, ‚sein Handeln' als Verantwortungsobjekt, ‚vor Gott', ‚vor den Menschen' und ‚vor der Gemeinschaft' als Verantwortungsinstanzen konkretisieren die Teilbedeutung ‚allgemein gehaltenes Konzept Verantwortung', welches durch das Verb *verantworten* sprachlich konstituiert wird. Der allgemein gehaltene Verweis auf das Konzept wird durch die syntagmatische Struktur diskursspezifisch konkretisiert. Mit anderen Worten schwindet vor dem Hintergrund einer syntagmatischen Perspektive der allgemeine Verweis auf ›Verantwortung‹ zugunsten spezieller Teilbedeutungen.

Die Präposition *zwischen* liefert eine ergänzende Perspektive für die Analyse des weiten Lexemverbandes (Kapitel 4.1.2) und bestätigt das sprachliche Ringen um die Verteilung von Verantwortung:

> *Auch regen solche Zeiten offenbar nicht dazu an, die grundsätzliche Frage nach der Verantwortungsgrenze zwischen dem Staat und den Bürgern angemessen zu beantworten. Wann aber, wenn nicht unter solch entspannten Bedingungen, soll dies gelingen?* (Handelsblatt 06.02.09)

> *Die Ordnungspolitik vermag durch ihre Fokussierung auf die prinzipielle Verantwortungsteilung zwischen Staat und Individuum nicht nur die öffentliche Debatte über zeitgemäße Lösungen zu befördern, sondern ebenso der ökonomischen Zunft ein Rettungspaket zu bieten.* (Handelsblatt 13.02.09)

Durch die Präposition *zwischen* in einem Präpositionsgefüge mit dem stammbildenden Morphem *verantwort* werden zwei Subjekte in einer Verantwortungssituation gegenübergestellt. Während die Prägung des Konzepts ›Verantwortung‹ aufgrund verschiedener Strukturelemente (Subjekte, Objekte oder Instanzen) ein implizites Ringen im Diskurs um die strukturgebende Form und den funktionsgebenden Inhalt von Verantwortung darstellt, kann durch die Präposition *zwischen* zum ersten Mal in der Analyse belegt werden, dass um Verantwortung in einem Textausschnitt, also in einer konstituierten Verantwortungssituation, explizit gerungen wird. Wie im ersten Zitat zu sehen ist, wird Verantwortung intratextuell zwei verschiedenen Subjekten (*dem Staat* und *den Bürgern*) zugeschrieben. Dadurch wird eine Handlungssituation sprachlich konstituiert, in der sich zwei verschiedene Funktionselemente hinsichtlich eines Strukturelements gegenüberstehen. Werden die beiden Zitate intertextuell verglichen, besteht keine diskursive Kontroverse über das erste Funktionselement (*Staat*), sondern über das zweite: Während im ersten Zitat der einzelne Mensch durch die Bezeichnung *Bürger* in einer Staatsgemeinschaft, also im öffentlichen Leben, Verantwortung übernehmen soll, lässt das Lexem *Individuum* im zweiten Zitat zu, den Verantwortungsbereich des einzelnen Menschen auf das private Leben zu beschränken.

4.2.1.2 *bei*, *für* und *gegenüber* als Elemente diskursspezifischer Kollokationen

Es können Kollokationen mit dem Lexem *Verantwortliche* oder *Verantwortung*, der Präposition *bei* und einer Leerstelle (X) festgemacht werden (*Verantwortliche bei* X und *Verantwortung bei* X).[53] Für die Leerstelle werden folgende diskursspezifische Lexeme ersetzt:

den Verhandlungen (Handelsblatt 21.09.09), *der Royal Bank of Scotland* (Neues Deutschland 21.10.08), *HBOS* [Halifax Bank Of Scotland] (Neues Deutschland 21.10.08), *der Bundesvereinigung der Deutschen Arbeitgeberverbände* (Financial Times Deutschland 16.11.09), *den Regeln für die Finanzindustrie* (Frankfurter Rundschau 17.11.08), *denen, die für Deutschland verhandeln* (Handelsblatt 23.04.10), *der Versorgung der Wirtschaft mit frischem Geld* (Handelsblatt 18.09.09), *Wirtschaftsminister Karl-Theodor zu Guttenberg* (Handelsblatt 22.05.09), *Puma* (Handelsblatt 11.05.09), *der Überwindung der Krise* (Handelsblatt 12.02.09), *US-Präsident George W. Bush* (Neues Deutschland 11.11.2008)

Bei der Durchsicht der Auflistung fällt jedoch auf, dass die Leerstelle auf zwei verschiedene Struktur- bzw. Funktionselemente verweist. Auf die Präposition *bei* folgt eine Teilbedeutung, die entweder auf Verantwortungssubjekte (Institutionen oder repräsentative Personen) oder auf Verantwortungsobjekte (Handlungen) verweisen.

Die Präposition *für* kann mit 264 Belegen in Präpositionalgefügen mit einem Lexem mit dem stammbildenden Morphem *verantwort*, der daran anschließenden Präposition und einer Leerstelle (X) nachgewiesen werden. Als Kollokationen sind *Verantwortung für* X (156 Belege), *verantwortlich für* X (60 Belege), *mitverantwortlich für* X (14 Belege) zu erwähnen.[54] Im Abstand von bis zu 7 Worten kann das Lexem *Krise* 31 Mal nach Lexemen mit dem stammbildenden Morphem *veranwort* und der Präposition *für* belegt werden. Es kann also bezogen auf die Leerstelle im Präpositionsgefüge mit *für* eine Kategorie festgemacht werden, die explizit auf die Krise als Verantwortungsobjekt verweist. Zu den 31 Belegen, die das Lexem *Krise* als Verantwortungsobjekt enthalten, können 9 Belege hinzugenommen werden, welche den Krisenaspekt hinsichtlich des Finanzbereichs durch das Kompositum *Finanzkrise* spezifizie-

---

53 Kollokationen meint hier die feste diskurstypische Verknüpfung von *Verantwortliche bei* X und *Verantwortung bei* X. Diskurstypisch ist demnach die lexikalische Variabilität in der Verknüpfung mit *Verantwortliche bei* und *Verantwortung bei*.

54 Kollokationen meint hier die feste diskurstypische Verknüpfung von *Verantwortung für* X, *verantwortlich für* X und *mitverantwortlich für* X. Diskurstypisch ist demnach die lexikalisch Variabilität in der Verknüpfung mit *Verantwortung für*, *verantwortlich für* und *mitverantwortlich für*.

ren.[55] Auch werden anstelle von *Krise* oder *Finanzkrise* Lexeme gesetzt, die den Krisenaspekt durch die Verwendung eines (vermeintlich) sinnverwandten Lexems (Felder 2006: 17) auf eine veränderte Weise perspektivieren:

> *verantwortlich für die Misere* (Die Tageszeitung 20.11.08; Handelsblatt 11.12.09), *verantwortlich für die Probleme* (Handelsblatt 02.10.09), *verantwortlich für den Einbruch* (Handelsblatt 17.02.09), *Verantwortung für einen ökonomischen Crash* (Handelsblatt 22.09.09), *verantwortlich für diesen Crash* (Handelsblatt 11.12.08), *Verantwortung für das fiskalische Desaster* (Handelsblatt 13.05.09), *Verantwortung für das Desaster an den Börsen* (Neues Deutschland 27.12.08)

Neben der Kategorie der Krise, welche sich in drei Unterkategorien aufteilen lässt (Krise, Finanzkrise und sinnverwandtes Lexem zu Krise) fallen noch drei weitere große Kategorie auf, die durch die Präposition *für* auf Verantwortungsobjekte verweisen: Die zweite Kategorie betrifft das Finanz- und Wirtschaftssystem in unstabilem Zustand. Ein Beispiel dafür wäre:

> *‚Es liegt in der realen Wirtschaft', sagte Jean-Paul Fitoussi, Chef des renommierten Pariser Forschungsinstituts OFCE, im FTD-Interview. Der wahre Krisenauslöser sei die ungleiche Verteilung der Einkommen. Sie sei verantwortlich für die Entstehung von Blasen in der Finanzwelt. Damit widerspricht Fitoussi der Mehrheit der Ökonomen. Ihre Krisendiagnose setzt beim Versagen der Finanzmärkte an.* (Financial Times Deutschland 6.04.09)

Die dritte Kategorie stellt Verantwortungsobjekte hinsichtlich des Finanz- und Wirtschaftssystems in stabilem Zustand dar. Im Vergleich zur zweiten Kategorie (Finanz- und Wirtschaftssystem in unstabilem Zustand) können für diese Kategorie weniger Belege nachgewiesen werden:

> *Taylor erhebt seine kritische Stimme auch beim Aufbau einer neuen Finanzordnung. So warnte er kürzlich bei einer Anhörung im US-Kongress davor, der Fed die Hauptverantwortung für die Stabilität des Finanzsystems zu übertragen.* (Handelsblatt 11.08.09)

Wie das Beispiel zeigt, ist für die dritte Kategorie typisch, dass der argumentative Kotext nicht unbedingt einen Aufschwung im Finanz- und Wirtschaftssystem konstituiert, wie die Benennung der dritten Kategorie (Finanz- und Wirtschaftssystem in stabilem Zustand) zunächst suggeriert, sondern eher das Objekt der Verantwortung problematisiert.

---

55 *Mitverantwortung für die Finanzkrise* (Financial Times Deutschland 13.02.09), *mitverantwortlich für die Finanzkrise* (Frankfurter Rundschau 17.08.09), *Verantwortung für die Finanzkrise* (Handelsblatt 08.09.10), *ökonomische und politische Verantwortung für die Finanzkrise* (Handelsblatt 08.04.10), *mit den Verantwortlichen für die Wirtschafts- und Finanzkrise* (Neues Deutschland, 20.04.09), *mitverantwortlich für die große Finanzkrise* (Die Tageszeitung, 16.08.10), *Hauptverantwortung für die Finanzkrise* (Die Tageszeitung, 15.04.10), *Verantwortung für die Finanzkrise* (Die Tageszeitung, 12.04.10), *Verantwortung für die Finanzkrise* (Die Tageszeitung, 21.11.08).

Vor dem Hintergrund der ersten, zweiten und dritten Kategorie wird deutlich, dass in einer dominanten Weise das Konzept ›Verantwortung‹ in den Diskurs eingeführt wird, wenn Handlungszusammenhänge und Handlungsergebnisse bzw. -folgen (Verantwortungsobjekt) als problematisch konstituiert werden.

Die vierte Kategorie betrifft die soziale, gesellschaftliche, geographische und zeitliche Dimension, welche ebenfalls das Verantwortungsobjekt betrifft. Entweder können Mitarbeiter eines Unternehmens (*verantwortlich für mehr als 60 000 Mitarbeiter*; Financial Times Deutschland 16.10.09), Bürger eines Staates (*Verantwortung für das Wohl seiner Bürger*; Frankfurter Rundschau 24.04.09), die Menschen (*Verantwortung für die Menschen*; Handelsblatt 03.02.09), ein Land (*Verantwortung für unser Land*; Handelsblatt 07.09.09), ein Kontinent (*Verantwortung für Europa*; Die Tageszeitung 07.06.10; Handelsblatt 19.11.08) oder sogar die Zukunft (*Verantwortung für die Zukunft*; Handelsblatt 21.06.10; Neues Deutschland 26.02.09) Objekte der Verantwortung sein.

Bezogen auf die 264 Belege, die Lexeme mit dem stammbildenden Morphem *verantwort*, der darauf folgenden Präposition *für* und dem daran anschließenden Verantwortungsobjekt enthalten, fallen nicht nur verschiedene kategorial einordbare Verantwortungsobjekte auf. Bei der Durchsicht der Belege wird vor dem Hintergrund der Verantwortungssituation als Handlungssituation deutlich, dass ein Zu-Verantwortung-ziehen zu verschiedenen Zeitpunkten in Handlungsabfolgen konstituiert werden kann. Subjekte werden sowohl für die Ursachen als auch für die Folgen von Handlungsergebnissen verantwortlich gemacht:

> *Zudem forderte die IG Metall in einem ‚Frankfurter Appell' Politiker und Wirtschaft dazu auf, Verantwortung für die Ursachen der gegenwärtigen Krise zu übernehmen. Die IG Metall bewerte diese nicht allein als Folge von Fehlentwicklungen des Marktes. Sie sei ‚von Grund auf das Ergebnis der Ideologie einer zügellosen Marktwirtschaft'. ‚Mehr Rendite, schnellere Rendite, höhere Rendite' sei ‚schleichend zum überwiegenden Credo des wirtschaftlichen Handelns' geworden. An der ‚Verwurzelung dieser Ideologie des Geldes und der Gier' habe auch die Politik mitgewirkt, hieß es.* (Die Welt 18.03.09)

In den ersten drei Kategorien, die sich durch negativ konnotierte Verantwortungsobjekte auszeichnen, wird stärker retrospektiv, in der vierten Kategorie, die sich durch positiv konnotierte Objekte (Mitarbeiter, Bürger, Menschen, Land, Kontinent, Zukunft) hervorheben, stärker prospektiv zur Verantwortung gezogen.

Die Kollokation *Verantwortung gegenüber* ist im speziellen Teilkorpus 9 Mal belegt. Die Leerstelle (X) im Anschluss an *Verantwortung gegenüber* verweist auf Instanzen, vor denen sich Verantwortungssubjekte zu verantworten haben. Eine kategoriale Einordnungen der Leerstellen, wie sie bis jetzt für die Präpositionalgefüge stets vorgenommen wurden, führt für die Kollokation *Ver-*

antwortung gegenüber zu keiner weiterführenden Erkenntnis. Vielmehr fällt für diese Belege auf, dass ein Lexem an anderer Stelle im Diskurs den Platz eines anderen Strukturelements im Konzept ›Verantwortung‹ einnimmt:

> *Verantwortung gegenüber der Gesellschaft* (Financial Times Deutschland 17.04.09) als Verantwortungsinstanz ⇔ *Verantwortung für die Gesellschaft* (Die Welt 29.06.09, Frankfurter Rundschau 21.11.09, Neues Deutschland 27.10.10, Wirtschaftsblatt 10.06.09) als Verantwortungsobjekt ⇔ *Verantwortung der ganzen Gesellschaft* (Handelsblatt 23.12.08) als Verantwortungssubjekt
>
> *Verantwortung gegenüber dem großen politischen Projekt Europa* (Handelsblatt 15.09.10) als Verantwortungsinstanz ⇔ *Verantwortung für Europa* (Die Tageszeitung 07.06.10, Handelsblatt 19.11.08) als Verantwortungsobjekt ⇔ *Verantwortung in Europa* (Neues Deutschland 09.01.09) als Bereich des Verantwortungssubjekts
>
> *Verantwortung gegenüber dem Gemeinwesen* (Handelsblatt 13.09.10) als Verantwortungsinstanz ⇔ *Verantwortung für das Gemeinwesen* (Frankfurter Rundschau 18.01.10) als Verantwortungsobjekt
>
> *Verantwortung gegenüber ihren Eigentümern* (Handelsblatt 25.02.10) als Verantwortungsinstanz ⇔ *Verantwortung des Managements und der Eigentümer* (Financial Times Deutschland 02.04. 09) als Verantwortungssubjekt
>
> *Verantwortung gegenüber Ländern wie Griechenland* (Handelsblatt 25.01.10) als Verantwortungsinstanz ⇔ *[d]abei ist klar, dass der griechische Staat eine besondere Verantwortung trägt* (Neues Deutschland 26.02.2010) als Verantwortungssubjekt
>
> *Verantwortung gegenüber den Kunden* (Handelsblatt 16.03.09) als Verantwortungsinstanz ⇔ *Eigenverantwortlichkeit der Kunden* (Financial Times Deutschland 22.02.10) als Verantwortungssubjekt
>
> *Verantwortung gegenüber der Öffentlichkeit und den Anhängern deregulierter Finanzsysteme* (Handelsblatt 09.10.08) als Verantwortungsinstanz ⇔ *Verantwortung (für die Öffentlichkeit)* (Handelsblatt 04.06.10) als Verantwortungsobjekt
>
> *soziale Verantwortung gegenüber ihren Mitarbeitern und dem Staat* (Die Tageszeitung 13.07.10) als Verantwortungsinstanz ⇔ *Verantwortung für die Mitarbeiter* (Die Welt 28.09.09) als Verantwortungsobjekt ⇔ *Verantwortung im Bereich der Mitarbeiter* (Wirtschaftsblatt 21.08.09) als Bereich des Verantwortungssubjekts

Der neunte Beleg liefert eine erstaunliche Differenzierung hinsichtlich der Finanzmanager:

> *Der ehrbare Finanzkaufmann muss dem kurzfristigen Renditedruck mit Charakterfestigkeit beggenen und seine unternehmerische und gesellschaftliche Verantwortung gegenüber Finanzhasardeuren und Glücksrittern verteidigen.* (Financial Times Deutschland 17.04.09)

Für diese Textpassage gilt also: Indem eine Unterscheidung zwischen einem *ehrbare[n] Finanzkaufmann* und waghalsigen *Finanzhasardeur* gemacht wird, können die Finanzmanager nicht nur für den Diskurs typisch als Subjekt, sondern auch als Objekt der Verantwortung fungieren.

Nach der Analyse auf der Ebene der Lexeme und der Syntagmen mit Präpositionalgefügen kann somit nicht nur eine lexikalische Variabilität hinsichtlich eines einzelnen strukturgebenden Formelements verzeichnet werden, sondern auch eine Variabilität von strukturgebenden Formelementen hinsichtlich eines einzelnen Lexems. Im ersten Fall ist der funktionsgebende Inhalt variabel zur strukturgebenden Form und im zweiten Fall ist die strukturgebende Form variabel zum funktionsgebenden Inhalt:[56]

1. **Variabilität von Inhaltselementen hinsichtlich eines einzelnen Formelements**

Situation$_1$	Formelement (Subjekt$_1$)	Inhaltselement$_1$ (Lxem$_1$) z.B. *Gesellschaft*
Situation$_2$	Formelement (Subjekt$_2$)	Inhaltselement$_2$ (Lxem$_2$) z.B. *Finanzmanager*
Situation$_n$	Formelement (Subjekt$_n$)	Inhaltselement$_n$ (Lexem$_n$)

Die *Gesellschaft* (Lexem$_1$), aber auch die *Finanzmanager* (Lexem$_2$), können in unterschiedlichen Verantwortungssituationen Subjekt der Verantwortung sein. In diesem Fall besteht ein Ringen um die funktionsgebenden Inhalte.

2. **Variabilität von Formelementen hinsichtlich eines einzelnen Inhaltselements**

Situation$_1$	Inhaltselement (Lexem$_1$) z.B. *Gesellschaft*	Formelement$_1$ (Subjekt$_1$)
Situation$_2$	Inhaltselement (Lexem$_1$) z.B. *Gesellschaft*	Formelement$_2$ (Objekt$_2$)
Situation$_3$	Inhaltselement (Lexem$_1$) z.B. *Gesellschaft*	Formelement$_3$ (Instanz$_3$)
Situation$_n$	Inhaltselement (Lexem$_1$) z.B. *Gesellschaft*	Formelement$_n$

Die *Gesellschaft* (Lexem$_1$) kann in unterschiedlichen Verantwortungssituationen Subjekt, Objekt oder auch Instanz der Verantwortung sein. In diesem Fall besteht ein Ringen um die strukturgebenden Formen.

---

56 Es sei nochmals darauf hingewiesen, dass sich die Begriffe Elemente der strukturgebenden Form (Relationselemente) und Elemente des funktionsgebenden Inhalt (Zuschreibungselemente) sowohl auf die Zeichen- als auch auf die Konzeptebene beziehen, wie im theoretischen Teil der vorliegenden Untersuchung ausführlich erläutert wurde.

4.2.1.3 Zwischenfazit: Präpositionen auf der Ebene der Syntagmen

Was bedeutet nun die Analyse der Präpositionsgefüge auf der Ebene der Syntagmen für den Diskurs um Verantwortung in der Wirtschaft hinsichtlich des Krisenaspekts – vor allem in Hinblick auf die soeben dargelegten zwei Fälle des Wechselverhältnisses zwischen strukturgebender Form und funktionsgebendem Inhalt? Dadurch, dass im Diskurs um Verantwortung in der Wirtschaft einzelne Verantwortungssituationen versprachlicht werden, kann davon ausgegangen werden, dass das Konzept ›Verantwortung‹ aufgrund der entsprechenden Teilbedeutungen auf Zeichenebene zwar stets eine situations- und kommunikationsspezifisch perspektivierte Attribuierung erfährt (zu verstehen als „Bedeutungsfixierungsversuch" in Anlehnung an Felder 2006: 15), jedoch hinsichtlich seiner strukturgebenden Form und seines funktionsgebenden Inhalts auf diskursspezifische Weise geprägt wird.

Die Analysen zeigen mithilfe von Präpositionen bis jetzt, dass für eine Verantwortungssituation im Diskurs um Verantwortung in der Wirtschaft hinsichtlich des Krisenaspekts drei strukturgebende Formelemente zentral sind: das Subjekt, das Objekt und die Instanz der Verantwortung. Durch die Analyse der Präpositionalgefüge eröffnet der Blick auf die Subjekte Charakteristika von Relationselementen: Die Subjekte können Bereichen (Bereich der Wirtschaft, Bereich der Politik, Bereich in geographischer Hinsicht) zugeordnet und in einer sprachlich konstituierten Verantwortungssituation gegenübergestellt werden (Subjektverschiebung, Ringen um Verantwortung). Das zeigt eine Tendenz hinsichtlich der Charakteristika der Relationselemente: Sie bleiben in ihrer strukturgebenden Form konstant und um ihren funktionsgebenden Inhalt wird gerungen. Folglich ist aus dem am Ende des Kapitels 4.2.1.2 dargelegten ersten Fall (Variabilität von Inhaltselementen hinsichtlich eines einzelnen Formelements) abzuleiten, dass die verschiedenen inhaltlichen Zuschreibungen hinsichtlich des Verantwortungssubjekts als Relationselement im Diskurs auf Zeichenebene in Konkurrenz stehen. Vor dem Hintergrund des „Bedeutungsfixierungsversuch[s]" (Felder 2006: 15) scheint in diesem ersten Fall auf der Konzeptebene hinsichtlich der strukturgebenden Form Konsens zu herrschen: Es gibt im Diskurs um Verantwortung in der Wirtschaft hinsichtlich des Krisenaspekts Subjekte, die etwas zu verantworten haben. Wer jedoch diese Subjekte tatsächlich sind oder sein sollen, wird im Wechselspiel zwischen Sprache und Welt (semasiologisch und onomasiologisch) ausgehandelt.

Die Analysen zeigen mithilfe von Präpositionen zudem, dass nicht nur um die funktionsgebenden Inhalte hinsichtlich eines strukturgebenden Formelements gerungen wird, sondern auch um die strukturgebenden Formelemente hinsichtlich eines funktionsgebenden Inhalts. Folglich ist aus dem am Ende des Kapitels 4.2.1.2 dargelegten zweiten Fall (Variabilität von Formelementen hinsichtlich eines einzelnen Inhaltselements) in umgekehrter Weise abzuleiten, dass die verschiedenen Relationselemente hinsichtlich einer inhaltlichen Zuschreibung im Diskurs auf Zeichenebene in Konkurrenz stehen. Vor dem Hintergrund des „Bedeutungsfixierungsversuch[s]" (Felder 2006: 15) scheint in diesem zweiten Fall auf der Konzeptebene hinsichtlich des funktionsgebenden Inhalts Konsens zu herrschen: Es gibt im Diskurs um Verantwortung in der Wirtschaft hinsichtlich des Krisenaspekts ein Lexem, welches eine Funktion übernimmt. Welche Funktion ihm jedoch zukommt, die Funktion eines Verantwortungssubjekts, eines -objekts oder einer -instanz, wird im Wechselspiel zwischen Sprache und Welt (semasiologisch und onomasiologisch) ausgehandelt.

Folglich könnte vor dem Hintergrund der *Verantwortung*[57] auf Zeichenebene, der ›Verantwortung‹ auf Konzeptebene und der Verantwortungssituation im Weltzusammenhang von einem semantischen Kampf (Felder 2006) ausgegangen werden, der sich zwischen einem Ringen um die strukturgebenden Formen und den damit unmittelbar einhergehenden funktionsgebenden Inhalten erstreckt.[58] Im „Dominant-Setzen" (Felder 2006: 16) von Teilbedeutungen werden unterschiedliche Handlungskonstellationen in Verantwortungssituationen konstituiert: Entweder ist ein Verantwortungssubjekt in der Argumentation a_1 ein anderer Akteur ist als in der Argumentation a_2 oder ein und derselbe Akteur ist in der Argumentation a_1 das Verantwortungssubjekt und in der Argumentation a_1 das Verantwortungsobjekt. Somit können einzelne Akteure, Sachverhalte, Gegenstände oder Bereiche im Diskurs verschiedene Funktionen bei Handlungskonstellationen in Verantwortungssituationen übernehmen. Bislang konnten schon diskurstypische Zuordnungen von Funktionen hinsichtlich der Ebene der Lexeme und der Syntagmen eruiert werden. Ziel der Analysen auf der Ebene des Satzes bzw. der Argumentation wird jedoch sein, diese Zuordnungen von Funktionen weiter differenzieren zu können, die für die Konstitution von Verantwortung im Diskurs um Verantwortung in der Wirtschaft auf Zeichenebene, für die Prägung von ›Verantwortung‹ auf Konzeptebene und für die Konstitution von Verantwortung in der Welt von Bedeutung sind.

---

[57] Verantwortung steht hier für alle Lexeme, die das stammbildende Morphem *verantwort* enthalten.

[58] Wenn im Folgenden von einem Ringen um die strukturgebende Form und den funktionsgebenden Inhalt gesprochen wird, dann erfolgt dies in Anlehnung an Felder (2006).

4.2.2 Substantive und Adjektive als Elemente diskursspezifischer Syntagmen

Durch die Analyse der Präpositionalgefüge konnten bereits Substantive (zum Teil auch Adjektive) identifiziert werden, die Aufschluss über das Konzept ›Verantwortung‹ geben. Wird der Fokus nun ausschließlich auf Substantive und Adjektive in syntagmatischen Gefügen gerichtet, können diskursspezifische Tendenzen eruiert werden, die den bereits aufgestellten Kategorien zuzuordnen sind: Es sind Subjekte der Verantwortung, die in funktionale und soziale aufgeteilt werden können, Objekte der Verantwortung und Instanzen der Verantwortung festzumachen. Die funktionalen Subjekte der Verantwortung sind entweder dem wirtschaftlichen oder politischen Bereich oder Bereichen in geographischer Hinsicht zuzuordnen. Im Folgenden werden zentrale Aspekte hinsichtlich dieser Kategorisierungen aufzeigt und neue diskurstypische Facetten dargelegt.

4.2.2.1 Genitivkonstruktionen und Konjunktionen als Verknüpfung von zwei Elementen diskursspezifischer Syntagmen

Im Diskurs um Verantwortung in der Wirtschaft hinsichtlich des Krisenaspekts sind Genitivkonstruktionen häufig zu belegen. In syntagmatischen Gefügen, die sich durch Lexeme mit dem stammbildenden Morphem *verantwort* und daran anschließenden Genitivattributen auszeichnen,[59] können – wie auch bei vielen Analyseschritten zuvor – zumeist nur Einzelbelege gefunden werden,[60] bei denen die Genitivattribute auf Subjekte der Verantwortung verweisen. Vier Lexeme sind in den Genitivkonstruktionen in Relation zu den Einzelbelegen sehr häufig: *Banken* (6 Belege), *Einzelnen* (8), *Unternehmen* (14 Belege), *Wirtschaft* (4 Belege). Werden die bisherigen Analyseergebnisse mit in Betracht gezogen,

---

59 Die Genitivattribute wurden durch bestimmte und unbestimmte Genitivartikel, aber auch durch Genitivformen des Indefinitpronomens *jeder* und alternative Genitivbildung des Possessivgenitivs mit *von* gesucht.

60 Die von den Genitivdeklinationsformen nivellierten Lexeme können folgenden Kategorien zugeordnet werden:
 a.) Funktionale Subjekte der Verantwortung (wirtschaftlicher Bereich): *Aktionäre, angehenden Führungskräfte, Arbeitnehmervertreter, Aufsichtsrat, Banken, Branche, Deutschen Bank, Finanzindustrie, Finanzwirtschaft, Firmen, Kunden, Management, Manager, Topführungskräfte, Unternehmen, Unternehmensführung, USA, Wirtschaft, Wirtschaftselite, Wirtschaftsprüfer, Ökonomen.*
 b.) Funktionale Subjekte der Verantwortung (politischer Bereich): *Arbeits- und Sozialministerin, Bundesfinanzminister, Bundeskanzlerin/Kanzlerin, Bundesregierung, bayerischen Koalitionspartner, Bund, Kabinett, Präsident, Staat, Wirtschaftsminister.*
 c.) Soziale Subjekte der Verantwortung: *Gesellschaft.*
 d.) Objekte der Verantwortung: *Bankenkrise, Krise, Ressorts, Schuldenkrise.*

dann sind diejenigen, die im Diskurs um Verantwortung in der Wirtschaft hinsichtlich des Krisenaspekts Verantwortung tragen oder zu tragen haben, entweder dem Makrobereich der Wirtschaft, dem Mesobereich der Wirtschaft – den Banken und den Unternehmen als Institutionen – oder dem Mikrobereich – den Einzelnen – zuzuschreiben.

Auffällig ist bei der Analyse der Genitivkonstruktionen, dass die Genitivattribute fast ausschließlich mit bestimmten Genitivartikeln zu belegen sind. In dem zu analysierenden Korpus können lediglich vier Belege mit einem unbestimmten Genitivartikel ausfindig gemacht werden, die auf ein Lexem mit dem stammbildenden Morphem *verantwort* folgen. Obwohl im Diskurs die Spannbreite der Verantwortungszuschreibung sehr weit ist und sich zwischen dem Mikro-, Meso- oder Mikrobereich der Wirtschaft erstreckt, ist es diskurstypisch, explizit durch bestimmte und nicht implizit durch unbestimmte Genitivartikel Verantwortung zuzuschreiben.

In syntagmatischen Gefügen, bei denen zwei Substantive durch *als* verknüpft werden, können drei weitere Arten von Teilbedeutungen, die mit dem Konzept ›Verantwortung‹ einhergehen, identifiziert werden: Einerseits schließt sich einem Lexem mit dem stammbildenden Morphem *verantwort* und *als* in der Funktion einer subordinierenden Konjunktion eine Kategorie von Substantiven an, die erneut auf Subjekte der Verantwortung verweisen. Allerdings ist aus textlinguistischer Perspektive spannend, dass sich dem Syntagma *Verantwortung als* ein Substantivgefüge anschließt, welches nicht das Subjekt der Verantwortung, sondern seine ökonomische oder politische Rolle konstituiert. Im vorangestellten Kotext von *Verantwortung als* wird zumeist das eigentliche Verantwortungssubjekt genannt. Drei Beispiele sollen dieses Phänomen veranschaulichen:

> *Die Sparkassen stehen selbstverständlich zu ihrer Verantwortung als Miteigentümer.* (Handelsblatt 24.11.09)

> ‚*Aber wir [Deutschland/deutsche Wirtschaft] sind uns der Verantwortung als größte europäische Volkswirtschaft bewusst'*, sagt Merkel. (Handelsblatt 12.12.08)

> *Es ist klar, dass China seine Verantwortung als eine bedeutende Volkswirtschaft wahrnimmt und mit den USA und anderen Partnern die globale ökonomische Stabilität gewährleisten hilft*, sagte US-Finanzminister Henry Paulson. (Die Tageszeitung 24.10.08)

Durch diese Verwendungsweise des Syntagmas *Verantwortung als* können implizit gehaltene Argumentationen, die mit dem Konzept ›Verantwortung‹ einhergehen, identifiziert werden. Obwohl erst in Kapitel 4.3 der vorliegenden Untersuchung die Argumentationsstrukturen beleuchtet werden, soll kurz gezeigt werden, dass der Übergang von der Ebene der Syntagmen zu der Ebene des Satzes bzw. der Argumentation im Diskurs um Verantwortung in der Wirtschaft fließend ist. Anhand des Argumentationsschemas nach Stephen Edelston

Toulmin wird im Folgenden die indirekte Argumentation, die mit konstituierten Sätzen einhergehen kann, am Beispiel des zweiten Zitats aufgezeigt.[61] Daran wird deutlich, dass Verantwortungssubjekte auf implizite Argumentationsweise zur Verantwortung gezogen werden, indem ihre funktionale Rolle im Anschluss an das Syntagma *Verantwortung als* explizit gemachten wird.

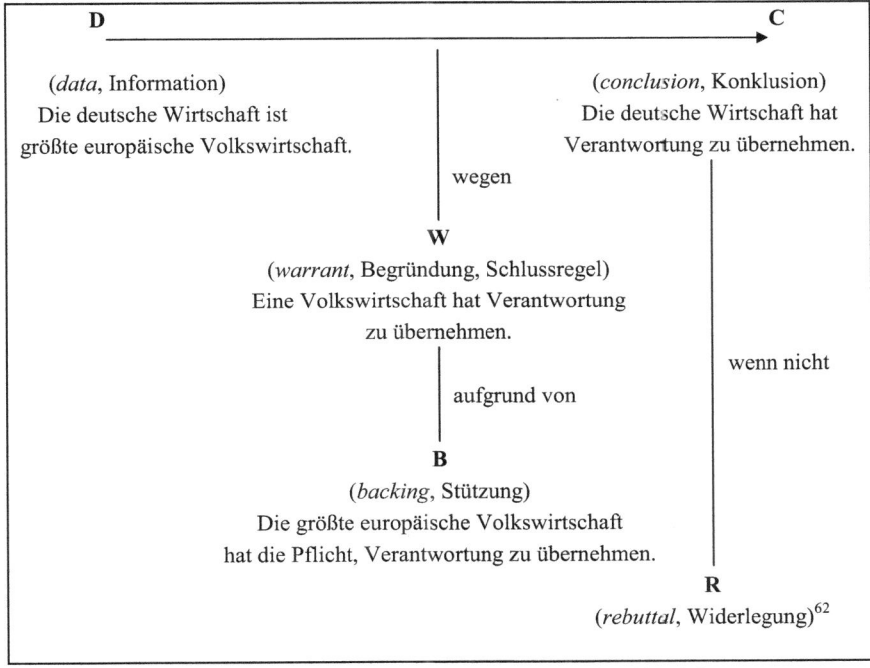

Anwendung des Argumentationsschemas nach Toulmin (Toulmin 2003: 94)

Die zweite Art von Teilbedeutungen, die mit dem Konzept ›Verantwortung‹ einhergehen, erfolgt durch die komparative Verwendungsweise von *als* (Weinrich ³2005: 791). Zwei Subjekte der Verantwortung werden in dieser Verwendungsweise verglichen:

> *Ein Autokonzern hat eine andere Verantwortung als ein Softwareanbieter oder ein Textilkonzern* (Financial Times Deutschland 16.11.09)

---

61 Müller führt Toulmin im Rahmen seiner Auseinandersetzung mit Argumentationsweisen auf (Müller 2007: 267). Das Argumentationsschema nach Toulmin wird in der vorliegenden Untersuchung bevorzugt, weil sich Toulmin eingehend mit ethischen Argumentationen befasst hat (Toulmin 2003).

62 In dem verwendeten Zitat wird keine Widerlegung der Konklusion erwähnt.

Die dritte Art von Teilbedeutungen, die mit dem Konzept ›Verantwortung‹ einhergehen, deckt eine Verwendungsweise auf, die bislang für die sprachliche Konstitution von ›Verantwortung‹ noch nicht analysiert wurde. Verantwortung wird als ein Wert sowohl in positiver als auch in negativer Hinsicht reflektiert:

> *Verantwortung als leere Worthülse* (Handelsblatt 13.05.09), *Verantwortung als Leitmedium der österreichischen Wirtschaft* (Wirtschaftsblatt 01.07.10)

Dem Konzept ›Verantwortung‹ werden somit nicht nur Attribute zugeschrieben, die reale oder ideale Verantwortungssituationen mit der Darlegung der einzelnen Struktur- und Funktionselement konstituieren. Im Diskurs wird der Wert Verantwortung in seiner ethisch stabilisierenden wie auch problematischen Dimension thematisiert.

Neben der Verknüpfung von Substantiven in Genitivattributgefügen und Konjunktionsgefügen mit *als*, liefert die Analyse von Konjunktionsgefügen mit *und*, die im Kotext von Lexemen mit dem stammbildenden Morphem *verantwort* auftreten, einen für den Diskurs spannenden Aspekt. An dieser Stelle wird nun der enge Rahmen der Analyse, in welchem sich ausschließlich auf die Teilbedeutungen und Konzeptattribute von ›Verantwortung‹ bezogen wird, verlassen und die nahe Umgebung des Konzepts ›Verantwortung‹ beleuchtet. Im Fokus der Betrachtung liegen die Autosemantika, die eng an das Konzept ›Verantwortung‹ geknüpft werden und durch die Konjunktion *und* in einer Art Gleichgewichtung zu diesem stehen. Zunächst fällt wiederum das häufige Charakteristikum des Diskurses um Verantwortung in der Wirtschaft hinsichtlich des Krisenaspekts auf: Für die Lexeme, die entweder vor *und Verantwortung* oder nach *Verantwortung und* stehen,[63] können größtenteils nur Einzelbelege gefunden werden. Nach der ersten Durchsicht dieser Spannbreite lexikalischer Variabilität, können zwei Pole festgemacht werden, zwischen denen sich die Lexeme, die an *Verantwortung* geknüpft werden, aufspannen: Der eine Pol zeichnet sich durch die sprachliche Konstitution von Zuständen, Prozessen und menschlichen Fähigkeiten aus, die dem gewinnmaximierenden Aspekt der Wirtschaft verhelfen sollen:

> *Verantwortung und den Bedingungen der freien Marktwirtschaft* (Die Welt 18.02.10), *Disziplin und Verantwortungsgefühl* (Handelsblatt 07.07. 10), *Verantwortung und Entscheidungsbefugnissen* (Handelsblatt 28.05.10; 28.05.10), *Verantwortung und Entscheidungskompetenz* (Handelsblatt 17.04.09), *Entwicklungen und Verantwortungen* (Die Welt 06.09.10), *Funktionsgrundsätze und Verantwortung* (Handelsblatt 09.11.09), *Verantwortung und Flexibilität* (Financial Times Deutschland 09.10.08), *Führung und Verantwortung* (Handelsblatt 13.10.09), *Führungsaufgabe und Führungsverantwortung*

---

63 Zumeist kann das Lexem *Verantwortung* belegt werden, selten andere Lexeme, die das stammbildende Morphem *verantwort* enthalten.

(Die Welt 06.09.10), *harte Arbeit, Fairness, Patriotismus und die Eigenverantwortung* (Die Welt 22.01.09), *Finanzverantwortung und konservative Geldpolitik* (Financial Times Deutschland 21.01.09), *Konsolidierung und Verantwortung* (Handelsblatt 28.10.09), *Leistung und Verantwortung* (Handelsblatt 18.05.09; 30.06.09), *Lösungen und Verantwortung* (Neues Deutschland 18.11.08), *Management und Verantwortung* (Frankfurter Rundschau 07.10.08), *Maßstäbe und Verantwortung* (Handelsblatt 02.04.09), *Verantwortung und Risiken* (Handelsblatt 02.10.08), *Verantwortung und Risiko* (Handelsblatt 02.09.09), *Sozialpartnerschaft und Verantwortung* (Neues Deutschland 30.04.2009), *Verantwortung und Wirtschaftskompetenz* (Handelsblatt 14.01.09), *Wirksamkeit und Verantwortung* (Handelsblatt 09.11.09), *Verantwortung und Wohlstand* (Handelsblatt 15.09.10)

Dem anderen Pol sind Werte, die das ethisch Gute in einer Gemeinschaft ausmachen sollen, zuzuordnen:

Verantwortung und Anstand (Handelsblatt 25.03.09), *Autonomie und Verantwortlichkeit* (Handelsblatt 09.04.10), *Verantwortung und Behutsamkeit* (Die Welt 28.11.09), *Eigenverantwortung und Common Sense* (Die Welt 01.10.08), *Einsicht und Verantwortung* (Financial Times Deutschland 02.03.09), *Ethik und Verantwortung* (Handelsblatt 02.10.09; Wirtschaftsblatt 16.12.08), *Fairness [...] und Eigenverantwortung* (Die Welt 22.01.09), *Freiheit und Verantwortung* (Die Welt 24.10.08; Financial Times Deutschland 19.08.10; Frankfurter Rundschau 08.04.09; Handelsblatt 25.02.10; 13.11.09), *Verantwortung und klare Grundsätze* (Handelsblatt 06.02.09), *Klugheit und Verantwortung* (Handelsblatt 31.05.10), *Verantwortung und die langfristigen Perspektiven* (Handelsblatt 27.04.09), *Verantwortlichkeiten und Lehre* (Frankfurter Rundschau 18.03.09),[64] *Nachhaltigkeit und Verantwortung* (Die Tageszeitung 25.10.08)[65], *Verantwortung und Pflicht* (Handelsblatt 27.05.10), *Patriotismus und die Eigenverantwortung* (Die Welt 22.01.09), *Bereitschaft zur Verantwortung und die Kraft zum Respekt* (Handelsblatt 05.12.08), *Rückbesinnung und Verantwortung* (Handelsblatt 23.12.09), *Selbstbestimmung und Eigenverantwortung* (Die Welt 18.10.08), *Solidarität und Verantwortung* (Die Tageszeitung 07.06.10; Financial Times Deutschland; 02.03.10; Neues Deutschland 08.05.09), *Tradition und Verantwortung* (Handelsblatt 17.09.09), *Verantwortung und Transparenz* (Frankfurter Rundschau 08.12.09), *Verantwortung und Verankerung* (Handelsblatt 05.01.09), *Vernunft und Verantwortung* (Die Welt 02.05.09; Handelsblatt 19.06.09), *Verantwortung und Verpflichtung* (Handelsblatt 03.03.2010), *Verantwortung und Vertrauen* (Die Tageszeitung 27.12.08), *Verantwortung und Zurechenbarkeit* (Financial Times Deutschland 17.06.10)

Hervorzuheben ist die Verknüpfung von Lexemen mit dem stammbildenden Morphem *verantwort* und *nachhaltig*. Wenn bei der Korpussuche die Möglichkeit der Verknüpfung von *verantwort* und *nachhaltig* durch *und* durch

---

64 Im Korpus wird das Lexem *Lehren* im Sinne einer Rückbesinnung als Wert verwendet: *An den Bundestag appelliert die Gewerkschaft, einen Untersuchungsausschuss über Verantwortlichkeiten und Lehren aus der Finanzmarktkrise einzurichten.* (Frankfurter Rundschau 18.03.09).

65 Die verschiedenen Belege für Verknüpfungen von Lexemen mit dem stammbildenden Morphem *verantwort* und *nachhaltig* werden im Folgenden vollständig aufgelistet.

die Verknüpfungsmöglichkeit durch Kommasetzung, Adjektiveinschub und der Paraphrasierung *im Sinne von* erweitert wird, dann können 13 Belege gefunden werden:

> *Nachhaltigkeit im Sinne von Zukunftsverantwortung* (Die Welt 06.09.10), *Nachhaltigkeit und gesellschaftliche Verantwortung* (Handelsblatt 02.10.09), *Nachhaltigkeit und Verantwortungsbewusstsein* (Financial Times Deutschland 17.04.09), *Nachhaltigkeit und Verantwortung* (Die Tageszeitung 25.10.08), Nachhaltigkeit, *soziale Verantwortung* (Financial Times Deutschland 09.10.08), *Verantwortung und Nachhaltigkeit* (Handelsblatt 30.12.2009), *soziale Verantwortung und Nachhaltigkeit* (Financial Times Deutschland 09.10.08; Handelsblatt 23.10.09), *nachhaltig Verantwortung übernehmen* (Financial Times Deutschland 17.11.09)
>
> *verantwortlich und nachhaltig* (Handelsblatt 23.11.09), *handelt [...] verantwortungsbewusst, wirtschaftet nachhaltig* (Handelsblatt 23.12.09), *gesellschaftlich verantwortliches und nachhaltig geführtes Unternehmen* (Handelsblatt 24.11.08), *[in] diesem Sinne werden die Anforderungen an die gesellschaftliche Verantwortung der Unternehmen und ans nachhaltige Wirtschaften zunehmen* (Handelsblatt 05.01.09), *verantwortliches und nachhaltiges Wirtschaften* (Handelsblatt 23.11.09)

Wenn ›Verantwortung‹ also einmal mit Bedeutungen verknüpft wird, die dem durch gewinnmaximierende Funktionen bestimmten Wirtschaftsbereich zuzuordnen sind, und ein anderes Mal mit Werten, die für eine Gemeinschaft tragend sind, dann übernimmt ›Verantwortung‹ eine Doppelfunktion. Diese Doppelfunktion hat zur Folge, dass auf kognitiver Ebene ein Konzept (›Verantwortung‹) mit zwei verschiedenen Konzeptbereichen (›Wirtschaftssystem‹ und ›Wertesystem‹) verbunden wird. ›Verantwortung‹ wird sprachlich herangezogen, um einerseits zu materiellem Gewinn und andererseits zur Stabilisierung immaterieller Werte zu verhelfen.

Die zwei Pole, zwischen denen sich die Lexeme, die mit ›Verantwortung‹ verknüpft werden, entsprechen nicht zwei abgeschlossenen Kategorien, sondern zwei Eckpunkten, zwischen denen sich eine Lexemskala aufspannt. Trotz alle dem kann das Lexem *Haftung* weder einem der Eckpunkte, noch einem Punkt auf der Skala zwischen den beiden Polen zugeordnet werden. Das Lexem entspricht einer anderen Kategorie. Während der eine Pol einem Sprechen über Werte und der andere Pol einem Sprechen über Wirtschaft zuzuordnen ist, wird mit dem Lexem *Haftung* ein deutlicher Bezug zur Fachsprache des Rechtswesens hergestellt. 12 Belege können aufgeführt werden, die ein Lexem mit dem stammbildenden Morphem *verantwort*, der vorangestellten oder anschließenden Konjunktion *und* und dem Lexem *Haftung* enthalten. Folglich wird im Diskurs eine enge Verknüpfung zwischen einem ethischen und rechtlichen Einstehen hergestellt. Obwohl zumeist ein rechtliches Einstehen erfolgt, wenn die Grenze eines ethischen Einstehens überschritten wird, stehen hier beide Konzepte nebeneinander. In der sprachlichen Konstitution sollen sich Subjekte der Verantwortung ethisch wie auch rechtlich verantworten.

Vor dem Hintergrund der Verknüpfung von Substantiven in syntagmatischen Beziehungen sind nun abschließend die Negationsformen von Lexemen mit dem stammbilden Morphem *verantwort* zu erwähnen. Zunächst ist auffällig, dass die syntagmatischen Verknüpfungen mit *und* in fast allen Belegen zwei positiv konnotierte Lexeme enthalten; an das Konzept ›Verantwortung‹ wird entweder ein wirtschaftlicher oder ethischer (Mehr)Wert geknüpft. Wird jedoch das Lexem mit dem stammbildenden Morphem *verantwort* negiert, schlägt sich dies auch auf die Semantik des durch *und* verknüpften Lexems nieder:

> *Gier und Verantwortungslosigkeit* (Handelsblatt 21.01.09; Die Welt 22.01.09; Die Welt 31.01.09), *Ergebnis der Gier und der Verantwortungslosigkeit* (Financial Times Deutschland 21.01.09), *völliger Quatsch und unverantwortlicher Optimismus* (Die Tageszeitung 08.12.08), *Unkenntnis und Verantwortungslosigkeit* (Handelsblatt 14.11.08), *Ver-antwortungslosigkeit und Unvernunft* (Die Welt 05.05.09), *Verantwortungslosigkeit und Zockertum* (Handelsblatt 24.07.09)[66]

4.2.2.2 Adjektivkonstruktionen als Verknüpfung von zwei Elementen diskursspezifischer Syntagmen

Zwei Arten der Adjektivkonstruktionen, die auf das Konzept ›Verantwortung‹ verweisen, werden im Folgenden näher beleuchtet: Zum einen wird der Kotext nach dem Adjektiv-Lexem *verantwortlich*[67] und zum anderen werden die Adjektive vor dem Lexem *Verantwortung* betrachtet.

Wenn der Blick auf den Kotext nach dem Adjektiv-Lexem *verantwortlich* gerichtet wird, werden die Ergebnisse und Kategorisierungen, die in den vorherigen Kapiteln dargelegt wurden, bestätigt: Es können Objekte der Verantwortung festgemacht werden:

> *unverantwortlichste Budget* (Die Welt 26.03.09), *sozial verantwortliche Investfonds* (Neues Deutschland 28.11.08), *sozial verantwortliche Produkte* (Handelsblatt

---

66 Bei dem Lexem *Gier* wird die Regelhaftigkeit der Verknüpfung von ausschließlich zwei positiv oder ausschließlich zwei negativ konnotierten Lexemen durch die Art der Verknüpfung noch einmal deutlich: Bei der ausschließenden Verknüpfung mit *statt* wird das positiv konnotierte Lexem *Verantwortung* mit dem negativ konnotierten Lexem *Gier* verknüpft (*Verantwortung statt Gier*; Handelsblatt 14.05.09). Bei der einschließenden Verknüpfung mit *und* wird das negativ konnotierte Lexem *Verantwortungslosigkeit* mit dem negativ konnotierten Lexem *Gier* verknüpft (*Gier und Verantwortungslosigkeit*; Handelsblatt 21.01.09).

67 Adjektiv-Lexem meint hier alle Adjektive, die das stammbildenden Morphem *verantwortlich* enthalten; demzufolge werden Lexeme, denen ein negiertes Adjektiv mit dem stammbildenden Morphem *verantwortlich* vorausgeht, ebenfalls in den Beleglisten aufgenommen.

22.07.09), *unverantwortliche Pleite* (Frankfurter Rundschau 15.09.09), *unverantwortliche Risiken* (Handelsblatt 30.12.09)

Wie schon im Verlauf der vorliegenden Untersuchung deutlich wurde, können Objekte der Verantwortung materielle Dinge oder Menschen sein. Die letzten beiden Belege verdeutlichen, dass auch für Handlungsergebnisse und -folgen (*Pleite, Risiken*) Verantwortung übernommen werden kann. Bei der Analyse der Präpositionalgefüge konnte zum ersten Mal eine Handlungsdimension belegt werden, wofür sich Subjekte zu verantworten haben.

Finanzverantwortlichen bei den Verhandlungen (Handelsblatt 21.09.09), *Verantwortung bei der Überwindung der Krise* (Handelsblatt 12.02.09)

Wird der Kotext nach dem Adjektiv-Lexem *verantwortlich* beleuchtet, kann diese Tendenz in hohem Maße bestätig werden. Folgende Belege konstituieren Handlungsabfolgen, bei denen Verantwortung zu tragen ist:

unverantwortliche Anheizung (Die Welt 24.10.08), *verantwortliche Berufstätigkeit* (Handelsblatt 26.11.08), *verantwortliches Handeln* (Handelsblatt 15.02.10; Die Welt 12.05.09; 15.10.09; Wirtschaftsblatt; 16.11.09)[68], *aus unverantwortlichem Haushalten* (Financial Times Deutschland 11.12.10), *unverantwortliche Geschäfte* (Financial Times Deutschland 07.10.08), *verantwortliches Investieren* (Die Welt 06.11.09), *mitverantwortlichen Kreditverbriefungen* (Handelsblatt 27.10.08), *unverantwortliche Kreditvergabe* (Financial Times Deutschland 06.04.10), *Fähigkeit zur verantwortlichen Mitgestaltung* (Handelsblatt 24.10.08), *Schwierigkeiten verantwortlicher Politikgestaltung* (Handelsblatt 20.11.09), *Notwendigkeit verantwortlichen Regierungshandelns* (Die Welt 02.01.09; Frankfurter Rundschau 03.01.09), *verantwortlichen Spekulationspraktiken* (Neues Deutschland 28.11.08), *unverantwortliche Steuerentlastungen* (Die Tageszeitung 19.12.09), *unverantwortlichem Treiben auf den Finanzmärkten* (Handelsblatt 06.05.10), *verantwortungsvoller Umgang* (Financial Times Deutschland 09.04.09)[69], *verantwortungsvolle Verhalten* (Financial Times Deutschland 02.03.10), *unverantwortliche Verleumdung* (Die Welt 30.09.09), *unverantwortliche Vertagungs- und Verschleppungstaktik* (Financial Times Deutschland 14.05.09), *unverantwortliches Zocken* (Die Welt 07.12.09), *verantwortungslose Zockerei* (Die Tageszeitung 22.08.09)

Auch können Subjekte der Verantwortung identifiziert werden. Die Analyse haben bislang Kategorisierungen ermöglicht, durch welche die Bereiche der Verantwortungssubjekte beschrieben werden können: Sie sind entweder dem funktionalen (wirtschaftlichen, politischen oder geographischen) oder dem sozialen Bereich zuzuordnen. Bei der Analyse der Präpositionsgefüge mit *bei* wurde zum ersten Mal ersichtlich, dass zwischen Institutionen und repräsentativen Personen als Verantwortungsträger unterschieden werden kann. Dadurch, dass nun der

---

68 Dem Lexem *Handeln* werden nicht ausschließlich affirmative Adjektive mit dem stammbildenden Morphem *verantwort* vorangestellt.

69 Dem Lexem *Umgang* werden nicht ausschließlich affirmative Adjektive mit dem stammbildenden Morphem *verantwort* vorangestellt.

Blick auf den Kotext nach dem Adjektiv-Lexem *verantwortlich* gerichtet wurde, kann diese Beobachtung ausgeweitet werden. Während Müller bei der Verantwortungszuschreibung in der Bioethik-Debatte eine Unterscheidung zwischen Experten, Gruppen und Individuen vornehmen kann (Müller im Druck), müssen die Akteure, die Verantwortung übernehmen, in einer anderen Weise kategorisiert werden. Es können vier Gruppen von Akteuren, die dem funktionalen Bereich der Subjekte entsprechen, aufgestellt werden:

1. **Führungskräfte in der Wirtschaft**

    Abkassieren zahlreicher verantwortlicher Akteure in Spitzenpositionen (Frankfurter Rundschau 30.03.09), *für die Krise verantwortlichen Bad-Banker* (Die Tageszeitung 13.07.10), *verantwortliche BCG-Geschäftsführer* (Die Welt 17.11.09), *Versagen und Fehlverhalten der verantwortlichen Finanzmanager* (Frankfurter Rundschau 30.03.09), *[d]ie verantwortlichen Manager und Banker* (Die Welt 30.11.09),[70] *den verantwortlichen Unternehmensführern* (Financial Times Deutschland 02.03.09)

2. **Beteiligte in der Wirtschaft**

    eigenverantwortlicher Anleger (Wirtschaftsblatt 17.12.08), *eigenverantwortliche Anlegerzukunft* (Wirtschaftsblatt 17.12.08), *Haftung verantwortlicher Finanzmarktakteure* (Handelsblatt 17.10.08)

3. **Institutionen in der Wirtschaft**

    verantwortlichen Banken (Handelsblatt 15.10.08), *verantwortlichen Herren bei der Bundesbank* (Handelsblatt 26.08.09), *verantwortliche Institutionen* (Neues Deutschland 21.03.09), *verantwortlichen Offenmarktausschusses (FOMC)* (Handelsblatt 07.04.10), *Stärkung eines verantwortlichen Unternehmertums* (Frankfurter Rundschau 22.10.09)

4. **Wissenschaftler der Wirtschaftswissenschaften**

    verantwortlicher Ökonom (Financial Times Deutschland 23.08.10)[71]

Die fünfte Gruppe, die als Verantwortungssubjekt konstituiert wird, zeichnet sich nicht durch Akteure, sondern durch ihre systematische Struktur aus. Folgende Belege können als Beispiele herangezogen werden:

---

70 Dem Lexem *Manager* werden nicht ausschließlich affirmative Adjektive mit dem stammbildenden Morphem *verantwort* vorangestellt.

71 Dieser Beleg allein reicht nicht aus, um die vierte Gruppe von Akteuren identifizieren zu können. Andere Zitate zeigen jedoch, dass die Wirtschaftswissenschaftler zur Verantwortung gezogen werden. Einige Beispiele seien hier aufgeführt: *Nun ist es weder fair noch angemessen, sich als Ökonom außerhalb der Verantwortung zu sehen* (Handelsblatt 13.02.09), *Die Verantwortung der Ökonomen* (Handelsblatt 13.02.09), *Der Preis ist eine Antwort auf Versuche von Ökonomen, ihre Verantwortung für die Krise zu verwischen, indem sie diese als unvorhersehbar bezeichneten* (Handelsblatt 24.02.10).

5. Bereich der Wirtschaft

verantwortliches, demokratisches Wirtschaftssystem (Frankfurter Rundschau 30.04.10), *verantwortliche freie Marktwirtschaft* (Die Welt 29.06.09)

Wie schon die Bezeichnung des politischen Bereichs, aus dem Verantwortungssubjekte kommen können, vermuten ließ, ist die sechste Gruppe von Akteuren ebenfalls dem funktionalen Bereich der Verantwortungssubjekte zuzuordnen:

6. Beteiligte in der Politik

in dieser Zeit der Krise der klugen und verantwortlichen Finanz-, Wirtschafts- und Planungspolitik der CDU (Frankfurter Rundschau 03.04.10), *der für die Spielbanken verantwortliche Innensenator* (Die Welt 13.02.10), *verantwortliche Politikberatung* (Handelsblatt 19.06.09), *verantwortliche Politiker* (Handelsblatt 08.04.10),[72] *verantwortlichen Staatsführer* (Die Welt 16.01.09), *verantwortlichen Wirtschaftspolitiker* (Wirtschaftsblatt 29.09.09)

Auch die siebte Gruppe ist von systematischer Struktur geprägt. Sie bezieht sich nicht auf das System Wirtschaft, sondern auf das System Politik:

7. Bereich der Politik

unverantwortlichen Finanzpolitik (Die Welt 03.03.10), *verantwortliche Fiskalpolitik* (Handelsblatt 19.02.10), *verantwortliche Haushaltspolitik* (Handelsblatt 05.05.09), *verantwortliche Politik* (Die Tageszeitung 14.11.08)[73]

Auch die achte Gruppe ist vor systematischem Hintergrund zu beschreiben. Sie umfasst geographische Einheiten:

8. Bereich in geographischer Hinsicht

Handlungsbedarf der wirtschafts- und finanzpolitisch eigenverantwortlichen Länder (Die Welt 25.02.09)

Bei der Analyse des Kotextes nach dem Adjektiv-Lexem *verantwortlich* kann für diese Gruppe lediglich der Beleg *Länder* angeführt werden. Die Ergebnisse von der Analyse der Präpositionalgefüge haben jedoch genügend Belege geliefert, um die Kategorisierung vornehmen zu können.

Die neunte Gruppe von Akteuren ist dem sozialen Bereich zuzuordnen. Unter diese Gruppen fallen all jene Verantwortungssubjekte, die sich nicht aufgrund wirtschaftsspezifischer Funktionen, sondern durch andere sozialbedingte Strukturen auszeichnen. Folgende Belege sind nicht Ergebnisse von der Analyse der Präpositionalgefüge, sondern der Komposita:

---

[72] Dem Lexem *Politiker* werden nicht ausschließlich affirmative Adjektive mit dem stammbildenden Morphem *verantwort* vorangestellt.

[73] Dem Lexem *Politik* werden nicht ausschließlich affirmative Adjektive mit dem stammbildenden Morphem *verantwort* vorangestellt.

9. Beteiligte einer sozialbedingten Gruppe

Verantwortungsgeneration (Financial Times Deutschland 09.04.09), *Verantwortungs-Mittelschicht* (Frankfurter Rundschau 22.10.09), *Verantwortungsgemeinschaft* (Handelsblatt 16.07.09), *Verantwortungspartnerschaft* (Die Welt 09.06.10)

Für den gesamten Diskurs um Verantwortung in der Wirtschaft ist bei der Identifizierung von Akteuren eine Differenzierung zwischen Gruppen und Individuen vorzunehmen. Im Unterschied zur Bioethik-Debatte sind die Diskursakteure seltener einzelne Individuen (Müller im Druck), vielmehr treten sie in allgemeinen und großen Gruppen auf. Nur vereinzelte Belege deuten auf eine individuelle Dimension hin. Es können lediglich die 21 Belege für *Eigenverantwortung* und die 8 Belege für Genitivkonstruktionen mit dem Lexem *Einzelnen* genannt werden, bei denen einzelne Individuen zur Verantwortung gezogen werden.

Durch die Adjektive vor dem Lexem *Verantwortung* wird hingegen ersichtlich, welche Arten der *Verantwortung* für den Diskurs typisch sind. Es können eine Reihe von Kollokationen festgemacht werden:

besondere Verantwortung (16 Belege), *eigene Verantwortung* (7 Belege), *gemeinsame Verantwortung* (11 Belege), *gesamtwirtschaftliche Verantwortung* (8 Belege), *gesellschaftliche Verantwortung* (38 Belege), *globale Verantwortung* (7 Belege), *politische Verantwortung* (12 Belege), *soziale Verantwortung* (43 Belege), *unternehmerische Verantwortung* (7 Belege)[74]

Bei diesen Adjektiven wird zwar die Art der Verantwortung konstituiert, es bleibt jedoch indifferent, wer für was oder wen gegenüber wem Verantwortung übernimmt. Beispielsweise konstituiert die Kollokation *gesellschaftliche Verantwortung* in dem einen Textausschnitt (Textbeispiel 1) eine Verantwortungssituation, in der die Wirtschaft (Subjekt) Verantwortung für die Gesellschaft (Objekt) übernehmen soll. In einem anderen Textausschnitt (Textbeispiel 2) stellt sich dies in anderer Weise dar: Die Gesellschaft (Subjekt) hat Verantwortung für die Ratingagenturen (Objekt) zu übernehmen:

Textbeispiel 1

‚Die gesellschaftliche Verantwortung der Wirtschaft besteht darin, ihre Gewinne zu erhöhen', sagte der spätere Wirtschaftsnobelpreisträger 1970 und fasste damit den alles überragenden Punkt auf der lange gültigen US-Werteskala zusammen: Nichts zählt mehr als Erfolg, gemessen in Gewinn und persönlichem Reichtum. (Handelsblatt 19.10.09)

Textbeispiel 2

Zu begrüßen ist, dass jetzt endlich erkannt ist: Man muss die Ratingagenturen zumindest kontrollieren. Wir sagen: Die Ratingagenturen gehören in gesellschaftliche Verantwortung. (Neues Deutschland 27.10.10)

---

74 Bei allen Adjektiven wurden die Deklinationsformen nivelliert.

Die vorherigen Analysen haben gezeigt, dass Verantwortung in Handlungskontexte integriert ist, in denen Subjekte verschiedener Akteursgruppen für Objekte (Gegenstände, Handlungsergebnisse und -folgen) oder Adressaten (Personen) gegenüber Instanzen Verantwortung übernehmen, und von diesen Handlungsdimensionen geprägt wird. Über die Adjektive, welche die Art und Weise von Verantwortung charakterisieren, werden keine Handlungszusammenhänge konstituiert.

4.2.3 Verben unter valenz- und perspektivitätstheoretischen Gesichtspunkten

Indem die Subjekte, Objekte, Adressaten und Instanzen im Diskurs um Verantwortung ausfindig gemachten wurden, konnten die eher statisch konstituierten Bereiche des Diskurses analysiert werden. Im Zuge der Untersuchungen wurde angenommen, dass diese statischen Bereiche dynamischen Prozessen unterliegen: Beispielsweise verantworten verschiedene Akteure als Subjekte der Verantwortung das gleiche Objekt oder ein Akteur kann sowohl Subjekt als auch Objekt einer Verantwortungssituation sein. Dieses sprachliche Ringen um verschiedene Verantwortungskonstellationen entspricht dynamischen Prozessen. Auch konnten bereits Handlungsdimensionen durch Substantivierung von Verben ergründet werden, die dynamische Prozesse in verschiedenen Verantwortungssituationen konstituieren. Auf die Frage, wie im Diskurs über Wirtschaft die Übernahme von Verantwortung sprachlich konstituiert wird, kann demzufolge bisher geantwortet werden: Verschiedene statische Diskursbereiche werden in Relation gesetzt, erhalten entsprechend der Verantwortungssituationen bestimmte Handlungsfunktionen und geraten aufgrund verschiedener Zuschreibungs- und Relationskonstellationen in Hinblick auf den Diskurs in ein dynamisches Ringen um Verantwortung. Dennoch stellt sich die Frage, wie die sprachliche Konstitution der Verantwortungsübernahmen im Wirtschaftsdiskurs erfolgt, und zwar nicht nur implizit, sondern auch explizit: Sollen Verantwortungsträger entlassen, Schulden getilgt oder soll eine Schuld vor der Öffentlichkeit eingestanden werden? Um diesen Fragen nachzugehen, wurden die Verben in den Fokus der Betrachtung genommen, die den Lexemen *Verantwortung* (Auflistung 1) und *verantwortlich* (Auflistung 2) direkt und häufig folgen. Beispiele aus dem Ergebnis werden im Folgenden aufgelistet:

Auflistung 1

> *Verantwortung entziehen* (Financial Times Deutschland 19.08.10), *Verantwortung [...] erfassen* (Handelsblatt 07.12.09), *fordert [...] Verantwortung* (Die Welt 08.04.09), *Verantwortung gerecht werden* (Neues Deutschland 30.01.09), *Verantwortung haben* (Die Welt 08.04.09), *Verantwortung nachkommen* (Die Welt 25.10.09), *in die Verantwortung nehmen* (Handelsblatt 06.05.09), *Verantwortung tragen* (Frankfurter Rundschau

30.10.08), *Verantwortung übernehmen* (Die Tageszeitung 15.12.08), *Verantwortung wahrnehmen* (Neues Deutschland 30.10.08), *zur Verantwortung ziehen* (Handelsblatt 22.06.10)

Auflistung 2

verantwortlich fühlen (Die Tageszeitung 14.05.10), *verantwortlich handeln* (Die Welt 09.09.10), *verantwortlich machen* (Financial Times Deutschland 17.06.09), *verantwortlich sein* (Wirtschaftsblatt 21.08.09)

Es muss festgestellt werden, dass die soeben gestellte Frage nicht beantwortet werden kann. Durch die Verben im direkten Kotext von *Verantwortung* und *verantwortlich* werden zwar die dynamischen Prozesse, die zwischen den statischen Bereichen im Diskurs als implizite angenommen wurden, explizit gemacht: Sie konstituieren, was mit *Verantwortung* hinsichtlich der statischen Bereiche passiert und wie mit *Verantwortung* umgegangen wird – sie wird von Akteuren übernommen, getragen oder eingefordert, Akteure entziehen sich ihr oder handeln mit ihr. Die Verben konstituieren im direkten Kotexte von *Verantwortung* jedoch nicht explizit, was es heißt, im Diskurs um Verantwortung in der Wirtschaft hinsichtlich der Krise zu verantworten.[75]

Zurück zu den oben aufgelisteten Verben: Bei der ersten Durchsicht der beiden Auflistungen scheint es so, als bestätigen die Verben das implizite Ringen um Verantwortung, welches aufgrund der unterschiedlichen Form- und Inhaltselemente den verschiedenen Verantwortungskonstellationen inhärent ist, auf explizite Weise. Diese intuitive Beobachtung kann durch den valenztheoretischen Ansatz gefestigt werden.[76] Außerdem liefert die Verknüpfung des valenz- und perspektivitätstheoretischen Ansatzes in Anlehnung an Köller (Köller 2004: 354, 387-388) die Möglichkeit, weitere Aspekte des Diskurses um Verantwor-

---

75 Es ist zu vermuten, dass durch eine Erweiterung der Perspektive, also durch eine Analyse auf der Ebene des Satzes bzw. der Argumentation, die Art und Weise des Verantwortungübernehmens beleuchtet werden kann.

76 Im Rahmen der vorliegenden Untersuchung muss darauf verzichtet werden, näher auf verschiedene valenztheoretische Ansätze einzugehen und diese im Kontext der Analysen abzuwägen. Bei der Analyse der Verben wird von der Prämisse ausgegangen, dass Satzglieder von Verben „abhängig" sind (DUDEN ^{7}2005: Rn. 1180; vgl. auch Ágel 2000: 113-165) bzw. Verben Satzglieder an sich binden. Dabei wird zumeist zwischen nicht weglassbaren und weglassbaren Satzgliederergänzungen unterschieden (DUDEN ^{7}2005: Rn. 1183). Die Semantik eines Verbes ist unmittelbar an die verb- und kontextabhängige Valenz geknüpft. Für die Analysen wird das elektronische Valenzwörterbuch E-VALBU des Instituts für Deutsche Sprache (http://hypermedia2.ids-mannheim.de/evalbu/projekt.html, Stand: 22.12.10), welches Teil des grammatischen Informationssystems GRAMMIS ist, und das gedruckte Valenzwörterbuch VALBU (2004) des Instituts für Deutsche Sprache herangezogen, da sich die beiden nicht im Detail entsprechen.

tung in der Wirtschaft zu ergründen. Es wird davon ausgegangen, dass die Valenzstruktur eines Verbes und die Perspektivierungsstruktur eines Satzgliedgefüges in einem gegenseitig bedingenden Verhältnis stehen. Im Folgenden wird aus der obigen Auflistung 1 das Verb *übernehmen* ausgewählt, um dieses Wechselverhältnis zu verdeutlichen.

Das E-VALBU des Instituts für Deutsche Sprache führt für das Verb *übernehmen* Beispiele auf, in denen durch die Valenz des Verbes zwei-,[77] drei-[78] und viergliedrige[79] Satzstrukturen nachgewiesen werden können. Demnach fordert das Verb *übernehmen* zwei Satzglieder, kann optional jedoch auch ein drittes und viertes an sich binden. Werden die Kotexte der Belege für *Verantwortung übernehmen* eingehend beleuchtet, fällt auf, dass *übernehmen* im Diskurs um Verantwortung in der Wirtschaft ebenso zwei, drei und vier Satzglieder an sich binden kann, die verschiedene Elemente der strukturgebenden Form (Subjekt, Objekt etc. der Verantwortung) bzw. des funktionsgebenden Inhalts (neue Führungsgeneration, Partei etc.) von Verantwortung aufzeigen. Im Folgenden werden Beispiele aufgeführt, die verschiedene Valenzstrukturen konstituieren:

Beispiel 1 (zweigliedrige Valenzstruktur)

Eine neue Führungsgeneration muss die Führung und Verantwortung übernehmen. (Handelsblatt 13.10.09)

Bei dem Beispiel 1 bindet das Verben *übernehmen* durch eine zweigliedrige Valenzstruktur ein strukturgebendes Formelement (Subjekt der Verantwortung) und den entsprechenden funktionsgebenden Inhalt (*neue Führungsgeneration*) an *Verantwortung*. Damit wird das Konzept ›Verantwortung‹ mit spezifischen Teilbedeutungen perspektiviert: In der konstituierten Verantwortungssituation ‚übernimmt ein neue Führungsgeneration etwas' und ‚Verantwortung wird von jemanden übernommen'. Das Verb *übernehmen* stellt die Verknüpfung beider Perspektiven dar.

Beispiel 2 (zweigliedrige bzw. dreigliedrige Valenzstruktur)

Müssen nicht auch Politiker Verantwortung übernehmen? Hier hat es zum Beispiel niemand für die Nordbank-Krise getan. (Die Welt 08.04.09)

---

77   a.) jemand übernimmt etwas b.) jemand/etwas übernimmt jemand/etwas c.) jemand übernimmt in etwas (http://hypermedia2.ids-mannheim.de/evalbu/index.html, Stand: 24.01.11).

78   a.) jemand übernimmt etwas von jemandem b.) jemand übernimmt etwas irgendwohin (http:// hypermedia2 .ids-mannheim.de/evalbu/index.html, Stand: 24.01.11).

79   a.) jemand übernimmt jemanden von jemandem/etwas in etwas (http://hypermedia2.ids-mannheim.de/ evalbu/index.html, Stand: 24.01.11).

Beispiel 2 veranschaulicht, dass die bindende Funktion des Verbes *übernehmen* über die Satzgrenze hinaus gehen kann. In dem ersten Satz bindet das Verb *übernehmen* durch eine zweigliedrige Valenzstruktur ein strukturgebendes Formelement (Subjekt der Verantwortung) und den entsprechenden funktionsgebenden Inhalt (*Politiker*) an *Verantwortung*. Durch den zweiten Satz erlangt die Satzgliedstruktur ein drittes Element, das Objekt der Verantwortung, die *Nordbank-Krise*. Die enge Verknüpfung zwischen dem ersten und zweiten Satz und die damit einhergehende dreigliedrige Valenzstruktur wird durch den anaphorischen Verweis (Gansel/Jürgens [3]2009: 197) von *es* deutlich. Die rhetorische Frage konstituiert eine Verantwortungssituation, in der mit deontischem Anspruch die *Politiker* als Verantwortungssubjekt mit der *Nordbank-Krise* als Verantwortungsobjekt thematisch verknüpft werden.

Beispiel 3 (dreigliedrige Valenzstruktur)

> *In der Krise jedoch wächst das Bedürfnis nach Menschen, die Verantwortung übernehmen.* (Die Welt 10.02.09)
>
> *Unternehmen, die für ihre Wertschöpfungsketten nachhaltig Verantwortung übernehmen wollen, sollten ihre Geschäftsmodelle deshalb grundlegend überdenken.* (Financial Times Deutschland 17.11.09)

Für Beispiel 3 können im Diskurs um Verantwortung in der Wirtschaft hinsichtlich des Krisenaspekts zwei verschiedene Arten der dreigliedrigen Valenzstruktur festgemacht werden. Durch die dreigliedrige Valenzstruktur werden zwei strukturgebende Formelemente (Subjekt und Objekt der Verantwortung) und die entsprechenden funktionsgebenden Inhalte (*Menschen* und *Krise* bzw. *Unternehmen* und *Wertschöpfungsketten*) an *Verantwortung* geknüpft. Im ersten Fall wird das Objekt der Verantwortung durch die Präposition *in* und im zweiten Fall durch *für* markiert.

Das Beispiel 4 scheint zunächst erneut eine dreigliedrige Valenzstruktur aufzuweisen:

Beispiel 4 (drei- bzw. achtgliedrige Valenzstruktur)

> *Deutschland muss – zusammen mit den anderen reichen Staaten Frankreich und Großbritannien – in Europa Verantwortung übernehmen. Global gilt das für China, Japan und natürlich die USA.* (Handelsblatt 14.06.10)

Durch die dreigliedrige Valenzstruktur werden zwei strukturgebende Formelemente (Subjekt und Objekt der Verantwortung) und ihre entsprechenden funktionsgebenden Inhalte (*Deutschland* und *Europa*) an *Verantwortung* geknüpft. Werden die Sätze unter perspektivitätstheoretischen Gesichtspunkten betrachtet, wird die dreigliedrige zu einer achtgliedrigen Valenzstruktur. Die zwei strukturgebenden Formelemente (Subjekt und Objekt der Verantwortung), die an *Verantwortung* geknüpft werden, erhalten durch weitere perspektivierende Teilbedeutungen fünf weitere funktionsgebenden Inhaltselemente: *Frankreich, Großbritannien, China, Japan* und *USA*.

Beispiel 5 (viergliedrige Valenzstruktur)

> *Aber wir [Irland] als kleine Insel können nicht die Verantwortung übernehmen für Vorstandsentscheidungen außerhalb unseres Rechtsraums.* (Handelsblatt 19.03.10)

In dem Beispiel 5 wird ein Beleg für eine viergliedrige Valenzstruktur herangezogen: Das Verb *übernehmen* knüpft *Irland* als Verantwortungssubjekt (1) und *Vorstandsentscheidungen* als Verantwortungsobjekt (2) an *Verantwortung* (3) hinsichtlich des *Rechtsraums* als Verantwortungsbereich (4). Durch das vierte Satzglied wird die Verortung der Verantwortung nicht hinsichtlich des wirtschaftlichen, politischen oder geographischen Bereiches, sondern hinsichtlich des rechtlichen Aspekts konstituiert.

Die Verben im direkten Kotext von *Verantwortung* sowohl aus valenz- als auch aus perspektivitätstheoretischer Sicht zu beleuchten, ist insofern hilfreich, als dadurch die enge sprachliche Verknüpfung der Elemente einer Verantwortungssituation verdeutlicht werden kann, die mit dem Ringen um die strukturgebende Form und den funktionsgebenden Inhalt von Verantwortung sowohl auf Zeichen- als auch auf Konzeptebene einhergehen. Eine Analyse, die auf einem verschränkten Ansatz von Valenz und Perspektivität fußt, verhilft außerdem, die Perspektive auf den Satz bzw. die Argumentation zu richten.

Abschließend sollte zudem eine Beobachtung hinsichtlich der Medien genannt werden: Für die 31 Belege *Verantwortung übernehmen* ist auffällig, dass davon 27 Belege aus wirtschaftsliberalen Medien (Die Welt, Financial Times Deutschland und Handelsblatt) stammen. Im Vergleich dazu können in wirtschaftsliberalen Medien für *Verantwortung tragen* nur 9 Belege aufgeführt werden. Sie konstituieren also eine Wirtschaftswirklichkeit, in der Verantwortung einem Prozess des Annehmens und Abgebens und weniger eines dauerhaften Tragens unterliegt.

4.3 Ebene des Satzes – Ebene der Argumentation

An die Analyse der Lexeme und der Syntagmen schließt sich die des Satzes bzw. die der Argumentation an. Wenn davon ausgegangen wird, dass in einem Diskurs einzelne thematische Bereiche verdichtet konstituiert, gegenüber gestellt und argumentativ ausgehandelt werden, dann eignet sich für die computergestützte Analyse eines großen Korpus der von Felder dargelegte Ansatz, über adversative und konzessive Konnektoren den dichotomischen Charakter agonaler

Zentren[80] aufzuzeigen (Felder 2011). Im folgenden Kapitel wird dieser für die vorliegende Untersuchung herangezogen und als Ausgangspunkt der Analyse der Argumentation genommen. Um diese quantitative durch eine qualitative Perspektive zu ergänzen, werden fünf Zeitungsartikel in Kapitel 4.3.2 eingehend analysiert.

4.3.1 Allgemeine und spezielle agonale Zentren – eine quantitative Perspektive

Für die Analyse eines thematischen Diskurses schlägt Felder drei Ebenen der Konkretion vor, welche er als „Methodentrias" bezeichnet: „(1) *Benennung von Diskursthema,* (2) *Generierung von Subthemen* und (3) *Bestimmung agonaler Zentren*" (Felder 2011: 130). Dadurch, dass sich der Diskurs um Verantwortung in der Wirtschaft hinsichtlich des Krisenaspekts durch ein bereits stark fokussiertes Thema auszeichnet, ist im Rahmen der vorliegenden Untersuchung dieser als Subthema zu begreifen. Wie in der Einleitung ganz zu Beginn dargestellt, leitet sich dieses Subthema aus dem Interesse ab, hinsichtlich des allgemeinen Diskursthemas – und zwar die Konstitution moralischer Geltungsansprüche im Diskurs über die Wirtschaft – die sprachliche Konstitution eines speziellen wirtschaftsethischen Werts – und zwar Verantwortung – und dessen Wechselspiel zwischen prägenden Konzepten und Handlungsbereichen der Wirtschaftswelt zu ergründen. Einerseits könnten weitere wirtschaftsethische Subthemen, wie beispielsweise Nachhaltigkeit, Solidarität oder Menschenwürde, analysiert werden. Andererseits wären für die Konstitution moralischer Geltungsansprüche im Diskurs über die Wirtschaft auch wirtschaftsspezifische Subthemen in Bezugnahme zu wirtschaftsspezifischen Moralkonstitutionen interessant, wie zum Beispiel Gewinnmaximierung, Globalisierung oder Wirtschaftsstabilisierung.

Vor dem Hintergrund der Analyse auf der Ebene der Argumentation im Diskurs um Verantwortung in der Wirtschaft hinsichtlich des Krisenaspekts werden nun die agnoalen Zentren im Fokus der Betrachtung stehen. Sie erschließen sich durch die induktive Textlektüre (Felder 2011: 134). Dabei entsteht jedoch zumeist ein Problem bei der Bewältigung der Textlektüre eines Korpus mit vierstelliger Artikelzahl. Mithilfe der Analyse von adversativen und konzessiven Konnektoren als argumentationsspezifischen Indikatoren, die im Kotext diskursstrittiger Bereiche auftreten und im Kookkurrenzprofil mit Lexemen stehen, die auf Konzepte agonaler Zentren schließen lassen, kann diesem Prob-

---

80   Unter agonalen Zentren versteht Felder „einen sich in Sprachspielen manifestierenden Wettkampf um strittige Akzeptanz von Ereignisdeutungen, Handlungsoptionen, Geltungsansprüchen, Orientierungswissen und Werten in Gesellschaften." (Felder 2011: 134).

lem begegnet werden. Mithilfe der Analyse der Kookkurrenzprofile von adversativen und konzessiven Konnektoren können Lexeme erschlossen werden, die einerseits neue agonale Zentren aufdecken und andererseits den bereits aufgestellten agonalen Zentren zugeordnet werden können (Felder 2011: 134-138).

Wie die folgenden Darstellungen zeigen werden, können im Diskurs um Verantwortung in der Wirtschaft hinsichtlich des Krisenaspekts allgemeine und spezielle agonale Zentren ergründet werden.

Durch drei verschiedene Analyseverfahren[81] wurden allgemeine agonale Zentren aufgestellt, die im Folgenden (zumeist) in dichotomischen Paaren aufgelistet werden können:

1. ›Wirtschaft unterliegt dem Einfluss des wirtschaftlichen Bereiches‹ ⇔ ›Wirtschaft unterliegt dem Einfluss des politischen Bereiches‹ ⇔ ›Wirtschaft unterliegt dem Einfluss des sozialbedingten Bereiches‹ ⇔ ›Wirtschaft unterliegt dem Einfluss des wissenschaftlichen Bereiches‹[82]

2. ›die Wirtschaft bestimmenden Akteure sind Personen‹ ⇔ ›die Wirtschaft bestimmenden Akteure sind Institutionen‹

3. ›in der Wirtschaft agieren Individuen‹ ⇔ ›in der Wirtschaft agieren Kollektive‹[83]

4. ›Wirtschaft ist auf nationaler Ebene zu beleuchten‹ ⇔ ›Wirtschaft ist auf internationaler Ebene zu beleuchten‹[84]

---

81 Die agonalen Zentren wurden nach Felder zum einen durch Textlektüre induktiv (Felder 2011: 134) aufgestellt (1. Analyseverfahren). Zum anderen wurden sie mithilfe verschiedener linguistischer Ansätze auf der Ebene der Lexeme und Syntagmen (Analyse der Kompositionsgefüge, Analyse durch Präpositionen, Analyse der Genitivkonstruktionen, Analyse der Konjunktionen, Analyse der Verben durch Verknüpfung des valenz- und perspektivitätstheoretischen Ansatzes) erschlossen (2. Analyseverfahren). Des weiteren wurden die agonalen Zentren durch den von Felder vorgeschlagenen Ansatz, adversative und konzessive Konnektoren in ihrer Verknüpfungsbedeutung und als Indikatoren für den dichotomischen Charakter agonaler Zentren zu beleuchten (Felder 2011: 134-138), durch computergestützte Verfahren ergründet (3. Analyseverfahren).

82 An dieser Stelle wird deutlich, dass sich der Diskurs um Verantwortung in der Wirtschaft hinsichtlich des Krisenaspekts im Unterschied zum Berliner-Mauer-Diskurs (Felder 2011: 137) nicht immer lediglich durch zwei dichotomisch gegenüber stehende agonale Zentren hinsichtlich eines Themenbereichs auszeichnet. Die Analysen auf der Ebene der Lexeme und der Syntagmen haben gezeigt, dass auf die Wirtschaft Einfluss nehmende Akteure nicht nur aus dem wirtschaftlichen oder politischen Bereich stammen, sondern auch aus sozialbedingten Bereichen (*Verantwortungsgemeinschaft*).

83 Für die ersten drei Gegenüberstellungen von agonalen Zentren ist zu bemerken, dass einzelne Lexeme zugleich verschiedenen agonalen Zentren zuzuordnen sind. Das liegt in der Aufstellung der agonalen Zentren begründet.

5. ›immaterielle Werte bestimmen die Handlungsabläufe in der Wirtschaft‹ ⇔ ›materielle Werte bestimmen die Handlungsabläufe in der Wirtschaft‹
6. ›Wirtschaftsabschwung‹ ⇔ ›Wirtschaftsaufschwung‹

Die drei, in Fußnote 81 dargelegten Analyseverfahren zur Aufstellung agonaler Zentren ermöglichen nun, diskurstypische Lexeme den agonalen Zentren zuzuordnen, um diese dadurch konkretisieren zu können. Um die Ergebnisse des dritten Analyseverfahrens (Analyse der Kookkurrenzprofile von adversativen und konzessiven Konnektoren) klar herausstellen zu können, werden lediglich die Lexeme den allgemeinen agonalen Zentren zugeordnet, die auch durch das dritte Analyseverfahren erschlossen wurden.[85] Im Folgenden werden nicht alle, sondern nur die häufig im Kotext der Konnektoren auftretende Lexeme den sechs zuvor aufgestellten allgemeinen agonalen Zentren zugeordnet:

1. *Wirtschaft* ⇔ *Politik/Staat/Regierung* ⇔ *Menschen/Gesellschaft* ⇔ *Wirtschaftswissenschaften*[86]
2. *Senatoren* ⇔ *Unternehmen/Firmen/Banken/Wirtschaftsministerium*
3. *Präsident* ⇔ *Manager*
4. *Deutschland* ⇔ *EU/USA*
5. *Euro/Geld/Kredite* ⇔ *Verantwortung/Vertrauen/Pflichten/Moral/Normen*
6. *Krise/Finanzkrise/Zusammenbruch* ⇔ *Konjunktur*[87]

Bei genauer Durchsicht fällt jedoch auf, dass sich die agonalen Zentren und die entsprechenden Lexeme nicht ausschließlich auf den fokussierten Rahmen des

---

84 Bei diesen agonalen Zentren wird die Perspektive der deutschen Medien eingenommen, national meint demnach deutschlandintern und international über die deutsche Landesgrenze hinaus.

85 Bei einem Vergleich zwischen den aufgestellten Lexemen, die durch das dritte Analyseverfahren aufgestellt wurden, und den Lexemen bzw. aufgestellten Lexemkategorien, die durch das zweite Analyseverfahren aufgestellt wurden, fällt auf, dass sich die Ergebnisse größtenteils bestätigen.

86 Das Lexem *Wirtschaftswissenschaftler* konnte nicht durch das dritte Analyseverfahren erschlossen werden.

87 Wie auch bei Felder können bei der Durchsicht der Substantive (synsemantische Lexeme, Eigennamen, Orte und Zeitangaben werden nicht beachtet, im Fokus der Betrachtung liegen autosemantische Lexeme) zwei Kategorien aufgestellt werden: Lexeme, die unter „semantischen Gesichtspunkten im Umfeld der Konzessiva und Adversativa zu erwarten" sind (z. B. Problem, Situation, Zustand, Widerstand, Ergebnis, Entscheidung, Vergleich, Diskussion, Vorschlag, Veränderung, Kritik, Prinzip) und Lexeme, die für den Diskurs „thematisch signifikant sein könnten und daher mit dazu beitragen können, die oben bestimmten agonalen Zentren auf ihre Angemessenheit zu überprüfen." (Felder 2011: 154).

Diskurses um Verantwortung in der Wirtschaft hinsichtlich des Krisenaspekts beziehen. Lexeme mit dem stammbildenden Morphem *verantwort* sind Teil des agonalen Zentrums: immaterielle Werte bestimmen die Handlungsabläufe in der Wirtschaft. Um jedoch die agonalen Zentren hinsichtlich des argumentativen Zentrums von Lexemen, die das stammbildenden Morphem *verantwort* enthalten, beleuchten zu können, wird ein quantitatives Argumentationskorpus erstellt.[88] Dadurch können spezielle agonale Zentren aufgestellt werden:

1. ›Verantwortung für Ereignisse und Prozesse soll vom wirtschaftlichen Bereich‹ ⇔ ›soll vom politischen Bereich‹ ⇔ ›soll vom sozialbedingten Bereich‹ ⇔ ›soll vom wissenschaftlichen Bereich getragen werden‹

2. ›Verantwortung soll von Personen getragen werden‹ ⇔ ›Verantwortung soll von Institutionen getragen werden‹

3. ›Verantwortungsträger sind Individuen‹ ⇔ ›Verantwortungsträger sind Kollektive‹

4. ›der Verantwortungsbereich ist auf nationaler Ebene zu beleuchten‹ ⇔ ›der Verantwortungsbereich ist auf internationaler Ebene zu beleuchten‹

5. ›materielle Wertschöpfung durch Gewinnmaximierung‹ ⇔ ›immaterieller Mehrwert durch Normen und Werte‹

6. ›aus Wirtschaftsabschwung resultieren Frage nach Verantwortung‹ ⇔ ›aus Wirtschaftsaufschwung resultieren weniger Fragen nach Verantwortung‹

Bei den speziellen agonalen Zentren fällt auf, dass sie den allgemeinen agonalen Zentren in hohem Maße entsprechen. Das lässt vermuten, dass das argumentati-

---

88 Bei den allgemeinen agonalen Zentren werden in Anlehnung an Felder (Felder 2011: 152) die Kookkurrenzprofile der Konnektoren beachtet, die die IDS-Online-Grammatik GRAMMIS aufführt (http://hypermedia.ids-mannheim.de/pls/public/gramwb.ansicht, Stand: 19.01.11): Adversativa: *zum einen, wohingegen, wogegen, wiederum, wieder, während, nur dass, nur, mal, jedoch, indessen, indes, hinwiederum, hinwieder, hingegen, halb, freilich, einmal, einesteils, einerseits, doch, derweil(en), demgegenüber, dementgegen, dahingegen, dagegen, dafür, bloß dass, bald, andrerseits, andernteils, allerdings, allein, alldieweil, aber.* Konzessiva: *wobei, wo, wiewohl, wider, wennzwar, wennschon, wenngleich, wenn, ungeachtet, dass, ungeachtet dessen, unbeschadet dessen, trotzdem, trotz, sosehr, obzwar, obwohl, obschon, obgleich, nichtsdestoweniger, nichtsdestotrotz, nichtsdestominder, gleichwohl, entgegen, dessen ungeachtet, des ungeachtet, dennoch, dafür dass, dabei.* Bei den speziellen agonalen Zentren werden nur die Kookkurrenzprofile der Konnektoren beachtet, die im Diskurs um Verantwortung in der Wirtschaft hinsichtlich des Krisenaspekts die Lexeme mit dem stammbildenden Morphem *verantwort* enthalten (*jedoch, indes, hingegen, einerseits, bald, wobei, trotz, doch, allerdings, dabei, allein, wenn, aber, dafür, dass*). Folglich enthält das quantitative Argumentationskorpus alle Artikel aus dem speziellen Teilkorpus, bei denen im Kotext von *jedoch, indes, hingegen, einerseits, bald, wobei, trotz, doch, allerdings, dabei, allein, wenn, aber, dafür, dass* Lexeme mit dem stammbildenden Morphem *verantwort* vorkommen.

ve Sprechen und Denken über Wirtschaft mit dem argumentativen Sprechen und Denken über Werte in der Wirtschaft sehr eng verknüpft ist und dass sich diese beiden Argumentationsbereiche gegenseitig bedingen. Durch die Analyse des quantitativen Argumentationskorpus hinsichtlich der Konnektoren *jedoch*, *indes*, *hingegen*, *einerseits*, *bald*, *wobei*, *trotz*, *doch*, *allerdings*, *dabei*, *allein*, *wenn*, *aber*, *dafür*, *dass* können Lexeme den speziellen agonalen Zentren zugeordnet werden. Im Folgenden werden nicht alle, sondern nur die häufig im Kotext der Konnektoren auftretende Lexeme den sechs zuvor aufgestellten speziellen agonalen Zentren zugeordnet.

1. *Wirtschaft* ⇔ *Politik/Politiker* ⇔ *Menschen/Gemeinwesen/Mittelschicht* ⇔ *Ökonom*
2. *Wirtschaftsakteure* ⇔ *Banken*
3. *Wirtschaftsminister/Chef* ⇔ *Manager/Unternehmenschefs*[89]
4. *Deutschland* ⇔ *USA*
5. *Wirtschaften/Handeln/Wohlstand/Geld/Euro* ⇔ *Verantwortung/Vertrauen*
6. *Krise/Finanzkrise/Schuldendesaster* ⇔ XXX[90]

Bei der Suche nach Lexemen im Kookkurrenzprofil der Konnektoren fällt auf, dass die Lexeme *Verantwortung*, *Wirtschaft* und *Krise* bzw. *Finanzkrise* bei fast jedem Konnektoren auftreten. Die Verknüpfung von Lexemen mit dem stammbildenden Morphem *verantwort* und *Krise* bzw. *Finanzkrise* können noch häufiger belegt werden als die Verknüpfung von *verantwort* und *Wirtschaft*. Einerseits verwundern die Lexeme nicht: das spezielle Teilkorpus wurde durch die Suchanfrage *verantwort* *wirtschaft* *krise* zusammengestellt und das Analyseverfahren mithilfe der Konnektoren setzt *verantwort* in Hinblick auf seinen Kotext in den Fokus der Betrachtung. Andererseits liefert die Analyse agonaler Zentren einen neuen Erkenntnisaspekt: *Verantwortung*, *Wirtschaft* und *Krise* bzw. *Finanzkrise* liegen im Diskurs nicht nur einfach so in direktem Kotext, sondern in argumentativ geprägtem Kotext.

Bei der Zusammenstellung des quantitativen Argumentationskorpus ist zum einen aufgefallen, dass das spezielle Teilkorpus einer hohen argumentativen Dichte unterliegt. Zum anderen können Artikel belegt werden, in denen mehr als nur ein adversativer oder konzessiver Konnektor im Kotext von Lexemen mit dem stammbildenden Morphem *verantwort* auftritt. Diese Beobachtung wurde als Grund genommen, ein qualitatives Argumentationskorpus zusammenzustel-

---

[89] Für die ersten drei Auflistungen ist zu bemerken, dass einzelne Lexeme zugleich verschiedenen agonalen Zentren zuzuordnen sind. Das liegt in der Aufstellung der agonalen Zentren begründet.

[90] Für das spezielle agonale Zentrum ›Wirtschaftaufschwung‹ kann im quantitativen Argumentationskorpus mithilfe der Analyse der Konnektoren kein Lexem belegt werden.

len. In dieses Korpus wurden alle Artikel aufgenommen, die vier und mehr adversative oder konzessive Konnektoren enthalten und somit für eine dichte Argumentation im Diskurs um Verantwortung in der Wirtschaft hinsichtlich des Krisenaspekts stehen.

4.3.2 Argumentationsstrukturen – eine qualitative Perspektive

Das qualitative Argumentationskorpus besteht aus fünf Artikeln, die in verschiedenen Abschnitten eine dichte Argumentationsstruktur aufweisen. Obwohl die Auswahl ausschließlich durch das Kriterium der überdurchschnittlichen Menge an adversativen bzw. konzessiven Konnektoren getroffen wurde, fällt auf, dass die fünf Artikel fünf verschiedene Perspektiven abdecken: In dem ersten Artikel wird eine wirtschaftliche, im zweiten eine politische, im dritten eine kirchliche, im vierten eine wirtschaftswissenschaftliche und im fünften Artikel eine sprachwissenschaftliche Perspektive behandelt. Die Perspektiven werden in den Artikeln an Personen geknüpft, die in der Zeit der Artikelveröffentlichung für den entsprechenden Bereich eine repräsentative Rolle darstellten.[91] Es fällt auf, dass die fünf Perspektiven, bis auf die kirchliche und sprachwissenschaftliche, verschiedenen Akteuren zuzuordnen sind, die aus der Analyse auf der Ebene der Lexeme und Syntagmen erschlossen werden konnten und in Kapitel 4.2.2.2 aufgelistet wurden. Dadurch werden zum einen die Akteure noch einmal hinsichtlich ihrer Repräsentativität belegt und können zum anderen auch als argumentationsstarke Akteure im Diskurs um Verantwortung in der Wirtschaft begriffen werden.

Im Folgenden werden die zentralen argumentativen Ausschnitte der fünf verschiedenen Perspektiven aufgeführt und interpretiert.[92] Ziel wird dabei sein, die Konnektoren hinsichtlich ihrer Perspektivierungsfunktion als Ausgangspunkt

---

[91] Die wirtschaftliche Perspektive repräsentiert durch: vier dargelegte Thesen für die Unternehmensführung entsprechend dem Motto *Nicht jede schicke Managementmode ergibt eine erfolgreiche Strategie* (Handelsblatt 02.12.08); die politische Perspektive repräsentiert durch: Horst Köhler, damaliger Bundespräsident; die kirchliche Perspektive repräsentiert durch: Margot Käßmann, damalige Ratsvorsitzende der Evangelischen Kirche in Deutschland; die wirtschaftswissenschaftliche Perspektive repräsentiert durch: Dr. phil. Mark Joób, Ökonom, der zum Thema Freiheit und Verantwortung in der Ökonomie und globale Gerechtigkeit forscht; sprachwissenschaftliche Perspektive repräsentiert durch: Holger Kuße, Professor für Slavische Sprachgeschichte und -wissenschaft an der Technischen Universität Dresden.

[92] Es werden auch Konnektoren beachtet, die in Fußnote 88 nicht aufgelistet worden sind.

zu nehmen,[93] um für den Diskurs argumentative Tendenzen herauszuarbeiten zu können.

In dem Artikel der wirtschaftlichen Perspektive wird bereits durch den Untertitel konstituiert, dass es sowohl um eine retro- als auch um eine prospektive Reflexion geht: *Die Finanzkrise räumt mit einigen Moden gründlich auf – zum Glück. Vier Thesen für die Unternehmensführung „danach".* (Handelsblatt 02.12.08) Auf die argumentativen Abschnitte über Verantwortung in der Wirtschaft übertragen, wird rückblickend die reale Verantwortungssituation und vorblickend die ideale Verantwortungssituation sprachlich gegenübergestellt. Mit anderen Worten: Eine ontische wird mit einer deontischen Argumentation konfrontiert. Durch die Analyse auf der Ebene der Lexeme und Syntagmen konnte zwar dargelegt werden, dass mit der Konstitution eine Verknüpfung und zugleich eine Bewertung, also ein moralischer Geltungsanspruch einhergeht (vgl. theoretische Darlegung in Kapitel 2.5 der vorliegenden Untersuchung): Beispielsweise wird durch das Lexem Unternehmensverantwortung sprachlich konstituiert, dass es um die Verantwortung eines Unternehmens geht. Dadurch werden zwei Teilbedeutungen (‚Verantwortung' und ‚Unternehmen') miteinander verknüpft, durch welche ein wirtschaftsethischer Wert (‚Unternehmen übernehmen Verantwortung') angedeutet wird. Bei der Analyse auf der Ebene der Lexeme und Syntagmen blieb jedoch stets offen, wie die Bewertung gestaltet ist: Wird ein Ist-Zustand (ontisch) bewertet oder wird ein Soll-Zustand (deontisch) eingefordert, gehen mit den analysierten Lexemen und Syntagmen reale oder ideale Verantwortungssituationen einher? Die Analyse auf der Ebene der Argumentation ermöglicht, den Blick auf die Differenzierung zwischen ontischer und deontischer Argumentation zu richten, wie im folgenden Zitat zu sehen ist:

1. **Wirtschaftliche Perspektive**

   Trügerisch wäre die Hoffnung, dass die unabwendbare Welle des neuen staatlichen Interventionismus spurlos an einem großen Teil der Industrie vorbeigehen könnte. Tatsächlich werden die Auswirkungen für die globale Corporate Governance bis in mittelständische Unternehmen [...] zu spüren sein. Denn der Grundkonsens, dass die Wirtschaft selbst ihre Standards für eine verantwortungsvolle Unternehmensführung und deren Eigenkontrolle setzen kann, dieser Grundkonsens ist dahin – nicht nur für die Finanzwirtschaft. (Handelsblatt 02.12.08)

In diesem Abschnitt stehen sich zwei Standpunkte gegenüber: Ein Setzen der Standards für verantwortungsvolle Unternehmensführung liegt einerseits in den

---

93   Die IDS-Online-Grammatik GRAMMIS (http://hypermedia.ids-mannheim.de/pls/public/gramwb.ansicht, Stand: 19.01.11) ordnet die Konnektoren in den meisten Fällen einer semantischen Klasse zu. Diese liefert einen Ausgangspunkt, um die Perspektivierungsfunktion der Konnektoren zu ergründen.

Händen des Staates und andererseits in den der mittelständischen Unternehmen; Verantwortungssubjekte sind also entweder dem Bereich der Politik oder dem der Wirtschaft zuzuordnen. Durch den ersten Satz, der sich durch den Konjunktiv II in der Verbindung mit dem Lexem *Hoffnung* auszeichnet, wird eine Handlungskonstellation dargelegt, die entsprechend der vermittelten Einstellung des wirtschaftsliberalen Handelsblattes als ideal konstituiert wird: Der Staat hat sich nicht in den industriellen Bereich der Wirtschaft einzumischen. Durch den kausal verwendeten Konnektor *denn* wird dieser Geltungsanspruch begründend konkretisiert. Der Konnektor *dass* als Einleitung des eingeschobenen Nebensatzes konkretisiert zudem die *globale Corporate Governance: eine verantwortungsvolle Unternehmensführung und deren Eigenkontrolle*. Auffallend ist hierbei, dass die zunächst national gehaltene Intervention durch den Staat eines Landes durch das Lexem *globale* eine internationale Dimension erhält. Folglich stehen sich in diesem Argumentationsausschnitt nicht nur die agonalen Zentren politischer versus wirtschaftlicher Verantwortungsträger (mittelständisches Unternehmen versus Finanzwirtschaft)[94], sondern auch nationale versus internationale Betrachtungsebene gegenüber.

Im nächsten Argumentationsausschnitt der wirtschaftlichen Perspektive werden zwei Verantwortungsträger gegenübergestellt, die *Manager* und die *Aufsichtsräte*. Auch hier wird die ideale Verantwortungssituation durch die argumentative Teilbedeutung ‚Manager haben in einem Unternehmen Verantwortung zu tragen' dargelegt und der realen argumentativen Teilbedeutung ‚Aufsichtsräten übernehmen die Instanz der Verantwortungsträger' gegenübergestellt. Durch den konsekutiv verwendeten Konnektor *deshalb* wird signalisiert, dass der realen Verantwortungssituation etwas vorausgeht, welches Grund dafür ist, dass nicht die ideale Verantwortungssituation eintrifft: Es ist das hohe Tempo, in dem Führungspositionen ausgewechselt werden, und die fehlende Zeit, die Manager daran hindern, verantwortungsvoll agieren zu können:

> *Hire und Fire hat in deutschen Vorstandsetagen mittlerweile ein beachtliches Tempo erreicht. Manager sind schon wieder verschwunden, bevor sie überhaupt in der Lage waren, eigene Duftmarken zu setzen. Deshalb fällt Aufsichtsräten [...] immer häufiger die zweifelhafte Rolle der letzten Instanz zu. Und die wird von den Aktionären konsequenterweise verschärft zur Verantwortung gezogen.* (Handelsblatt 02.12.08)

---

94 Durch den mehrteiligen Konnektor *nicht nur* und dem zu erwartenden, aber nicht auftretenden argumentativen Gegenstück *sondern auch* wird explizit auf die mittelständischen Unternehmen, aber auch implizit auf andere Bereiche neben der Finanzwirtschaft referiert.

Der dritte Argumentationsausschnitt der wirtschaftlichen Perspektive ergänzt den Parameter der Zeit durch den des Orts, welcher argumentativ als Bedingung dargelegt wird, um Verantwortung übernehmen zu können:

> *Der Unternehmer zum Anfassen erlebt zumindest in Deutschland eine Renaissance. Mitarbeiter und Politiker trauen ihm am ehesten zu, ökonomisch sinnvoll, aber auch verantwortlich mit den ihm anvertrauten Ressourcen Kapital und Arbeit umzugehen. Einfach deshalb, weil er jeden Morgen auf dem Firmenparkplatz vorfährt und gelegentlich auch in der Kantine zu sichten ist. Und: Weil es sein eigenes Geld und nicht das anonymer Aktionäre ist, das verlorengeht, wenn das Unternehmen zusammenbricht. Topmanager großer Konzerne dagegen scheinen zuweilen entrückt in ihren Vorstandsetagen zu residieren.* (Handelsblatt 02.12.08)

Indem durch den adversativen Konnektor *dagegen* zwei Typen von Verantwortungsträgern gegenüber gestellt werden – der *Unternehmer zum Anfassen* und die *Topmanager großer Konzerne* – wird der Fokus auf Paraphrasierungen der beiden gegenüberstehenden Verantwortungsträger gerichtet. Der eine Unternehmer wird durch die metaphorische Redewendung *zum Anfassen* sowie durch die Paraphrasierung der täglichen Präsenz – repräsentiert durch das Auto auf dem Parkplatz und durch das persönliche Erscheinen in der Kantine – mit Nähe zum Unternehmen und den Mitarbeitern charakterisiert. Der andere Unternehmer wird durch seine Bezeichnung *Topmanager* (grammatisch: Pluralform; semantisch: *Top* als Bezeichnung einer Spitze) und durch die Verortung (*residieren* und *Vorstandsetagen*) in die Position eines schwer erreichbaren Kollektivs gerückt; er wird damit durch Distanz zum Unternehmen und den Mitarbeitern charakterisiert. Diese Gegenüberstellung (›Zeit und Nähe als Prämissen für Verantwortung‹ ⇔ ›kein Zeit und Distanz als Gründe für fehlende Verantwortung‹) konnte erst durch die qualitative Analyse des Argumentationskorpus identifiziert werden. Da es auch im Artikel der kirchlichen Perspektive belegt werden kann (*Menschen, die Verantwortung in der Wirtschaft haben, brauchen auch eine Verortung, eine Verwurzelung*; Handelsblatt 23.12.09), wird diese Gegenüberstellung als siebtes dichotomisches Paar agonaler Zentren den speziellen agonalen Zentren angeschlossen:

7. ›Zeit und Nähe als Prämissen für Verantwortung‹ ⇔ ›kein Zeit und Distanz als Gründe für fehlende Verantwortung‹

Im qualitativen Argumentationskorpus kann *Freiheit* als ein markantes Lexem angesehen werden, welches in der argumentativen Einbettung in einer Gegenüberstellung von zwei dichotomischen Argumentationssträngen zum Tragen kommt. Es kann daher als achtes dichotomisches Paar agonaler Zentren den speziellen agonalen Zentren angeschlossen werden:

8. ›auf Entgrenzung von Freiheit in der Wirtschaft folgt materielle Wertschöpfung durch Gewinnmaximierung‹ ⇔ ›auf Begrenzung von Freiheit in der Wirtschaft (durch politische, wirtschaftliche oder gesellschaftliche Kontrolle) folgt immaterieller Mehrwert durch Normen und Werte‹

An folgendem Zitat ist dies zu veranschaulichen:

2. Politische Perspektive

Die wachstumskritischen Kommentare verbindet der Bundespräsident mit der Mahnung, dass Freiheit nicht grenzenlos sein dürfe. Damit setzte Köhler einen deutlich anderen Akzent als noch zu Beginn seiner Amtszeit. Doch heute lautet der weltweite Zeitgeist: Mehr Staat, mehr Solidarität, mehr Verantwortung – auch bei Köhler: "Es braucht einen starken Staat, der dem Markt Regeln setzt und für ihre Durchsetzung sorgt", sagte er. Derzeit erlebe man "Freiheit ohne Verantwortung". Marktwirtschaft lebe aber nicht nur vom Wettbewerb, sondern auch "von der Begrenzung wirtschaftlicher Macht". (Handelsblatt 25.03.09)

Die zwei dichotomischen Argumentationsstränge können in Anbetracht der Verknüpfungsfunktion des Konnektors *doch* und durch den Fokus auf das Konzept ›Verantwortung‹ folgendermaßen reformuliert werden: Verantwortung wird mit ›Kontrolle‹, ›Maßhaltung und Begrenzung‹ in der Wirtschaft, Unverantwortung wird mit ›wirtschaftlicher Freiheit‹ und ›Wachstum‹ in der Wirtschaft assoziiert. *Freiheit* und *Verantwortung* sind immaterielle Werte und könnten dem speziellen agonalen Zentrum ›immaterieller Mehrwert durch Normen und Werte‹ zugeordnet werden, welches dem agonalen Zentrum ›materielle Wertschöpfung durch Gewinnmaximierung‹ gegenübersteht. Durch die argumentative Folge, in welche das Lexem *Freiheit* eingebettet wird (auf Freiheit in der Wirtschaft folgt materieller Wirtschaftwachstum, woraus eine Instabilität immaterieller Werte erwächst), kann dieser immaterielle Wert der Wirtschaft jedoch nicht zu dem agonalen Zentrum ›immaterieller Mehrwert durch Normen und Werte‹ zugeordnet werden, da *Freiheit* als Grund für materiellen Wirtschaftwachstum und Instabilität immaterieller Werte konstituiert wird. *Freiheit* kann demzufolge als ein zentraler immaterieller Wert in der Wirtschaft belegt werden,[95] der als Mittel zur materiellen Wertschöpfung und nicht zum immateriellen Mehrwert gereicht.

Ein zweiter Argumentationsausschnitt der politischen Perspektive konstituiert eine enge Verknüpfung zwischen einem Beitrag zur materiellen Wertschöpfung und zum immateriellen Mehrwert einerseits und zwischen einer Führungsfunktion und der Verantwortungspflicht andererseits:

---

95 Im speziellen Teilkorpus kann *Freiheit* im Kotext (+/− 15 Tokens) von Lexemen mit dem stammbildenden Morphem *verantwort* 33 Mal belegt werden.

Aber wie immer hat Köhler gegen Ende Mutmach-Elemente eingebaut. So schlimm es auch komme – gerade die Deutschen könnten es schaffen. Denn sie hätten nicht nur Autos, sondern eben die soziale Marktwirtschaft zu exportieren. Früher als anderswo habe man hierzulande zudem die ökologische Herausforderung erkannt. Weltweit brauche man die "ökologische industrielle Revolution". Deutschland habe eine Führungsrolle und besondere Verantwortung – allerdings auch bei der Rettung angeschlagener Staaten in Osteuropa. (Handelsblatt 25.03.09)

Durch die zweigliedrigen Konnektoren *(nicht nur, sondern)* wird die materielle Wertschöpfung *(Autos)* mit dem immateriellen Mehrwert *(soziale Marktwirtschaft)* verknüpft. Durch den Konnektor *und* wird *Deutschland* in seiner *Führungsrolle* mit der Aufgabe der *besonderen Verantwortung* unmittelbar verknüpft. Durch die Verbindung des adversativen Konnektors *allerdings* und des additiven Konnektors *auch* wird ein Geltungsanspruch (Deutschland übernimmt aufgrund seiner Führungsrolle auf nationaler Ebene Verantwortung) auf eine zunächst gegenläufig erscheinende Annahme (Deutschland übernimmt aufgrund seiner Führungsrolle auch auf internationaler Ebene Verantwortung) übertragen.

Ein Argumentationsausschnitt der kirchlichen Perspektive spiegelt dies auf ähnliche Weise wider: Mit der materiellen Wertschöpfung geht für die Menschen eine Verantwortungspflicht einher:

3. Kirchliche Perspektive

Käßmann: Ich würde keine feste Grenze für die Höhe des Gehalts eines Managers ziehen. Mir ist da die Haltung der Menschen wichtiger. Zum Beispiel Bill Gates: Er ist einer der reichsten Menschen der Welt. Aber ihm ist offenbar sehr bewusst, welche soziale Verantwortung er damit auch hat. (Handelsblatt 23.12.09)

Margot Käßmann verknüpft in ihrer Argumentation die diskurstypischen Konzepte ›Verantwortung‹ und ›Vertrauen‹:[96]

Käßmann: Nur Menschen können neues Vertrauen schaffen. Wir müssen doch den Menschen vertrauen können, die leitende Verantwortung haben. (Handelsblatt 23.12.09)

Während sich Manager und Aufsichtsräte als Verantwortungssubjekte aus wirtschaftlicher Perspektive vor den Aktionären als Verantwortungsinstanz zu verantworten haben, veranschaulicht die qualitative Analyse der Argumentation das Ringen um Verantwortung, welches durch quantitative Analyse auf der Ebene der Lexeme und Syntagmen bereits aufgezeigt wurde. Die Aktionäre können im gleichen Diskurs sowohl Verantwortungsinstanz als auch -subjekt sein:

Käßmann: Verantwortung ist für mich der Schlüsselbegriff. Ist das noch verhältnismäßig, wenn sich jemand vor eine Aktionärsversammlung stellt und sagt: "Die Dividende für dieses Jahr steigt, und wir haben 3 000 Leute entlassen"? Das halte ich für ethisch

---

96 Im speziellen Teilkorpus kann *Vertrauen* im Kotext (+/− 15 Tokens) von Lexemen mit dem stammbildenden Morphem *verantwort* 8 Mal belegt werden.

nicht vertretbar. Da sind nicht nur die Manager, sondern auch Aktionäre gefragt. (Handelsblatt 23.12.09)

Die Argumentation der wirtschaftswissenschaftlichen Perspektive verdeutlicht die thematische Verknüpfung eines rechtlichen und ethischen Bereichs im Diskurs um Verantwortung in der Wirtschaft:

4. Wirtschaftswissenschaftliche Perspektive

Die jüngste Finanz- und Wirtschaftskrise hat exemplarisch vor Augen geführt, dass das Fehlen einer rechtlich einklagbaren Haftung viele Wirtschaftsakteure zu einem verantwortungslosen Handeln verleitet. "Verantwortungslos" meint dabei selbstverständlich nicht, dass sich die Akteure ihrer moralischen Verantwortung entziehen könnten, sondern dass sie so handeln, als trügen sie keine Verantwortung dafür: Sie ignorieren sie um eines materiellen Vorteils willen. (Financial Times Deutschland 19.08.10)

Die Argumentation könnte mithilfe einer konsekutiven und zugleich kausalen Lesart des ersten Konnektors *dass* folgendermaßen aufgeschlüsselt werden: Da eine rechtlich einklagbare Haftung fehlt, haben die Wirtschaftsakteure verantwortungslos gehandelt, worauf die Finanz- und Wirtschaftskrise zurückzuführen ist. Die mehrgliedrigen Konnektoren (*nicht, dass* und *sondern dass*) richten den Fokus der Betrachtung auf eine semantische Gegenüberstellung hinsichtlich des Lexems *verantwortungslos*. Die Gegenüberstellung von dem positiv perspektivierten Morphem -frei und dem negativ perspektivierten Morphem -los (in Anlehnung an Köller 2004: 555) verhilft, die in der Argumentation vorgenommene semantische Unterscheidung zu erläutern.[97] Die fehlende rechtlich einklagbare Haftung und das daraus resultierende verantwortungslose Handeln der Wirtschaftsakteure bedeutet nicht, dass sie verantwortungsfrei sind und optional entscheiden können, ob sie mit oder ohne Verantwortung handeln. Verantwortungslos wird hier pejorativ entsprechend der Perspektivierungsfunktion nach Köller verstanden und meint, dass Wirtschaftsakteure ihre Verantwortung ohne rechtlich einklagbare Haftung ignorieren. Durch diese konnektorbestimmte Gegenüberstellung wird deutlich, dass eine moralische Verantwortung ohne rechtliche Haftung existiert, aber die Moral ohne Recht zum Vorteil der materiellen Wertschöpfung ignoriert wird.

Der Artikel der sprachwissenschaftlichen Perspektive, der eine sprachkritische Auseinandersetzung mit dem Verantwortungsbegriff in der Wirtschaft zum Gegenstand hat, liefert durch den adversativen Konnektor *dagegen* eine Gegenüberstellung eines idealen und realen Verantwortungsbegriffs:

---

97 „Wichtig ist [...], dass durch die Wahl der jeweiligen Wortbildungsmorpheme nicht nur die Intensität einer Negation variiert werden kann, sondern dass sich auch das Ergebnis der jeweiligen Negation als erwünscht oder als unerwünscht qualifizieren lässt [...] (arbeitsfrei – arbeitslos, spannungsfrei – spannungslos)." (Köller 2004: 555).

5. Sprachwissenschaftliche Perspektive

"Verantwortung haben" heißt, auf die Frage nach den Gründen, Zielen und Folgen von Handlungen Antwort geben zu können, die Handlung begründen und rechtfertigen zu können und deshalb auch für die Folgen geradezustehen.

"Verantwortung" im Marketing der Unternehmen sei, so Kuße, dagegen etwas ganz anderes: nämlich Handlungsabsichten, die zwar nicht negativ sind, aber das "Antwortgeben-Können" auf mögliche Fehlentscheidungen gerade nicht mit einschließen: Unter der Worthülse "Verantwortung" ("Corporate Social Responsibility") läuft in den meisten Unternehmen karitatives, umweltschützerisches, manchmal auch kulturförderndes Sponsoring: Aber tatsächliche Verantwortung übernimmt niemand. (Handelsblatt 13.05.09)

Es wird zwischen einem ethisch bestimmten und einem marketingbestimmten Begriff von Verantwortung unterschieden. Durch das Konnektorpaar *zwar* und *aber* wird der reale marketingbestimmte Verantwortungsbegriff in Bezugnahme auf den idealen ethisch bestimmten Verantwortungsbegriff näher beleuchtet: Durch den Nebensatz mit *zwar* wird eingeräumt, dass der marketingbestimmte Verantwortungsbegriff mit Handlungsabsichten einhergeht, die anschließend aufgeführt werden. Durch den Nebensatz mit *aber* wird der marketingbestimmte Verantwortungsbegriff adversativ dem ethisch bestimmten Verantwortungsbegriff gegenübergestellt.

Die Analyse des qualitativen Argumentationskorpus verdeutlicht auf plastische Weise das Ringen um Verantwortung und ermöglicht damit Einblicke in die Art und Weise des Ringens. Verschiedene Akteure, Bereiche, Handlungs-, Zeit- und Ortdimensionen erhalten nicht nur verschiedene formale und funktionale Positionen in den Handlungskonstellationen einer Verantwortungssituation in der Wirtschaft und sind verflochten in diskurstypische agonale Zentren. Dieses Ringen erstreckt sich auch über eine doppelbödige Argumentationsweise zwischen realen und idealen Konstituierungsstrategien. Die zunächst statisch erscheinenden Form- und Funktionselemente sind nicht nur Indiz für ein implizites Ringen um Verantwortungskonstellationen, weil sie im Vergleich verschiedener im Diskurs verteilter Verantwortungssituationen unterschiedliche Diskurspositionen einnehmen. Sie sind auch Indiz für ein explizites Ringen um Verantwortungskonstellationen. Da Akteure, Bereiche, Handlungs-, Zeit- und Ortdimensionen in agonalen Zentren verflochten sind, kann eine direkte Verknüpfung zwischen ihnen nachgewiesen werden und somit ein explizites Ringen um Verantwortung in der Wirtschaft hinsichtlich des Krisenaspekts festgemacht werden. Im Zuge der Analyse der Verben wurde die Frage nach der Art und Weise gestellt, wie Verantwortung übernommen wird, in der Hoffnung, dass im Diskurs explizite sprachliche Konstituierungsmuster für semantische Äquivalente von *Verantwortung* aufgedeckt werden können. Für den Diskurs um Verantwortung in der Wirtschaft hinsichtlich des Krisenaspekts ist es jedoch nicht typisch, explizit zu konstituieren, was Übernahme von Verantwortung bedeutet, sondern wie Struktur- und Funktionselemente einer Verantwortungssituation zu koordinieren sind.

5 Zusammenfassung und Ausblick

Ziel der vorliegenden Untersuchung war es, das Phänomen Verantwortung in der Wirtschaft durch eine linguistische Mediendiskursanalyse zu ergründen. Nach den einzelnen Analyseschritten, die sich von der sprachlichen Mikro- über die Meso- hin zur Makroebene erstreckt haben, stellt sich also abschließend die Frage: Was ist Verantwortung als moralischer Geltungsanspruch in seiner sprachlichen Konstitution im Wirtschaftsdiskurs?

Es bedarf keiner linguistischen Raffinesse festzustellen, dass *Verantwortung* als Abstraktum eine Begriffsleere aufweist. Auch von philosophischer Seite wird darauf hingewiesen, dass Verantwortung ein formaler Begriff ist, dem erst Bedeutung zugeschrieben werden muss. Tatsache ist, dass er trotz seines leeren und zunächst unbrauchbar erscheinenden Charakters eine sprachliche wie auch ethische Hochkonjunktur erfährt, vor allem im Wirtschaftsdiskurs. Die Analysen der vorliegenden Untersuchung haben gezeigt, dass aus dieser Begriffsleere sprachliche Konsequenzen erwachsen, die sich auf formaler wie auch inhaltlicher Ebene abzeichnen und Aufschluss über die Vielschichtigkeit des Begriffs geben: Der Verantwortungsbegriff erscheint durch seine Verwendungsweise im Licht positiv konnotierter Attribute, getreu dem Motto: Was gut klingt, ist gut, und wird als Maßstab für gutes und schlechtes Handeln herangezogen. Durch die eingehende Diskursanalyse über Verantwortung in der Wirtschaft fällt jedoch auf, dass sich unter dem Deckmantel dieses guten Begriffs ein vielschichtiges und spannungsgeladenes Potential verbirgt. Der Verantwortungsbegriff entwickelt im Wirtschaftsdiskurs ein breites sprachliches Feld, auf dem um Handlungskonstellationen gerungen wird. Die folgende Auflistung soll veranschaulichend resümieren, wie sich in dem Diskurs, der auf Texten von wirtschaftsliberalen und wirtschaftskritischen Presseorganen beruht und die Zeit vom 15. September 2008 bis 15. September 2010 umfasst, ein machtdurchzogenes Ringen um Verantwortung in der Wirtschaft abzeichnet:

1. Akteure im Diskurs um Verantwortung in der Wirtschaft

In Verantwortungssituationen der Wirtschaft nehmen Akteure verschiedene Positionen ein oder schreiben anderen ihre Positionen zu: Es können a.) Führungskräfte in der Wirtschaft b.) Beteiligte in der Wirtschaft c.) Institutionen in der Wirtschaft d.) Wissenschaftler der Wirtschaftswissenschaften e.) Politiker f.) Beteiligte einer sozial bedingten Gruppe g.) Vertreter der Kirche und h.) Wissenschaftler der Sprachwissenschaften ausgemacht werden.

2. Bereiche im Diskurs um Verantwortung in der Wirtschaft

Folgende Bereiche gerieten aufgrund ihrer systematischen Funktion in den Bezugsrahmen der Verantwortungssituationen in der Wirtschaft: a.) Bereich der Wirtschaft b.) Bereich der Politik c.) Bereich in geographischer Hinsicht.

3. Kategorien der Bezugnahme im Diskurs um Verantwortung in der Wirtschaft

In den Mittelpunkt der Kontroversen geraten alle/alles, für die/das Verantwortung in der Wirtschaft übernommen wird oder werden soll: a.) Gegenstände b.) Personen c.) Handlungen/Handlungsergebnisse/Handlungsfolgen.

4. Parameter für Verantwortungssituationen

Parameter wie Zeit und Ort werden herangezogen, um Begründungen für Verantwortungssituationen in der Wirtschaft zu liefern. Nähe und Zeit werden als Bedingungen für Verantwortungsübernahme konstituiert.

5. Angrenzende immaterielle Konzeptbereiche

Angrenzende immaterielle Konzeptbereiche werden herangezogen, um Verantwortung in der Wirtschaft hinsichtlich des Krisenaspekts differenzierter zu verorten. ›Nachhaltigkeit‹ und ›Freiheit‹ sind dabei zentrale Konzepte.

6. Arten der Verantwortungsübernahme

Es zeichnet sich im Diskurs ein implizites und explizites Ringen um Verantwortung in der Wirtschaft ab: a.) implizites Ringen ist nachzuweisen, wenn einzelne Handlungskonstellationen vor dem Hintergrund des Diskurses verglichen werden b.) explizites Ringen ist innerhalb einer Handlungssituation nachzuweisen, wenn beispielsweise die Argumentationsstränge vor dem Hintergrund der agonalen Zentren beleuchtet werden.

7. Ebenen der Argumentation

Das Ringen um Verantwortung in der Wirtschaft spannt sich zwischen einer realen Ebene, also beschreibenden Bestandsaufnahme der Verantwortungssituation mit ontischem Anspruch, und einer idealen Ebene, also beschuldigenden oder einfordernden Einschätzung der Verantwortungssituationen mit deontischem Anspruch, auf.

Während also bei der Konstitution des Verantwortungsbegriffs stets das Attribut ‚gut' mitschwingt und Verantwortung als wirtschaftsethischer Wert im Diskurs bevorzugt vermittelt und rezipiert wird, kann das verdeckte, machtdurchzogene Ringen um Handlungskonstellationen durch die sieben resümierend aufgestellten Punkte belegt werden. Obwohl es also im Verantwortungsdiskurs in der Wirtschaft um einen auf die Menschlichkeit bezogenen Wert geht, schmiegt sich der Verantwortungsbegriff an die Regelhaftigkeiten des Wirtschaftsdiskurses an: Die wirtschaftstypische Vorgehensweise bei materieller Wertschöpfung spiegelt sich im Ringen um den immateriellen Mehrwert des Verantwortungsbegriffs wider. Nach der deskriptiven Vorgehensweise kann also aus sprachkritischer Perspektive die Verwendungsweise des Verantwortungsbegriffs in der Wirtschaft beleuchtet werden: Im Wirtschaftsdiskurs geht es wie auch in dem ihm inhärenten Verantwortungsdiskurs um Gewinnmaximierung, einmal hinsichtlich des materiellen Mehrwerts und das andere Mal hinsichtlich des immateriellen Mehrwerts. Das Ergebnis der linguistischen Mediendiskursanalyse ist kein aufgedeckter böser Kern eines zunächst gut erscheinenden Verantwortungsbegriffs. Vielmehr wird durch die Untersuchung deutlich, dass einem Begriff wie Verantwortung aufgrund seiner Abstraktheit zwar vordergründig das Attribut ‚gut' zugeschrieben werden kann, nach eingehenden Analysen jedoch hintergründige Verwendungsweisen nachzuweisen sind: Der gut erscheinende Verantwortungsbegriff wird herangezogen, um vor dem Hintergrund eines Gewinnmaximierung anstrebenden Wirtschaftsdiskurses Machkonstellationen zu konstituieren.

Um diese beiden Verwendungsweisen voneinander unterscheiden zu können, um die positive Konnotation des Verantwortungsbegriffs von der Verwendungsweise des Begriffs als Mittel zum Ringen um Handlungskonstellationen in der Wirtschaft ergründen zu können, wurde eine Unterscheidung zwischen Struktur und Funktion vorgenommen. Bei der Auseinandersetzung mit dem Forschungsdiskurs zum Verantwortungsbegriff in der Philosophie konnte eine Unvereinbarkeit zwischen der strukturellen Ebene (Form) und der funktionalen Ebene (Inhalt) aufgedeckt werden. Außerdem wurde deutlich, dass im philosophischen Forschungsdiskurs zum Verantwortungsbegriff die Unterscheidung zwischen Sprache, Begriff bzw. Konzept und Welt unklar bleibt. Dies wurde zum Anlass genommen, aus linguistischer Perspektive die reziproke Trias Sprache-Konzept-Welt auf die strukturgebende Form und den funktionsgebenden Inhalt anzuwenden. Dadurch konnte deutlich gemacht werden, dass sich das Ringen um Verantwortung in der Wirtschaft nicht nur auf der Inhaltsebene abspielt – es wird darum gestritten, ob Unternehmer oder Politiker für die Wirtschaftskrise verantwortlich sind –, sondern auch auf der Formebene – es wird darum gestritten, wer das Subjekt oder Objekt der Verantwortung ist. Folglich kann davon ausgegangen werden, dass bei einem abstrakten Begriff wie Verantwortung nicht ausschließlich um die Funktion, sondern vor allem auch um die Struktur gerungen wird, die für das Attributfeld des Konzepts von zentraler Bedeutung ist, wenn es darum geht, die perspektivierende Konstitution des Verantwortungsbegriffs im Diskurs nachzuvollziehen.

Die Auseinandersetzung mit dem Verantwortungsbegriff im Forschungsdiskurs der Philosophie hat dazu verholfen, nicht nur von funktionsgebenden Inhalten, sondern auch von strukturgebenden Formen auf Konzeptebene auszugehen – ein für die Linguistik zunächst befremdlich erscheinender Schritt. Der Mehrwert der linguistischen Analyse liegt hingegen in der Auflösung der vermeintlichen Unvereinbarkeit zwischen Inhalt und Form bezogen auf die Trias Sprache-Konzept-Welt. Außerdem konnten Diskursbereiche aufgedeckt werden, die für die ethische Auseinandersetzung mit dem Verantwortungsbegriff von zentraler Bedeutung sein könnten. Dadurch, dass die Linguistik sprachliche Perspektivität nachvollziehen kann, werden sprachliche Wertungen aufgedeckt. Im Rahmen der vorliegenden Untersuchung wurde die Perspektivität im Sprechen über Verantwortung in der Wirtschaft beleuchtet, wodurch wirtschaftethische Wertungen ergründet werden konnte.

Es ist anzunehmen, dass die methodische Unterscheidung zwischen strukturgebender Form und funktionsgebendem Inhalt ebenso für die Analyse weiterer Abstrakta in anderen Diskursen hilfreich sein könnte, um die Komplexität der verweisenden Strukturen auf Bedeutungsinhalte sowohl auf Zeichen- als auch auf Konzeptebene aufzudecken. Diese methodische Unterscheidung könnte dazu verhelfen, abstrakte Begriffe deskriptiv im Kontext eines Diskurses vor dem Hintergrund ihrer Perspektivierungsleistung zu analysieren, um ein hintergründiges Wissen über die umstrittenen Begriffsstrukturen und -funktionen und deren Verwendungsweisen einem vordergründigen Wissen um die Begriffserscheinung gegenüberstellen zu können. Die Unterscheidung zwischen einer vordergründigen Begriffserscheinung und einer hintergründigen Bedeutungsvielschichtigkeit ermöglicht einen aufgeklärten Umgang mit Sprache.

Literaturverzeichnis

Ágel, Vilmos (2000): Valenztheorie. Tübingen (Narr Studienbücher).
Bayertz, Kurt (1999): Art. Verantwortung. In: Sandkühler, Hans J. (Hg.): Enzyklopädie Philosophie, Bd. 1. Hamburg.
Beschorner, Thomas/Hollstein, Bettina/König, Matthias (Hg.) (2005): Wirtschafts- und Unternehmensethik. Rückblick – Ausblick – Perspektiven. München/Mering (Schriftenreihe für Wirtschafts- und Unternehmensethik, Bd. 10).
Bubenhofer, Noah (2008): Diskurse berechnen? Wege zu einer korpuslinguistischen Diskursanalyse. In: Warnke, Ingo (Hg.) (2007): Diskurslinguistik nach Foucault. Theorie und Gegenstände. Berlin/New York (Linguistik – Impulse und Tendenzen, Bd. 25), S. 407-434.
Bubenhofer, Noah (2009): Sprachgebrauchsmuster. Korpuslinguistik als Methode der Diskurs- und Kulturanalyse. Berlin/New York (Sprache und Wissen, Bd. 4).
Busse, Dietrich (2008): Linguistische Epistemologie. Zur Konvergenz von kognitiver und kulturwissenschaftlicher Semantik am Beispiel von Begriffsgeschichte, Diskursanalyse und Frame-Semantik. In: Kämper, Heidrun/Eichinger, Ludwig M. (2008) (Hg.): Sprache – Kognition – Kultur. Sprache zwischen mentaler Struktur und kultureller Prägung. Berlin (IDS Jahrbuch 2007), S. 73-114.
Domasch, Silke (2007): Biomedizin als sprachliche Kontroverse. Die Thematisierung von Sprache im öffentlichen Diskurs zur Gendiagnostik. Berlin/New York (Sprache und Wissen, Bd. 1).
DUDEN ([7]2005): Grammatik der deutschen Gegenwartssprache. Mannheim/Leipzig/Wien/Zürich.
Dürr, Renate/Gebauer, Gunter/Maring, Matthias (Hg.) (2005): Pragmatisches Philosophieren. Festschrift für Hans Lenk. Münster (Philosophie. Forschung und Wissenschaft, Bd. 20).
E-VALBU: Das Elektronische Valenzwörterbuch Deutscher Verben. (http://hypermedia 2.ids-mannheim.de/evalbu/projekt.html, Stand: 22.12.2010).
Faber, Malte/Manstetten, Reiner (2007): Was ist Wirtschaft? Von der Politischen Ökonomie zur Ökologischen Ökonomie. Freiburg/München.
Felder, Ekkehard (Hg.) (2006): Semantische Kämpfe. Macht und Sprache in den Wissenschaften. Berlin/New York (Linguistik – Impulse und Tendenzen, Bd. 19).

Felder, Ekkehard (2009): Sprache – das Tor der Welt!? Perspektiven und Tendenzen in sprachlichen Äußerungen. In: derselbe (Hg.): Sprache. Berlin/Heidelberg (Heidelberger Jahrbücher, Bd. 53).

Felder, Ekkehard (2011): Pragma-semiotische Textarbeit und der hermeneutische Nutzen von Korpusanalysen für die linguistische Mediendiskursanalyse. In: Felder, Ekkehard/Müller, Marcus/Vogel, Friedemann (Hg.): Korpuspragmatik. Thematische Korpora als Basis diskurslinguistischer Analysen von Texten und Gesprächen. Berlin (Linguistik – Impulse und Tendenzen, Bd. 44), S. 113-172.

Foucault, Michel (1973): Archäologie des Wissens. Frankfurt am Main.

Foucault, Michel (1991): Die Ordnung des Diskurses. Frankfurt am Main.

Hermanns, Fritz/Holly, Werner (Hg.) (2007): Linguistische Hermeneutik. Theorie und Praxis des Verstehens und Interpretierens. Tübingen (Reihe Germanistische Linguistik, Bd. 272).

Homann, Karl/ Koslowski, Peter/ Lütge, Christoph (Hg.) (2005): Wirtschaftsethik der Globalisierung. Tübingen.

Gansel, Christina/Jürgens, Frank (^{3}2009): Textlinguistik und Textgrammatik. Eine Einführung. Göttingen (UTB, Bd. 3265).

Gehlen, Arnold (^{5}1986): Moral und Hypermoral. Wiesbaden.

Grammis: IDS-Online-Grammatik (http://hypermedia.ids-mannheim.de/pls/public/gramwb.ansicht, Stand: 19.01.11).

Jähnichen, Traugott (2008): Wirtschaftsethik. Konstellationen – Verantwortungsebenen – Handlungsfelder. Stuttgart.

Jäckel, Michael (^{4}2008): Medienwirkungen. Ein Studienbuch zur Einführung. Wiesbaden.

Jonas, Hans (1979): Das Prinzip Verantwortung. Versuch einer Ethik für die technologische Zivilisation. Frankfurt am Main.

Köller, Wilhelm (2004): Perspektivität und Sprache. Zur Struktur von Objektivierungsformen in Bildern, im Denken und in der Sprache. Berlin/New York.

Konerding, Klaus-Peter (1993): Frames und lexikalisches Bedeutungswissen. Untersuchungen zur linguistischen Grundlegung einer Frametheorie und zu ihrer Anwendung in der Lexikographie. Tübingen (Reihe Germanistische Linguistik, Bd. 142).

Koschut, Ralf-Peter (1989): Strukturen der Verantwortung. Eine kritische Auseinandersetzung mit Theorien über den Begriff Verantwortung unter besonderer Berücksichtigung des Spannungsfeldes zwischen der ethisch-personalen und der kollektiv-sozialen Dimension menschlichen Handelns. Frankfurt am Main/Bern/New York (Europäische Hochschulschriften 23, Bd. 373).

Küppers, Bernd-Olaf (2008): Nur Wissen kann Wissen beherrschen. Macht und Verantwortung der Wissenschaft. Köln.

Lenk, Hans (1991): Zu einer praxisnahen Ethik der Verantwortung in den Wissenschaften. In: derselbe (Hg.): Wissenschaft und Ethik. Stuttgart, S. 54-75.

Lenk, Hans (^{2}1993): Über Verantwortungsbegriffe und das Verantwortungsproblem in der Technik. In: Lenk, Hans/Ropohl, Günter (Hg.): Technik und Ethik. Stuttgart, S. 112-148.

Lenk, Hans (1994): Von Deutungen zu Wertungen. Eine Einführung in aktuelles Philosophieren. Frankfurt am Main.

Lenk, Hans (1998): Konkrete Humanität. Vorlesungen über Verantwortung und Menschlichkeit. Frankfurt am Main.

Linke, Angelika/Nussbaumer, Markus/Portmann, Paul R. (^{5}2004): Studienbuch Linguistik. Tübingen (RGL, Bd. 121).

Luhmann, Niklas (1984): Soziale Systeme. Grundriß einer allgemeinen Theorie. Frankfurt am Main.

Luhmann, Niklas (^{4}2009): Die Realität der Massenmedien. Wiesbaden.

Maucher, Sebastian (2007): Gewinn und Moral in einer globalisierten Wirtschaft. Chancen und Grenzen internationaler Wirtschafts- und Unternehmensethik. Saarbrücken.

Müller, Marcus (2007): Geschichte - Kunst - Nation. Die sprachliche Konstituierung einer ‚deutschen' Kunstgeschichte aus diskursanalytischer Sicht. Berlin/New York (Studia Linguistica Germanica, Bd. 90).

Müller, Marcus (im Druck): Freiheit, Wille, Verantwortung. Zur Rolle dreier Totalitätsbegriffe in der Bioethik-Debatte. In: Spieß, Constanze (Hg.): Sprachstrategien und Kommunikationsbarrieren – Zur Rolle und Funktion von Sprache in bioethischen Diskursen. Bremen.

Ogden, Charles K./Richards, Ivor A. (1974): Die Bedeutung der Bedeutung (The Meaning of Meaning). Eine Untersuchung über den Einfluß der Sprache auf das Denken und über die Wissenschaft des Symbolismus. Frankfurt am Main.

Piwinger, Manfred/Zerfaß, Ansgar (Hg.) (2007): Handbuch Unternehmenskommunikation. Wiesbaden.

Prechtl, Peter (2008): Art. Ethik. In: derselbe (Hg.): Metzler Lexikon. Philosophie. Stuttgart.

Quante, Michael (^{2}2006): Einführung in die Allgemeine Ethik. Darmstadt.

Rauscher, Josef (2001): Sprache und Ethik. Die Konstitution der Sprache und der Ursprung des Ethischen in der Grundkonstellation von Antwort und Verantwortung. Würzburg.

Ropohl, Günter (1996): Ethik und Technikbewertung. Frankfurt am Main.

Seeger, Stefan A. (2010): Verantwortung. Tradition und Dekonstruktion. Würzburg (Epistemata – Würzburger Wissenschaftliche Schriften. Reihe Philosophie, Bd. 482).

Toulmin, Stephen Edelston (2003): The Uses of Argument. Cambridge.

VALBU (2004): Valenzwörterbuch deutscher Verben. Tübingen (Studien zur Deutschen Sprache, Bd. 31).

Vogel, Friedemann (2009): „Aufstand" – „Revolte" – „Widerstand". Linguistische Mediendiskursanalyse der Ereignisse in den Pariser Vorstädten 2005. Frankfurt am Main (Europäische Hochschulschriften 21, Bd. 343).

Warnke, Ingo (Hg.) (2007): Diskurslinguistik nach Foucault. Theorie und Gegenstände. Berlin/New York (Linguistik – Impulse und Tendenzen, Bd. 25).

Warnke, Ingo/Spitzmüller, Jürgen (Hg.) (2008): Methoden der Diskurslinguistik. Sprachwissenschaftliche Zugänge zur transtextuellen Ebene. Berlin/New York (Linguistik – Impulse und Tendenzen, Bd. 31).

Weber, Max (1919): Politik als Beruf. In: Mommsen, Wolfgang/Schluchter, Wolfgang (Hg.) (1994): Max Weber. Wissenschaft als Beruf 1917/1919. Politik als Beruf 1919. Tübingen.

Weinrich, Harald (^{4}2007): Textgrammatik der deutschen Sprache. Hildesheim.

Weinrich, Harald (^{3}2005): Textgrammatik der deutschen Sprache. Hildesheim.

Werner, Micha H. (2002): Art. Zentrale Begriffe der Ethik. Verantwortung. In: Düwell, Marcus/Hübenthal, Cristoph/Werner, Micha H. (Hg.): Handbuch Ethik. Stuttgart.

Corinna Bendig

Antifungale Prophylaxe

Corinna Bendig

Antifungale Prophylaxe

Wirksamkeit und Toxizität von Amphotericin B Lipidkomlex bei Patienten nach allogener Stammzelltransplantation

Südwestdeutscher Verlag für Hochschulschriften

Imprint
Any brand names and product names mentioned in this book are subject to trademark, brand or patent protection and are trademarks or registered trademarks of their respective holders. The use of brand names, product names, common names, trade names, product descriptions etc. even without a particular marking in this work is in no way to be construed to mean that such names may be regarded as unrestricted in respect of trademark and brand protection legislation and could thus be used by anyone.

Publisher:
Südwestdeutscher Verlag für Hochschulschriften
is a trademark of
Dodo Books Indian Ocean Ltd., member of the OmniScriptum S.R.L Publishing group
str. A.Russo 15, of. 61, Chisinau-2068, Republic of Moldova Europe
Printed at: see last page
ISBN: 978-3-8381-2647-0

Zugl. / Approved by: Hamburg, Universität Hamburg, Dissertation, 2011

Copyright © Corinna Bendig
Copyright © 2011 Dodo Books Indian Ocean Ltd., member of the OmniScriptum S.R.L Publishing group

Inhaltsverzeichnis

1 Problemstellung 7
2 Einleitung 8

   2.1 Stammzelltransplantation 8

      2.1.1 Definition 8
      2.1.2 Indikation 8
      2.1.3 Formen der Stammzelltransplantation 8
         2.1.3.1 Allogene Stammzelltransplantation 9
      2.1.4 Konditionierung bei allogener HSZT 9
      2.1.5 Immunsuppressive Therapie bei allogener HSZT 10
      2.1.6 Risikofaktoren und Komplikationen der allogenen Stammzelltransplantation 10
      2.1.7 Infektionsprophylaxe bei Neutropenie 13

   2.2 Pilzinfektionen im Rahmen von Stammzelltransplantationen 14

      2.2.1 Definitionen 14
      2.2.2 Epidemiologie 14
      2.2.3 Keimspektrum 15
      2.2.4 Risikofaktoren 16
      2.2.5 Klinik 16
      2.2.6 Diagnostik 17
      2.2.7 Therapie 19
      2.2.8 Antimykotika 19
         2.2.8.1 Azole 19
         2.2.8.2 Echinocandine 22
         2.2.8.3 Amphotericin B 23
            2.2.8.3.1 Historie 23
            2.2.8.3.2 Pharmakochemie 23
            2.2.8.3.3 Wirkmechanismus 24
            2.2.8.3.4 Pharmakokinetik 24
            2.2.8.3.5 Wirkspektrum und Indikation 25
            2.2.8.3.6 Dosierung 25

Inhaltsverzeichnis

	2.2.8.3.7 Unerwünschte Arzneimittelwirkungen	25
	2.2.8.3.8 Wechselwirkungen	26
	2.2.8.3.9 Amphotericin B Lipid Formulierungen	26
2.2.9	Antifungale Prophylaxe	31
2.3	Studien zur antifungalen Prophylaxe	33
2.3.1	Überarbeitete Definition Invasive Pilzerkrankung (IFD) nach EORTC/MSG 2008:	34
2.4	Fragestellung	40
3 Material und Methoden		41
3.1	Patienten	41
3.2	Allogene Stammzelltransplantation in der Klinik und Poliklinik für Stammzelltransplantation des onkologischen Zentrums im Universitätsklinikum Hamburg-Eppendorf	41
3.2.1	Ablauf der stationären Behandlung	41
3.2.2	Standards zum medizinischen Regime	42
3.2.2.1	Medikamentöse Infektionsprophylaxe	42
3.2.2.2	Diagnostik	43
3.2.2.2.1	Routinediagnostik zur frühzeitigen Detektion invasiver Pilzinfektionen	43
3.2.2.2.2	Erweiterte Diagnostik bei Verdacht auf eine invasive Pilzinfektion	43
3.2.2.3	Therapie von Infektionen	43
3.2.2.4	Standardisierte Medikation	44
3.3	Untersuchung	44
3.4	Datenerhebung	44
3.4.1	Erhebungsparameter	44
3.4.2	Erläuterungen zum Vorgehen der Datenerhebung:	45
3.4.3	EORTC/MSG Kriterien für die Diagnose einer IFI zusammengefasst für ABLC Erhebung 2007/08	51
3.5	Statistische Auswertung	51

Inhaltsverzeichnis

4 Ergebnisse 53

4.1 Patienten 53

4.2 Antimykotische Prophylaxe vor ABLC 54

4.3 Amphotericin B Lipid Komplex - Rahmendaten 56
4.3.1 Dauer der Medikation 56
4.3.2 Dauer der Neutropenie 57

4.4 Ergebnisse zur Toxizität von ABLC 59
4.4.1 Ergebnisse zur akuten Toxizität 59
4.4.1.1 Prämedikation 59
4.4.1.2 Umstellung bei Unverträglichkeit 59
4.4.1.3 Effektivität der Prämedikation 60
4.4.1.4 Abweichungen zwischen den Jahren 2007 und 2008 62
4.4.2 Ergebnisse zur Nephrotoxizität 64
4.4.2.1 Serum Kreatinin Veränderungen unter ABLC 64
4.4.2.2 Nephrotoxische Arzneistoffe 67
4.4.2.3 Vergleich von Altersgruppen bezüglich Nierenfunktion 69
4.4.2.4 Kreatinin im Verhältnis zur Neutropeniedauer 72

4.5 Ergebnisse zur Wirksamkeit von ABLC 72
4.5.1 IFI nach EORTC/MSG 2008 72
4.5.2 Umstellung auf Pilztherapie 73
4.5.3 Antifungale Medikation nach ABLC 74
4.5.4 Diagnosen und Outcome 75
4.5.5 IFI Entstehung im Zusammenhang mit Neutropeniedauer 76
4.5.6 Auftreten von IFI im zeitlichen Zusammenhang 79

4.6 Zusammenfassung 79

5 Diskussion 84

5.1 Toxizität von ABLC 84
5.1.1 Akute Toxizität 84
5.1.1.1 Effektivität der Prämedikation 86

Inhaltsverzeichnis

- 5.1.1.2 Abweichungen der Ergebnisse der akuten Toxizität zwischen den Jahren 2007 und 2008 ... 87
- 5.1.2 Einfluss von ABLC auf die Dauer der Neutropenie ... 87
- 5.1.3 Ergebnisse zur Nephrotoxizität ... 88
  - 5.1.3.1 Nephrotoxische Arzneimittel ... 88
  - 5.1.3.2 Serumkreatinin Veränderungen unter ABLC ... 89
  - 5.1.3.3 Eingeschränkte Kreatininausgangswerte ... 93
  - 5.1.3.4 Vergleich von Altersgruppen bzgl. der Nierenfunktion ... 94
- 5.1.4 Toxizität im Vergleich mit Antimykotika anderer Wirkstoff- gruppen ... 94
- 5.1.5 Fazit Toxizität ... 95

- 5.2 Wirksamkeit von ABLC ... 96
  - 5.2.1 Beurteilung der Ergebnisse im Vergleich mit Literaturdaten ... 96
  - 5.2.2 Fazit Wirksamkeit ... 104

- 5.3 Einordnung der Untersuchung ... 105

- 5.4 Fazit ... 106

6 Zusammenfassung ... 108
7 Abkürzungsverzeichnis ... 109
8 Literaturverzeichnis ... 111
9 Danksagung ... 134
10 Anhang ... 135

- 10.1 Abbildungsverzeichnis ... 135
- 10.2 Tabellenverzeichnis ... 136

1 Problemstellung

Eine der medizinischen Voraussetzungen für die Transplantation von allogenen peripheren Stammzellen oder Knochenmark im Rahmen von hämato-onkologischen Therapieregimen ist die immunsuppressive Therapie. Medikamentös muss dem aus dieser Therapie resultierenden hochgradigen Infektionsrisiko des Patienten mit einer antibakteriellen, antiviralen und antifungalen Prophylaxe begegnet werden.

Im Rahmen einer retrospektiven Untersuchung werden die **Wirksamkeit** und **Toxizität** einer intravenös verabreichten prophylaktischen Dosierung (1mg/kg Körpergewicht) des Antimykotikums **Amphotericin B Lipidkomplex** (Abelcet®) untersucht.
Es soll festgestellt werden, ob die antifungale Prophylaxe mit Abelcet® im Vergleich mit Präparaten ähnlicher und anderer Wirkstoffgruppen den derzeitigen Anforderungen an gute Wirksamkeit und geringe Toxizität entspricht.
Die Wirksamkeit wird anhand der Häufigkeit von invasiven Mykosen, die während der Prophylaxe auftreten, ermittelt. Je weniger invasive Mykosen diagnostiziert werden, desto besser ist die Wirksamkeit des antifungalen Prophylaktikums. Die Toxizität wird mittels der Häufigkeit von auftretenden Nebenwirkungen ermittelt, einerseits durch akute Infusionsreaktionen und andererseits durch die Verschlechterung der Nierenfunktion unter der Prophylaxe.

Die Untersuchung beruht auf Patientendaten, die im Zeitraum vom 01.01.2007 bis zum 30.09.2008 im Rahmen der stationären Versorgung in der interdisziplinären Klinik und Poliklinik für Stammzelltransplantation des Onkologischen Zentrums im Universitätsklinikum Hamburg-Eppendorf erhoben wurden.

2 Einleitung

2.1 Stammzelltransplantation

2.1.1 Definition

Bei der Stammzelltransplantation handelt es sich um eine Behandlungsmethode, bei der eigene oder fremde hämatopoetische Stammzellen dem Transplantatempfänger transfundiert werden. Das Ziel ist, dass die Stammzellen des Spenders beim Empfänger die hämatopoetischen Aufgaben des Knochenmarks vollständig übernehmen.

2.1.2 Indikation

Stammzelltransplantationen werden durchgeführt, um erkranktes Knochenmark durch gesundes zu ersetzen oder um hoch dosierte Chemotherapien durchführen zu können, durch die gesundes Knochenmark zerstört wird und ersetzt werden muss. Die Indikation kann bei hämatologischen (schwere aplastische Anämie), hämato-onkologischen (akute Leukämien, Myelodysplasien, chronisch myeloische Leukämien, Polycythämia vera, idiopathische Myelofibrose, Multiples Myelom, chronisch lymphatische Leukämien und andere niedrig maligne Lymphome, Non-Hodgkin-Lymphome, Rezidiv bei M. Hodgkin) und onkologischen Erkrankungen (metastasierte Keimzelltumore, kindliche Tumore wie Medulloblastom und Neuroblastom, andere solide Tumore) gestellt werden [1]. Weitere Indikationen können immunologische und Stoffwechselerkrankungen sein [2].

2.1.3 Formen der Stammzelltransplantation

Nach der Herkunft der Stammzellen unterscheidet man drei verschiedene Formen der hämatopoetischen Stammzelltransplantation (HSZT).
Bei der autologen Transplantation werden patienteneigene Stammzellen, die zu einem früheren Zeitpunkt entnommen und kryokonserviert wurden, retransplantiert.
Die syngene Transplantation ist eine Übertragung von genetisch identischen Stammzellen durch die Spende eines eineiigen Zwillings.
Bei der allogenen Transplantation werden genetisch nicht identische aber möglichst immunologisch ähnliche (nach HLA-Typisierung) Stammzellen von Fremd- oder Familienspendern transplantiert.

Einleitung

Gewonnen werden die Stammzellen entweder durch eine Punktion direkt aus dem Knochenmark, nach medikamentöser Mobilisierung mit dem Wachstumsfaktor Granulocyte-colony-stimulating-factor (G-CSF) aus dem peripheren Blut oder aus Nabelschnurblut.

2.1.3.1 Allogene Stammzelltransplantation

Bei der allogenen Stammzelltransplantation werden die hämatopoetischen Stammzellen des Spenders entweder aus dem Knochenmark oder durch das heute häufiger verwendete Verfahren der Leukapherese aus dem peripheren Blut entnommen. Um eine Leukapherese durchführen zu können, wird beim Spender eine Mobilisierungstherapie durchgeführt, bei der, angeregt durch den Wachstumsfaktor G-CSF, Stammzellen aus dem Knochenmark mobilisiert und dann aus dem peripheren Blut mittels eines Leukapherese-Gerätes zur Separation der Stammzellen gesammelt werden.

Nach der Übertragung der Stammzellen auf den Empfänger findet das Engraftment, also das Einsetzen der hämatopoetischen Funktion der Spenderstammzellen, mit einer Stabilisierung der neutrophilen Granulozyten auf einen Wert über 500/μl Blut, in der Regel nach 12 bis 16 Tagen statt [2].

2.1.4 Konditionierung bei allogener HSZT

Konditionierung nennt sich die der Stammzelltransplantation vorausgehende hochdosierte zytostatische Therapie bzw. die Kombination von zytostatischer Therapie mit Ganzkörperbestrahlung, die das pathologisch veränderte aber auch das gesunde hämatopoetische Gewebe im Knochenmark und die korpuskulären Bestandteile des peripheren Blutes zerstört. Dieser Therapie muss sich der Stammzelltransplantationsempfänger direkt vor der Transplantation unterziehen. Je nach Grunderkrankung werden verschiedene Protokolle der Konditionierung angewandt. Die eingesetzten Substanzen sind beispielsweise Amsacrin, Fludarabin, Cytarabin, Busulfan, Etoposid(phosphat), Treosulfan, Cyclophosphamid und Melphalan. Die Ziele der Konditionierung sind die Induktion einer Immunsuppression, um das sichere Engraftment zu gewährleisten, die Induktion einer Myeloablation, damit sich nach dem Engraftment zu 100% Spenderstammzellen im Knochenmark befinden und, im Falle von hämato-onkologischen Erkrankungen, die Zerstörung der maligne entarteten Zellen, um die Grunderkrankung zu behandeln.

Einleitung

Die akut oder intermediär auftretenden nicht hämatologischen unerwünschten Effekte der Konditionierung sind Übelkeit und Erbrechen, allergische und entzündliche Reaktionen (z.B. Mucositis und Pneumonie), Alopezie und Organversagen [2]. Durch die Immunsuppression sind die Patienten besonders infektionsgefährdet.

2.1.5 Immunsuppressive Therapie bei allogener HSZT

Die Immunsuppression muss erfolgen, um eine Transplantat-Abstoßung und eine Graft-versus-Host-Disease (GvHD) zu vermeiden bzw. das Risiko zu minimieren.
Folgende Immunsuppressiva werden als Standard im Rahmen von allogenen HSZT eingesetzt: Glucocorticoide, Ciclosporin A (CsA), Tacrolimus, Mycophenolatmofetil, Methotrexat (MTX), Sirolimus, Everolimus oder Anti-Thymozyten-Globulin (ATG). In der Regel erhalten alle Patienten CsA in Kombination mit MTX oder Mycophenolatmofetil. Bei Bedarf wird um weitere Immunsuppressiva erweitert.
Die immunsuppressive Wirkung der Glucocorticoide ergibt sich aus einer Transkriptionshemmung proinflammatorischer Gene und damit kommt es zu einer Reduktion proinflammatorischer Zytokine wie Interleukin-2 oder Tumornekrosefaktor-alpha (TNF-α). CsA, Tacrolimus (beides Calcineurin-Inhibitoren) und Mycophenolatmofetil (Hemmung der Nukleotid-Synthese) wirken hemmend auf die T-Zellfunktion und ATG ist ein polyklonaler Antikörper, der gegen T-Zell- und andere Oberflächenantigene gerichtet ist [2].

Aufgrund der intensiven Immunsuppression durch die Konditionierungstherapie und die GvHD Prophylaxe sind die Patienten einem erheblichen Infektionsrisiko ausgesetzt, entsprechend muss auch eine intensive Infektionsprophylaxe auf medikamentöser Ebene stattfinden [3].

2.1.6 Risikofaktoren und Komplikationen der allogenen Stammzelltransplantation

Während der Konditionierungsphase können Infektionen, die sich durch Fieberschübe zeigen, Übelkeit und Erbrechen sowie strahleninduzierte Nebenwirkungen auftreten. Außerdem können sich substanzspezifische unerwünschte Arzneimittelwirkungen (UAW) wie hämorrhagische Zystitis bei Cyclophosphamid, Kardiotoxizität bei Amsacrin oder Hauttoxizitäten ergeben. Allgemeine medikationsabhängige Nebenwirkungen wie Flüssigkeitsretention, Fieber, Schüttelfrost und Dyspnoe können zusätzlich auftreten. Die GvHD- Prophylaxe mit Calcineurin-Inhibitoren kann darüber hinaus Nierenschäden und

Einleitung

neurologische Komplikationen auslösen. Ab dem Zeitpunkt schwerer Neutropenie tritt sehr häufig eine Mukositis im Bereich der Schleimhäute des gesamten Gastrointestinaltraktes auf [2].

Je nach Konditionierungsschema sowie Art und Stadium der Grunderkrankung durchlaufen die Patienten eine unterschiedlich lange neutropenische Phase in der eine besonders hohe Infektionsgefährdung besteht. Ab einer erwarteten Neutropeniedauer von zehn Tagen werden die Patienten nach Einteilung der Deutschen Gesellschaft für Hämatologie und Onkologie (DGHO) der Hochrisikogruppe für die Entwicklung einer schweren, lebensbedrohlichen Infektion zugeordnet [4].

Das Risiko für die Entwicklung einer Infektion, die nach allogener Stammzelltransplantation immer potentiell letal verlaufen kann, hängt von der Diagnose, dem Therapieregime, dem Konditionierungsprotokoll, dem Transplantationsverfahren und dem Ausmaß der Graft versus host disease ab [5,6]. Die Dauer der neutropenischen Phase korreliert positiv mit der Infektionswahrscheinlichkeit [7, 8, 9]. Dies konnte im Rahmen einer Studie von Bodey et al. [10] schon im Jahre 1965 belegt werden. In dieser Studie wurde bei Patienten mit akuten Leukämien die Infektionshäufigkeit im Verhältnis zu der Granulozytenzahl und Dauer der Granulozytopenie dokumentiert (siehe Abb. 1 und 2):

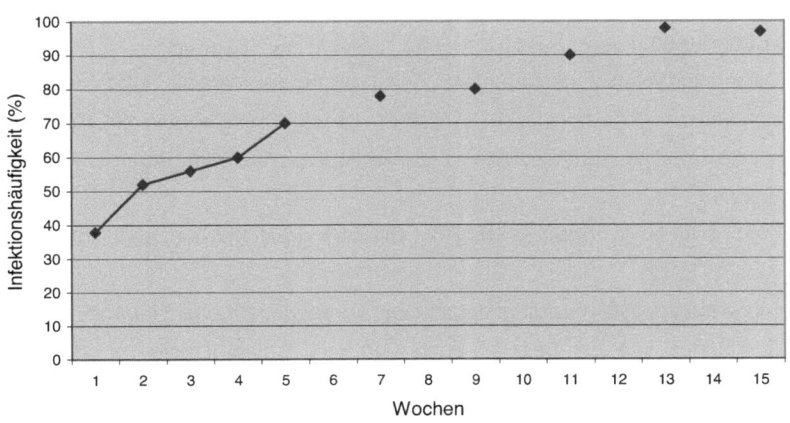

Abb. 1: Infektionshäufigkeit bei Granulozytopenie < 1000/µl Blut im zeitlichen Verlauf abgewandelt nach Bodey at al. [10]

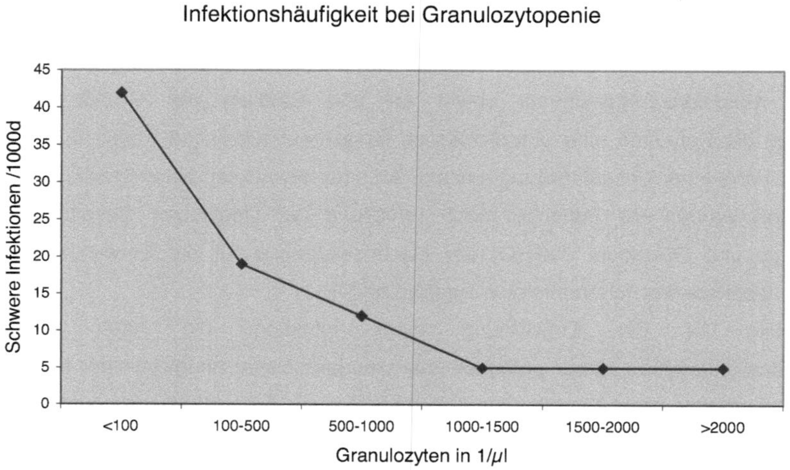

Einleitung

Infektionshäufigkeit bei Granulozytopenie

[Diagramm: Schwere Infektionen /1000d gegen Granulozyten in 1/μl:
<100 → ~42; 100-500 → ~19; 500-1000 → ~12; 1000-1500 → ~5; 1500-2000 → ~5; >2000 → ~5]

Abb. 2: Infektionshäufigkeit im Verhältnis zur Granulozytenzahl abgewandelt nach Bodey et al. [10]

In der Frühphase der Neutropenie überwiegen bakterielle Infektionen, je länger die Neutropenie andauert, desto häufiger zeigen sich Pilzinfektionen [11]. Durch die Mukositis wird die Barrierefunktion des Darms aufgehoben und pathogene Keime können in den Blutkreislauf übertreten.

Die Anlage eines zentralen Venenkatheters (ZVK), der für die Transplantation unerlässlich ist, birgt ein weiteres Infektionsrisiko. Der ZVK ist als Fremdkörper mit Kontakt zur Außenwelt eine häufige Eintrittspforte für Infektionen, die sich schnell systemisch ausbreiten können.

Bei Patienten mit einer Graft-versus-Host-Disease besteht ein deutlich erhöhtes Infektionsrisiko [2, 8, 12].

Der hämatopoetischen Stammzelltransplantation vorausgegangene Neutropeniephasen können die Virulenz von Erregern erhöhen und sind entsprechend ein zusätzlicher Risikofaktor für die Entwicklung einer Infektion [2].

Neutropenisches Fieber ist eine der wesentlichen Komplikationen von allogenen HSZT und ist definiert als einmaliges Fieber ≥ 38,3℃ oder ≥ 38,0℃ über mindestens eine Stunde oder zweimal innerhalb von 24 Stunden bei einer neutrophilen Granulozyten Zahl

Einleitung

< 500/µl Blut [2]. Fieberauslösender Grund kann immer eine Infektion sein, so dass ohne Verzug diagnostiziert und behandelt werden muss.

Die akute GvHD tritt vorwiegend als Dermatitis, Gastroenteritis und als Hepatitis mit generalisierter physischer Schwäche auf. Andere Organe können auch betroffen sein. Häufige Symptome sind progrediente Exantheme, Diarrhoen und Cholestasezeichen, die zu Fieber und Krankheitsgefühl führen können. Histologisch zeigt sich das Bild einer apoptotischen Epithelzellschädigung und konsekutiven Entzündungsreaktion. Ursächlich für die Entstehung einer GvHD sind nach der derzeitigen wissenschaftlichen Meinung mehrere Faktoren wie T-Zell-Aktivierungen der Spenderlymphozyten, eine überschießende Zytokinproduktion und vermehrte Antigenexpression [2].
Die Erstlinientherapie erfolgt mit Glucocorticoiden.
Todesursache der GvHD ist nur in ca. 10-20% die GvHD selbst, vielmehr führt die GvHD und die darunter noch verstärkte Immundefizienz durch gesteigerte Immunsuppression zum Auftreten von schweren viralen und mykotischen Infektionen, die dann prognoseentscheidend für den weiteren Verlauf und das Überleben sind. Eine effektive antivirale und antimykotische Prophylaxe ist essentiell für die GvHD Behandlung [2].
Die Abstoßung des Transplantats (Graft Versagen) ist eine der schwerwiegendsten Komplikationen der HSZT. Wenn innerhalb von 42 Tagen nach der Transplantation keine absolute Neutrophilenzahl von mindestens 500/µl Blut erreicht wurde und gleichzeitig hypozelluläres Knochenmark vorliegt, spricht man von primärem Graft Versagen. Sekundäres Graft Versagen ist definiert als eine erneute Reduktion der Neutrophilenzahl auf unter 500/µl Blut für mindestens 3 Tage nach bereits erfolgtem Engraftment. Die Häufigkeit für ein Graft Versagen liegt deutlich unter 5%. Prädisponierende Faktoren sind u.a. unzureichende immunsupprimierende Konditionierungsbehandlung und HLA-inkompatible Spender [2].

2.1.7 Infektionsprophylaxe bei Neutropenie

Allgemeine antiinfektiöse Infektionsprophylaxe:
Im Rahmen der Krankenhaushygiene sollen folgende Regeln und Maßnahmen befolgt bzw. durchgeführt werden: reverse Isolation, gefilterte Raumluft, keimarme Ernährung, Vermeidung von Verneblern und Blasenkathetern, tägliche Versorgung der zentralen Venenkatheter und Verweilkanülen von qualifiziertem Fachpersonal unter maximal

Einleitung

klinikhygienischen Bedingungen, konsequente Händedesinfektion, Mundschutz und Einmalkittel [2, 4].

Spezielle medikamentöse Infektionsprophylaxe:
Zur Vermeidung von Infektionen erhalten die Patienten eine breite medikamentöse Prophylaxe bestehend aus Breitspektrum-Antibiotika für den grampositiven und gramnegativen bakteriellen Bereich sowie antivirale und antimykotische Arzneistoffe (s.u.). Zur weiteren Prophylaxe vor Infektionen werden bei lang andauernder Neutropenie hämatopoetische Wachstumsfaktoren (G-CSF) verabreicht, um die Granulopoese zu stimulieren.

2.2 Pilzinfektionen im Rahmen von Stammzelltransplantationen

2.2.1 Definitionen

Invasive Mykosen sind Pilzinfektionen einzelner Organe oder Organsysteme, die unter Immunsuppression auftreten und potentiell letal verlaufen können. Je nach Grunderkrankungen sind die Krankheitsverläufe unterschiedlich.
Folgende Begriffe werden synonym verwendet [13]: Invasive Mykose, Systemmykose, generalisierte Mykose, disseminierte Mykose und hämatogene Mykose. Invasive Mykosen können lokalisiert oder disseminiert auftreten. Bei disseminiertem Organbefall ist die Prognose erheblich schlechter als bei lokalisierten invasiven Mykosen [7, 14].
Es wird vermutet, dass jeder invasiven Candidose eine Candidämie vorausgeht [13].

2.2.2 Epidemiologie

Über die Hälfte der schweren Infektionen bei neutropenischen Patienten wird durch Pilze verursacht [15].
Die Inzidenz invasiver Mykosen hat bei Patienten mit hämatologischen Neoplasien weltweit über viele Jahre stetig zugenommen und zeigt erst in den letzten Jahren wieder eine abnehmende Tendenz [16, 17]. Bei allogenen HSZT Patienten ist die Inzidenz am höchsten [9] und liegt bei 10-20% [12, 18, 19], z.T. sogar bei 40% [20]. Die Letalität dieser Infektionen war bis vor wenigen Jahren, auch wenn sofort eine suffiziente Therapie eingeleitet wurde, mit 80-90% sehr hoch [17 (Daten von 1996), 21] Andere Studien haben sogar eine Letalität bis 100% angegeben [7]. Neuere Untersuchungen nach Einführung

Einleitung

und Einsatz von neuen potenten Antimykotika ergeben deutlich bessere Überlebensraten [22].

Von gesicherten invasiven Mykosen entfallen 50-60% auf Candidainfektionen und 30-40% auf Aspergillosen [23] mit einer kontinuierlichen Zunahme der Aspergillusinfektionen und einer Abnahme der Candidainfektionen [24]. Auf dem 35th Annual Meeting of the European Group for Blood and Marrow Transplantation im Frühjahr 2009 wurde berichtet, dass in Europa derzeit die Inzidenz von invasiven Aspergillosen bei allogenen HSZT Empfängern bei fast 3% liegt mit einer Mortalität von über 70% [25]. Aktuelle Studienergebnisse zeigen, dass der sehr frühzeitige Einsatz von antimykotischer Therapie bei Patienten mit invasiven Mykosen die Letalität um die Hälfte bis zu 2/3 senken kann [26, 27]. Das 3-Monats-Überleben von Patienten mit invasiven Mykosen nach allogener Stammzelltransplantation liegt bei 39% [28].

Bei Patienten mit malignen hämatologischen Erkrankungen fanden sich in 20-50% der Obduktionsergebnisse [29] und bei HSZT Patienten in 36% invasive Mykosen [16].

In den meisten Fällen tritt die invasive Pilzinfektion erst Wochen bis Monate nach der Stammzelltransplantation auf [30]. Insbesondere invasive Aspergillosen entwickeln sich oft erst in der Postengraftment Phase [31, 32].

2.2.3 Keimspektrum

Eingeteilt werden die humanpathogenen Pilze in Schimmelpilze/Fadenpilze (z.B. Aspergillus Sp.), Sprosspilze (Hefen, z.B. Candida Sp.), dimorphe Pilze (Coccidioides Sp.) und Dermatophyten.

Die Mehrheit der invasiven Pilzinfektionen wird durch Candida und Aspergillus Sp. verursacht [7, 33]. Die Inzidenz für Infektionen mit Zygomyceten (= Mucorales Sp.), Fusarien, Kryptokokken, Scedosporium Sp., Trichosporon Sp. und Pneumocystis jirovecii ist in Europa so niedrig, dass sie für die Prophylaxe und Therapieauswahl vernachlässigt werden kann [7, 34]. Candida Sp. gehören zu der normalen menschlichen Haut- und Schleimhautflora. Fast alle Infektionen mit Candida Sp. erfolgen endogen über die Haut oder den Gastrointestinaltrakt. Sporen von Schimmelpilzen werden meist inhaliert oder mit der Nahrung aufgenommen.

Durch die erfolgreiche Fluconazol-Prophylaxe von C. albicans Infektionen in den 1980er Jahren hat sich eine Veränderung im Keimspektrum entwickelt [35]. Neben den weiterhin

Einleitung

häufig vorkommenden Candida albicans Erregern (in Europa im Gegensatz zu den USA noch über 50% Nachweis in Blutkulturen, allerdings bei hämatologischen Patienten nur 35% vermutlich durch die Zunahme der Fluconazol Prophylaxe [24]) ist es zu einer Zunahme an Infektionen mit Non-albicans-Spezies wie Candida krusei, C. glabrata und C. parapsilosis und Aspergillosen [7, 24, 35, 36, 37] gekommen. Zusätzlich haben sich Resistenzen gegenüber Azol-Antimykotika ausgebildet [35].

Von den Aspergillus Arten ist Aspergillus fumigatus mit über 80% der Haupterreger der invasiven Aspergillosen [7]. Weitere Aspergillus Sp., die als Erreger invasiver Mykosen aus BAL (Bronchoalveoläre Lavage) Sekreten kultiviert wurden, sind A. terreus, A. niger und A. flavus.

2.2.4 Risikofaktoren

Bekannte Risikofaktoren für die Entstehung einer invasiven Mykose im Verlauf einer Stammzelltransplantation sind länger als 10 Tage anhaltende Neutropenie, eine hohe Intensität des zytotoxischen und immunsuppressiven Regimes, vorbestehende fungale Kolonisation, schwere Mukositis (Zerstörung der physiologischen intestinalen Flora), Langzeitbehandlung mit Breitspektrum- Antibiotika (Überwucherung der Schleimhäute durch fehlende physiologische Flora und Invasion in Blutgefäße), hochdosierte Glucocorticoidbehandlung bei Graft-versus-host-Disease, Anlage eines zentralen Venenkatheters, hohes Alter, niedrige Zahl transplantierter Stammzellen, zurückliegende Cytomegalie Virus Infektion, Z.n. Splenektomie und das Fehlen einer hochwirksamen Luftfilterungsanlage in der Behandlungseinheit [2, 17, 38].

Die Tatsache, dass vor der Einführung von Hochdosischemotherapien opportunistische Pilzinfektionen kaum eine Rolle gespielt haben [39], zeigt, welche Bedeutung die oben genannten Risikofaktoren für die Entwicklung einer invasiven Mykose haben.

2.2.5 Klinik

Das häufigste erste Anzeichen für eine invasive Mykose ist unklares Fieber (FUO, fever of unknown origin) ohne Ansprechen auf Breitspektrum-Antibiotika. Alle weiteren Beschwerden sind ebenfalls unspezifisch und hängen von der Lokalisation und dem Ausmaß der Systemmykose ab. Bei Befall der Lunge können Husten, Dyspnoe, akute Pleuraschmerzen und seltener Hämoptysen auftreten. Der Auskultationsbefund ähnelt der einer bakteriellen Pleuropneumonie [7, 40].

Einleitung

Aspergillosen zeigen sich in über 80% als invasive pulmonale Aspergillosen [7]. Weiter zeigen sie sich durch disseminierte ZNS Infektionen, Leber- und Milzbeteiligungen, Haut- und sinunasale Infektionen.

Candida Sp. verursachen orale, ösophageale und vaginale Infektionen, Fungämien mit Leber und Milzbeteiligungen, Septikämien, Haut- und Augenbeteiligungen [7].

Aspergillosen neigen bei allogen transplantierten Patienten, anders als bei anderen Patienten, bei denen sie oft lokalisiert verlaufen, zu einer frühen Generalisierung mit diffusem Organbefall oder septischen Verläufen [41].

Candidosen generalisieren oft primär und können in alle Organe streuen [2].

Der Nachweis einer invasiven Mykose gelingt oft erst nach dem Tod [23]. Dieser Fakt verdeutlicht, wie schwierig es ist, eine IFI zu diagnostizieren.

2.2.6 Diagnostik

Die Infektionsdiagnostik unterscheidet sich bei ausgeprägt immunsupprimierten Patienten von der bei anderen Patienten dadurch, dass es sich meist um eine akut lebensbedrohliche Situation handelt, die sofortiges therapeutisches Eingreifen erfordert. Die Patienten entwickeln oftmals nur wenige Symptome und auch die Diagnostik liefert häufig nur diskrete Hinweise trotz ausgeprägter Infektion [4]. Erschwerend kommt hinzu, dass die Patienten oft antipyretische Arzneistoffe wie Paracetamol, NSAID (Nicht steroidale antiinflammatorische Arzneistoffe (drugs)), Novaminsulfon und Glukokortikoide erhalten und deshalb kein Fieber entwickeln.

Die mikrobiologischen Ergebnisse können nicht abgewartet werden, sondern dienen nur zur Bestätigung oder Modifikation der bereits eingeleiteten empirischen antimikrobiellen Therapie.

Sobald neutropenisches Fieber auftritt, werden neben einer ausführlichen körperlichen Untersuchung eine hochauflösende Computertomographie des Thorax durchgeführt und möglichst breit angelegt Proben zur serologischen und mikrobiologischen Diagnostik gesammelt (Blutkulturen peripher und aus allen Katheterschenkeln entnommen, Urin- und Stuhlkulturen, Rachenabstriche, Rachenspülwasser, ggf. Wundabstriche, ggf. Liquorpunktion, ggf. bronchoalveoläre Lavage).

Abgesehen von histologischen Techniken gibt es keine spezifischen diagnostischen Werkzeuge, die eine invasive Pilzinfektion beweisen.

Bezüglich der gesuchten Pilze sind Blutkulturen oft steril (50-60%) [42, 43].

Einleitung

Bei Candidosen ist die Nachweisquote mit 59% deutlich besser als bei Aspergillosen, die sich fast gar nicht kulturell nachweisen lassen [44, 45].

Auch in der Bronchiallavageflüssigkeit werden Pilze nur in 50% der Erkrankungsfälle nachgewiesen [46].

Befunde aus Kulturen können durch Verunreinigungen oder durch Kolonisation von nicht sterilen Geweben falsch positiv ausfallen [47].

Gewebeproben sind schwierig zu gewinnen, da sie invasive Verfahren erfordern, die aufgrund der Blutungsgefährdung durch Gerinnungsstörungen, die durch die Aplasie hervorgerufen werden, oftmals wegen des zu hohen Risikos nicht durchgeführt werden [20].

Serologisch kann man Aspergillus-Antigene mit dem Galactomannan Antigentest bestimmen. Galactomannan ist ein Polysaccharid und Bestandteil der Zellwand wachsender Hyphen. Bestimmt wird das Antigen mittels Doppel-Sandwich Enzym-Immunoassay (EIA) [48]. Der Test wird eingesetzt für die frühe Erkennung von invasiven Aspergillosen.

Ca. 5-8 Tage vor der klinischen Manifestation der Pilzinfektion kann der Test bereits eine Infektion anzeigen [49, 50]. Ein Nachteil dieser Nachweismethode ist ihre geringe Sensitivität bei gleichzeitiger Einnahme von ß-Lactam-Antibiotika plus Betalactamase-Inhibitor, wie z.B. die Kombination aus Piperacillin und Tazobactam [51, 52]. Piperacillin allein hat diese falsche Positivität nicht verursacht [51]. Ebenso kann eine parallel angesetzte antifungale Medikation, insbesondere AmB und Posaconazol [25], bis zu 5 Tage nach der Gabe zu einem falsch positiven Ergebnis führen [48, 52]. Die Sensitivität für den Nachweis von A. fumigatus ist signifikant niedriger als für andere Aspergillus Sp. [25].

Für Candida Sp. gibt es ebenfalls mehrere serologische Tests, die u.a. auch auf dem Mannan Verfahren beruhen. Die Sensitivität und Spezifität dieser Tests wird in Studien unterschiedlich eingestuft (Sensitivität 30-70%, Spezifität 88%) [53, 54]. Die Sensitivität dieses Tests nach dem Mannan-Verfahren ist limitiert, weil sich an die fungalen Mannan-Antigene schnell Immunkomplexe anlagern bzw. diese ausbilden und auf diese Weise die zu detektierenden Antigene aus der Zirkulation entfernt werden [55].

Molekulare Methoden zur Diagnostik, wie die Polymerase-Ketten-Reaktion (PCR) zum Nachweis von fungaler DNS aus Körpersekreten und Biopsiematerial, werden zwar eingesetzt und sind in der Erprobung bereits weit fortgeschritten, aber es liegen noch keine Standards zum klinischen Einsatz vor. Die Sensitivität wird zwischen 79 und 100%

Einleitung

und die Spezifität zwischen 81 und 93% angegeben [56, 57]. Zurzeit werden weitere evaluierende Studien dieses diagnostischen Verfahrens durchgeführt [25].

2.2.7 Therapie

Im Fall von neutropenischem Fieber wird empirisch immer mit einer breit wirksamen antibiotischen Behandlung begonnen.

Wenn es zu keinem Fieberabfall kommt oder eine fungale Infektion durch die o.g. Diagnostik wahrscheinlich erscheint, wird heute meist schon frühzeitig auf eine antimykotische Therapie eskaliert. Die Behandlung erfolgt mit Triazolen insbesondere Voriconazol und Posaconazol, liposomalem Amphotericin B und Echinocandinen [4, 21].

Die Behandlung von systemischen Pilzinfektionen ist insbesondere nach Stammzelltransplantationen oft langwierig. Bei lokalisierten mykotischen Herden kann eine chirurgische Sanierung erforderlich sein [2].

2.2.8 Antimykotika

Nach ihrer Wirkungsweise können Antimykotika in die Gruppen der Polyene, Azole und Echinocandine eingeteilt werden. Aus der Gruppe der Pyrimidinanaloga ist Flucytosin die einzige einsetzbare Substanz. Die Polyene wirken über die Bildung von Poren in der Plasmamembran von Pilzen. Azole entfalten ihre antifungale Wirkung durch die Hemmung der Ergosterol Synthese, was zu einer Synthesehemmung der Plasmamembran der Pilze führt. Echinocandine verursachen eine Störung der Zellwandsynthese der Pilze. Durch Pyrimidinanaloga wird die RNA Synthese gehemmt.

2.2.8.1 Azole

Man unterscheidet die Gruppe der Imidazole, die für lokale Anwendungen eingesetzt werden und die Gruppe der Triazole, die in der Behandlung von systemischen Infektionen Anwendung finden. Orale und intravenöse Darreichungsformen stehen zur Verfügung.

Azole sind Breitspektrumantimykotika, die fungistatisch und in hohen Dosen fungizid wirken. Der Wirkmechanismus beruht auf der Hemmung der Ergosterolsynthese in der Pilzmembran durch Blockade Cytochrom P450- abhängiger Enzyme, wodurch eine Wachstumshemmung verursacht wird.

Indiziert sind Triazole bei invasiven Mykosen.

Einleitung

Unerwünschte Arzneiwirkungen sind Allergien, Exantheme, Übelkeit, Erbrechen, Diarrhoen, Transaminasenerhöhungen bis zu medikamentös induzierter Hepatitis sowie Impotenz, Zykusstörungen und Gynäkomastie infolge gehemmter Steroidsynthese [58].
Triazol-Antimykotika sind Substrate und starke Inhibitoren der Cytochrom P450-Enzyme (insbesonder CYP-3A4, CYP-2C9 und CYP-2C19). Dadurch kann die Gabe von Azol-Antimykotika zu Interaktionen mit einer Vielzahl von Arzneistoffen führen. Folgende Interaktionen sind mit den Arzneistoffen, die häufig im Rahmen des HSZT Therapieregimes Anwendung finden, beschrieben: Phenytoin kann die Wirkung von Azol-Antimykotika vermindern, Azole können die Toxizität von Cyclophosphamid und die Plasmaspiegel von Ciclosporin A und Busulphan erhöhen [59].

Fluconazol

Fluconazol war das erste Azol-Antimykotikum, das ein erheblich reduziertes Nebenwirkungsspektrum im Vergleich zu seinen Vorgängersubstanzen aufwies.
Damit konnte die Indikation einer antifungalen Prophylaxe bei Risikopatienten neu diskutiert werden [60] und Fluconazol hat sich zu einem der ersten empfohlenen prophylaktischen Antimykotika bei HSZT entwickelt. Von der DGHO wird Fluconazol neben Amphotericin B mit einem C Empfehlungsgrad als antimykotische Chemoprohylaxe bei neutropenischen Patienten empfohlen [4].
Eine Metaanalyse aus 16 Studien aus dem Jahr 2000 mit Fluconazol als antimykotischem Prophylaktikum von Kanda et al. konnte bei HSZT einen signifikanten Vorteil gegenüber Placebo mit weniger invasiven Mykosen und gesenkter Mortalität nachweisen [61].

Fluconazol ist gut wirksam gegen diverse Candida-Arten, besonders Candida albicans, Cryptococcus neoformans und auch gegen dimorphe Pilze. Resistenzen bestehen gegenüber Aspergillus Sp., Candida krusei, Mucor und Fusarium Sp. [62].
Fluconazol ist in oralen und intravenösen Zubereitungen erhältlich [13, 63].
Die Konzentration von Fluconazol in allen Körperflüssigkeiten entspricht nahezu der im Serum. Also ist Fluconazol z.B. bei Kryptokokken-Meningitiden indiziert.
Fluconazol wird fast nicht metabolisiert und unverändert über die Niere ausgeschieden [64].

Itraconazol

Itraconazol zeigt ein breites Wirkspektrum gegen Hefen und Fadenpilze, so dass sich eine Indikation für Aspergillosen, Candidosen und Kryptokokkosen ergibt. Zugelassen ist

Einleitung

Itraconazol für die Prophylaxe von Systemmykosen und für die Behandlung lokaler Mykosen wie vulvovaginale und orale Candidosen, Dermato- und Onychomykosen und Pityriasis versicolor [65].
Es ist in oralen und intravenösen Zubereitungen erhältlich.
Itraconazol wird extensiv über die Leber metabolisiert.
Für die Wirksamkeit sind konstante Plasmaspiegel erforderlich, die bei Resorptionsstörungen nur in der intravenösen Form gewährleistet werden können. Durch die schwache Bindung an Säuger-Cytochrom P450 ist die Toxizität relativ gering. In Studien konnte gezeigt werden, dass das Nebenwirkungsprofil von Itraconazol gegenüber cAmB bei neutropenischen Patienten mit FUO deutlich geringer ist [66].

Voriconazol

Voriconazol zeigt ein sehr breites Wirkspektrum gegen Sprosspilze wie Candida Sp., Cryptococcus neoformans, Fluconazol- und Itraconazol-resistente Spezies, Fadenpilze, vor allem Aspergillus Sp., aber auch dimorphe Pilze wie Fusarium Sp. und Scedosporium Sp. und ist für die invasive Infektion mit den genannten Erregern zugelassen. Von der IDSA (Infectious Disease Society of America) wurde Voriconazol im Jahr 2008 als Mittel der ersten Wahl bei Aspergillosen [67] eingestuft.
Es ist als orale und intravenöse Zubereitung verfügbar, die orale Bioverfügbarkeit ist größer als 90% [68].
Abgesehen von häufiger auftretenden passageren Sehstörungen unterscheidet sich das Nebenwirkungsspektrum nicht von anderen Triazolen.
Zugelassen ist Voriconazol für die Behandlung invasiver Aspergillosen, Candidämien bei nicht neutropenischen Patienten, Fluconazol-resistenten invasiven Candidosen und schweren Pilzinfektionen durch Scedosporium und Fusarium Sp. Voriconazol sollte in erster Linie bei Patienten mit progressiven, vital bedrohlichen Infektionen eingesetzt werden [65].
Zur Prophylaxe von invasiven Mykosen ist Voriconazol bislang nicht zugelassen.

Posaconazol

Posaconazol ist zur Prophylaxe und Therapie invasiver Mykosen bei HSZT-Empfängern unter Hochdosis-Immunsuppression zugelassen.
Es ist nur in der oralen Darreichungsform verfügbar.
Posaconazol zeigt strukturell eine große Ähnlichkeit mit Itraconazol, die antimykotische Aktivität ist jedoch durch die Strukturmodifikationen deutlich verstärkt [65, 69]. Wirksam ist

Einleitung

Posaconazol gegen Candida und Aspergillus Sp. sowie Coccidioides und Fusarium Sp. Im Vergleich zu anderen Triazol-Antimykotika ist Posaconazol gut wirksam gegen Zygomyceten [70]. Posaconazol wird im Gegensatz zu Itraconazol und Voriconazol nicht über das Cytochrom P450 Isoenzym System metabolisiert, allerdings wirkt es trotzdem als Inhibitor des CYP 3A4 und kann dadurch den Metabolismus gleichzeitig verabreichter anderer Arzneistoffe blockieren [70].

In der Prophylaxestudie von Cornely 2007 [71] konnte eine deutlich verbesserte Prophylaxe-Wirksamkeit von Posaconazol gegenüber Fluconazol oder Itraconazol mit verbessertem Gesamtüberleben gezeigt werden.

Von der AGIHO wird Posaconazol voraussichtlich als Prophylaktikum 1. Wahl in den neuen Leitlinien empfohlen werden [72].

2.2.8.2 Echinocandine

Caspofungin

Caspofungin gehört zu der noch recht neuen antimykotischen Substanzgruppe der Echinocandine. Es hemmt die Beta-(1,3)-D–Glucan Synthese in der Zellmembran pathogener Pilzspezies. Beta-(1,3)-D-Glucan ist der Hauptbestandteil der Zellwand vieler Fadenpilze und Hefen. Caspofungin wirkt fungizid gegen Candida- und Aspergillus Sp. und gegen Pneumocystis jirovecii. Es konnte keine Wirksamkeit gegen Kryptokokken festgestellt werden. Wegen geringer oraler Bioverfügbarkeit ist Caspofungin nur intravenös anwendbar. Die höchsten Organkonzentrationen wurden in Leber, Lunge, Darm, Niere und Milz gemessen [73].

Indiziert und zugelassen ist Caspofungin für invasive Candidiasis und invasive Aspergillose, wenn Standardtherapien mit Amphotericin B inklusive Lipidformulierungen und/oder Itraconazol nicht ansprechen oder diese nicht vertragen werden. Weiterhin besteht die Zulassung für die empirische Therapie bei Verdacht auf eine Pilzinfektion bei Patienten mit neutropenischem Fieber.

Caspofungin ist sehr gut verträglich mit Inzidenzraten von UAW unter 3% [74]. Die häufigsten unerwünschten Wirkungen sind Fieber, Übelkeit, Erbrechen, Flush und Thrombophlebitis.

In Studien konnte eine Überlegenheit von Caspofungin bezüglich Wirksamkeit und Verträglichkeit gegenüber konventionellem Amphotericin B bei invasiver Candidiasis gezeigt werden [75]. Insgesamt zeichnet sich das Antimykotikum durch hohe Effektivität und geringe Toxizität aus [76].

Weitere in Deutschland zugelassene Substanzen sind Micafungin und Anidulafungin.

2.2.8.3 Amphotericin B

2.2.8.3.1 Historie

1956 wurde Amphotericin B von Gold et al. in Venezuela aus Streptomyces nodosum isoliert. Es war das erste verfügbare Antimykotikum gegen invasive Mykosen [60]. Mehr als 40 Jahre war es das Goldstandardpräparat zur Behandlung von Systemmykosen. Erst in den letzten Jahren sind Alternativen entwickelt und zugelassen worden.

2.2.8.3.2 Pharmakochemie

Amphotericin B ist ein hoch lipophiles Polyen-Makrolid-Antibiotikum (heptaenes Makrolid mit 7 konjugierten Doppelbindungen und einer Mykosamingruppe, die am Hauptring glykosidisch verknüpft ist). Das amphotere Verhalten (namensgebend) leitet sich durch die Anwesenheit einer Carboxylgruppe am Hauptring und einer primären Aminogruppe am Mykosamin ab. Diese Gruppen verleihen dem Molekül Wasserlöslichkeit bei extremen pH-Werten.

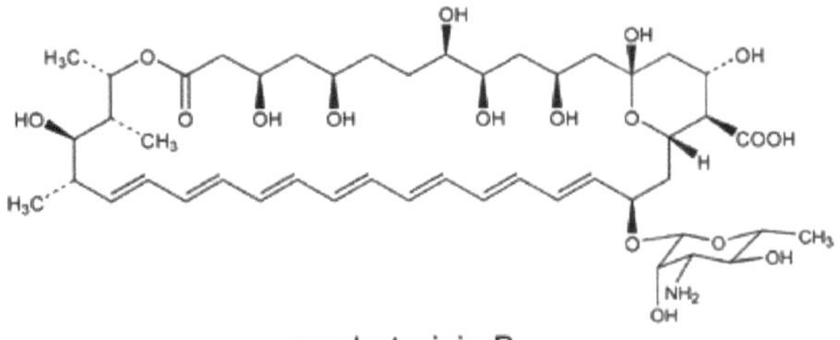

amphotericin B

Abb. 3: Molekülbild AmB [13]

AmB ist hydrophob, bildet aber mit Desoxycholsäure einen löslichen Komplex, der sich zur intravenösen Infusion eignet. Das Molekül hat die Summenformel C47H73NO17 [58, 77].

Einleitung

2.2.8.3.3 Wirkmechanismus

Die Wirkung von Amphotericin B beruht auf der irreversiblen Komplexbildung mit Ergosterol [78], dem Hauptbestandteil der Pilzzytoplasmamembran. Durch diese Komplexbindung wird eine Inhibierung von ATPase-Pumpen ausgelöst und die Lipidperoxidation gefördert.

Das unsymmetrische Polyenmolekül tritt sowohl mit seinen hydrophoben als auch mit den hydrophilen Anteilen in Wechselwirkung mit dem Sterol. Dadurch werden dessen Bindungen zu den Phospholipiden gelockert und es erfogt eine Umorientierung in der Membran. 5-10 der binären Komplexe ordnen sich ringförmig an und bilden eine Pore [79]. Diese Poren verursachen eine erhöhte Permeabilität der Membran, es kommt zu intrazellulären Verlusten von Kalium und Calcium und es tritt der Zelltod ein.

Auf diese Weise wirkt Amphotericin B fungistatisch, in höheren Konzentrationen auch fungizid auf ruhende und proliferierende Pilzkeime [80].

2.2.8.3.4 Pharmakokinetik

Amphotericin B wird oral kaum resorbiert, so dass es nur intravenös verabreicht systemische Wirksamkeit erreicht. Es ist schlecht gewebegängig, nicht liquorgängig und nicht dialysierbar. Der Transport im Blut findet zu über 90% an Lipoproteine gebunden statt. Durchschnittlich werden 27% der Gesamtdosis in der Leber, 5% in der Milz, 3% in den Lungen und 1,5% in den Nieren gefunden [81]. Die Serumspiegel sind abhängig von Dosis, Frequenz und Infusionsgeschwindigkeit, jedoch ergibt sich keine Korrelation zwischen Serumspiegel und klinischer Effektivität [58].

Die Elimination verläuft biphasisch, es besteht eine kürzere initiale Halbwertszeit von ca. 24 Stunden und eine längere terminale Halbwertszeit von ca. 15 Tagen (ausgeprägte Gewebebindung). Ein geringer Teil, < 10%, wird renal eliminiert, 30-40% biliär. Der übrige Teil wird vermutlich in noch nicht bekannten Kompartimenten gespeichert und langsam ausgeschieden. Die Pharmakokinetik wird durch eine Niereninsuffizienz nicht besonders beeinflusst, so dass sich auch keine Konsequenzen für die Dosierung ergeben. Auch bei Leberinsuffizienz ist keine Dosisanpassung erforderlich, allerdings steigt bei biliärer Obstruktion der Amphotericin B Serumspiegel [63].

2.2.8.3.5 Wirkspektrum und Indikation

Amphotericin B ist ein Breitspektrum-Antimykotikum, das bei generalisierten Mykosen indiziert ist. Es ist wirksam gegen Hefen (Candida Sp., Cryptococcus neoformans), Schimmelpilze (Aspergillus Sp., Mucor Sp.) und dimorphe Pilze (Histoplasma capsulatum, Coccidioidomyces, Blastomyces Sp., Sporothrix).

Sogar auf Leishmanien (geißeltragende Protozoen) wirkt AmB, allerdings lässt sich auf Dermatophyten keine Wirkung feststellen. Keine antifungale Wirkung hat AmB gegenüber Aspergillus terreus, Trichosporon Sp., Scedosporium Sp. und Malassezia furfur [82]; von diesen pathogenen Pilzen abgesehen treten Resistenzen eher selten auf.

Das Spektrum von Amphotericin B ist breiter als das der Azol-Antimykotika [83].

In der Metaanalyse von Robenshtok et al. hat sich gezeigt, dass die Prophylaxe mit Amphotericin B signifikant die Mortalität nach Chemotherapie oder HSZT senkt [20].

2.2.8.3.6 Dosierung

Die empfohlene Dosierung liegt bei 0,5mg/kg/d (max. 1,5mg/kg/d).

2.2.8.3.7 Unerwünschte Arzneimittelwirkungen

Amphotericin B ist ein stark toxischer Arzneistoff, deshalb besteht eine Dosislimitierung auf 3-5g Gesamtdosis [63].

Ein Großteil der unerwünschten Wirkungen ist vermutlich bedingt durch die Bindung von AmB an Cholesterin in Zellmembranen der menschlichen Zelle [84].

Die bedeutendste unerwünschte Wirkung von AmB ist die Nephrotoxizität. Die Retentionswerte steigen unter der Therapie bei bis zu 90% der Patienten an, meistens innerhalb der ersten 2 Therapiewochen. Die Ursache ist ein Abfall der glomerulären Filtrationsrate durch Toxizität auf die Tubuli und eine Einschränkung der renalen Durchblutung durch Vasokonstriktion. Zusätzlich wird die proximale und distale Reabsorption der Elektrolyte beeinträchtigt. Renale tubuläre Azidose, Epithelzylinder im Urin, Azotämie, Oligurie und Magnesium- und Kaliummangel sind weitere klinische und laborchemische Manifestationen der Nephrotoxizität, die auch noch nach Beendigung der Therapie auftreten können. Oft sind Kaliumgaben während der Therapie notwendig und es ist eine bessere Verträglichkeit beschrieben, wenn vor und nach der Gabe 0,9%ige isotonische Kochsalzlösung infundiert wird.

Einleitung

Zusätzlich verabreichte nephrotoxische Arzneimittel wie Diuretika, Ciclosporin A, Aminoglycoside und Zytostatika verschlechtern zusätzlich die Nierenfunktion.
Die Einschränkung der Nierenfunktion ist dosisabhängig und meist reversibel, kann jedoch nach Überschreitung einer Kumulativdosis von 4-5g irreversibel sein [63].
Nephrotoxische Reaktionen sind bei 80% der Patienten mit Systemmykosen beschrieben [85].

Oft treten kurz nach der Infusion von Amphotericin B Fieber und Schüttelfrost (vermutlich durch IL1 und TNF von Monozyten und Makrophagen induziert) sowie Übelkeit und Erbrechen auf. Häufig klagen die Patienten über Kopfschmerzen, Unwohlsein und Gewichtsverlust und im Verlauf entstehen hypochrome normozytäre Anämien, vermutlich wegen der reduzierten Erythropoetinproduktion in den Nieren.
Thrombophlebitiden entstehen an den Infusionsstellen, jedoch kann man dieser Nebenwirkung durch die Verabreichung durch einen ZVK vorbeugen.
Gelegentlich wird von respiratorischem Stridor und Hyperpnoe berichtet, selten kommt es zu anaphylaktische Reaktionen, weshalb eine Testdosis von 1 mg
vor der Erstgabe empfohlen wird [58, 62, 77].
Eine schnellere Infusionsgeschwindigkeit führt zu häufigeren Fieberschüben. Fiebrige Reaktionen klingen meist mit weiteren Infusionen ab [63].

Die Inzidenz der häufigsten Nebenwirkungen kann durch die Gabe von Prämedikationen wie Paracetamol, Acetylsalicylsäure, Diphenhydramin, Pethidin oder Hydrocortison gesenkt werden, jedoch ist der Nutzen dieser supportiven Maßnahmen nicht durch Studien nachgewiesen [86].

2.2.8.3.8 Wechselwirkungen

Amphotericin B kann die nephrotoxischen Eigenschaften von Aminoglykosiden, Vancomycin, Ciclosporin A, Cisplatin, Furosemid, Aciclovir und anderen nephrotoxischen Arzneimitteln sowie die Hypokaliämie verursachenden Eigenschaften von Mineralcorticoiden erhöhen [65].

2.2.8.3.9 Amphotericin B Lipid Formulierungen

Amphotericin B war über viele Jahre Goldstandard der systemischen antimykotischen Therapie. Die gute Wirksamkeit wird allerdings durch die ausgesprochen schlechte

Einleitung

Verträglichkeit und geringe Löslichkeit deutlich beeinträchtigt. Die verschiedenen Versuche zur Modifizierung des Moleküls für eine bessere Verträglichkeit mündeten in den Lipidformulierungen von Amphotericin B. Sie zeichnen sich durch unterschiedliche pharmakokinetische Eigenschaften aus, die eine deutlich geringere Intensität an unerwünschten Arzneimittelwirkungen hervorrufen [87, 88]. Insbesondere die Nephrotoxizität konnte im Vergleich zu konventionellem Amphotericin B (cAmB) verringert werden. Das zeigt sich auch durch die Tatsache, dass bei allen Zubereitungen AmB stark konzentriert in Milz und Leber gefunden wird, die Nierenkonzentrationen dagegen bei vergleichbaren Dosierungen geringer als bei cAmB sind [63].

Die Indikationen sind die gleichen wie für cAmB. Amphotericin B Lipid Komplex ist weiterhin nur zugelassen für den Fall der Unverträglichkeit bzw. des Versagens von cAmB, obwohl alle Lipidformulierungen im Vergleich zu cAmB eine signifikant niedrigere Nephrotoxizität aufweisen und die Gesamtmortalität signifikant senken (28%) [88, 89, 90, 91, 92]. Liposomales AmB [L-AmB] ist zugelassen für die empirische Behandlung der febrilen Neutropenie. In aktuellen Leitlinien werden die Lipidformulierungen mit einem Evidenzgrad von C2 und cAmB mit C3 empfohlen [93]. Für L-AmB besteht die deutsche Zulassung als Erstlinientherapie. Auch auf dem amerikanischen Markt ist L-AmB als Erstlinientherapie in bestimmten Situationen zugelassen [67].

Kriterien für den Wechsel von konventionellem Amphotericin B auf eine Lipidformulierung sind: Anstieg des Serumkreatinins ≥ 2mg/dl trotz protektiver NaCl Infusionen, ausgeprägte Hypokaliämie, intolerable Infusionsreaktionen trotz supportiver Prämedikationen, Erregerpersistenz, Zunahme oder fehlender Rückgang der Manifestation nach 14 Tagen einer adäquat dosierten Therapie.

Grundsätzlich können alle Nebenwirkungen von cAmB auch bei den Lipidformulierungen auftreten.

Folgende drei Lipidformulierungen sind derzeit auf dem weltweiten Markt erhältlich:

2.2.8.3.9.1 Liposomales Amphotericin B (L-AmB, Ambisome®)

In dieser Lipidformulierung ist das Amphotericin B in kleine echte Liposomen eingelagert, die aus Phosphatidylcholin, Cholesterol und Distearylphosphatidyl-glycerol bestehen und durch Gefriertrocknung in eine lagerungsstabile Form gebracht wurden.

Die geschlossenen flüssigkeitsgefüllten Liposomen sind durch eine unilamellare Phospholipid Doppelschicht begrenzt; das Arzneimittel:Lipid Verhältnis im Molekül beträgt 1:9, die Partikelgröße beträgt 45-80nm.

Einleitung

Durch die Verschmelzung der Liposomen mit der Pilzzellmembran gelangt Amphotericin B in die Pilzzelle. Der Wirkmechanismus des AmB ist dabei nicht beeinträchtigt. Die Einbettung in die Liposomen ermöglicht eine höhere Dosierung [94]. Auffällig ist, dass liposomales AmB höhere Plasmakonzentrationen als konventionelles AmB und als die anderen Lipidformulierungen aufweist. L-AmB hat eine deutlich kürzere terminale Halbwertszeit von 26 bis 38 Stunden als cAmB. Gespeichert wird L-AmB überwiegend in der Leber.

Als eine entscheidende Verbesserung gegenüber konventionellem Amphotericin B ergibt sich bei liposomalem AmB eine stark verminderte Nephrotoxizität [84]. Durch das größere Molekulargewicht ist die Penetrationsrate in die Nierenzelle minimal.

Zugelassen ist L-AmB auf dem deutschen Markt zur Behandlung schwerer invasiver Mykosen zusätzlich zur empirischen Erstlinientherapie von vermuteten Pilzinfektionen bei Patienten im Rahmen einer Neutropenie [65].

Die wesentlichen Nebenwirkungen von L-AmB sind Hypokaliämien und Serumkreatininanstiege, seltener treten die bei cAmB so häufig beklagten Beschwerden wie Fieber und Schüttelfrost auf.

2.2.8.3.9.2 Amphotericin-B-Kolloid-Dispersion (ABCD, Amphocil®, Amphotec®)

ABCD ist eine kolloidale Mischung bestehend aus Amphotericin B und Cholesterylsulfat in einem 1:1 Verhältnis, die zu einem stabilen Komplex von scheibenförmigen Mikropartikeln führt. Die Partikelgröße ist 115nm im Durchmesser.

Ein Nachteil von ABCD ergibt sich aus der geringen Blutkonzentration.

Die Nephrotoxizität ist im Gegensatz zu cAmB deutlich herabgesetzt [95, 96]. Allerdings ist die Verträglichkeit im Vergleich zu den anderen beiden Lipidformulierungen deutlich schlechter [63]. Typische Nebenwirkungen sind wie bei konventionellem Amphotericin B Fieber und Schüttelfrost.

ABCD ist in Deutschland nicht zugelassen.

2.2.8.3.9.3 Amphotericin B Lipid Komplex (ABLC, Abelcet®)

ABLC wurde Mitte der 1980er Jahre entwickelt und wird seitdem in Human-Studien beforscht.

Es besteht aus einem Komplex aus Amphotericin B und 2 Phospholipiden, Dimyristoylphosphatidylcholin und Dimyristoylphosphatidylglycerol, in einem 1:1 Arzneimittel:Lipid Verhältnis [97]. ABLC zeigt eine flache bandförmige multilamellare

Einleitung

Vesikelstruktur und ist im Gegensatz zu L-AmB kein Liposom. Die Partikelgröße beträgt 1,6-11nm [98]. In den Lipiddoppelschichten der Phospholipide, die zwiebelschalenartig umeinander gewickelt sind, können große lipophile Wirkstoffmengen Platz finden. Die Konzentration von Amphotericin B in ABLC beträgt 33 mol [99].

In dieser Zubereitung bindet sich der Wirkstoff überwiegend an Pilzzellmembranen und kaum an Säugetier- bzw. menschliche Zellmembranen [58].

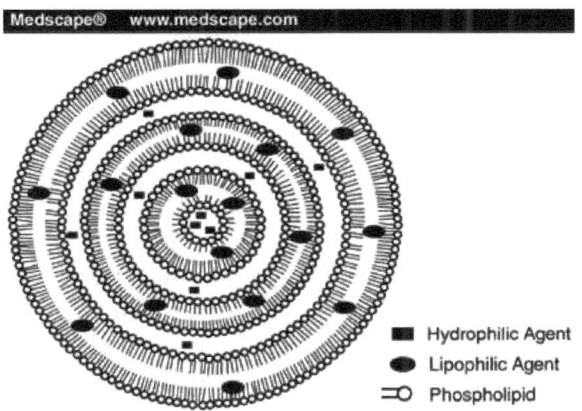

Abb. 4: Querschnitt durch einen multilamellaren Vesikel [87]

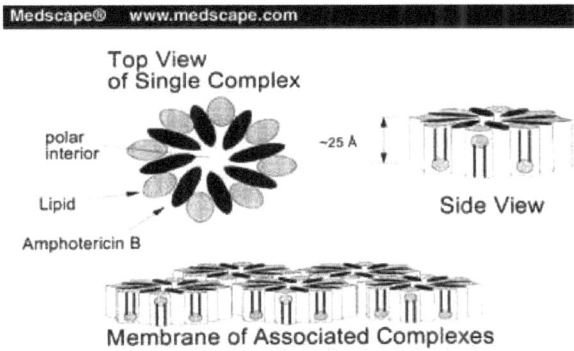

Abb. 5: Struktureller Aufbau von ABLC [87]

Einleitung

An die Pilzzellmembran gebunden, verändert Amphotericin B Lipid Komplex die Membranpermeabilität und bewirkt einen Verlust von Zellbestandteilen und somit den Zelltod. Vermutlich werden zusätzlich durch einen oxidativen Prozess Makrophagen stimuliert [99].

Bei gleicher Dosierung zeigt ABLC einen niedrigeren maximalen Plasmaspiegel, eine längere Halbwertszeit, eine entsprechend höhere Clearance und ein sehr hohes Verteilungsvolumen im Vergleich zu cAmB und den anderen Lipidformulierungen [63]. Z.B. findet sich ABLC in ca. 10x höheren Konzentrationen in der Lunge als bei cAmB [100, 101] und auch in deutlich höheren Konzentrationen im Gegensatz zu den beiden anderen Lipidformulierungen. Leicht erhöhte Konzentrationen im Vergleich zu L-AmB und ABCD finden sich bei ABLC in Leber und Milz [88]. Die AUC_{0-24} gemessen unter einer Dosierung von 5mg/kg/d beträgt 9,5 µgxh/ml [65].

Tab. 1: Pharmakokinetische Daten [63]

Pharmakokinetik der AmB-Lipidformulierunge	cAmB 1mg/kg	L-AmB 1mg/kg 5mg/kg	ABLC 1mg/kg 5mg/kg	ABCD 1mg/kg 5mg/kg
Blut Cmax in mg/ml	Ca. 2	10-15 75-100	Ca. 0,5 Ca. 2	Ca.1 Ca. 5
Eliminationshalbwertszeit In Stunden	Ca. 100	8-12	100-200	150-250
Verteilungsvolumen in (l/kg)	1-5	0,1-0,5	50-100	5-10
Höchste Gewebekonzentration			Lungen	Leber

cAmB: konventionelles Amphotericin B, L-AmB: liposomales Amphotericin B, ABLC: Amphotericin B Lipid Komplex, ABCD: Amphotericin B Kolloid Dispersion

Zugelassen ist ABLC in Deutschland zur Behandlung von invasiven Mykosen durch Candida- und Aspergillen-Spezies bei Patienten, die auf eine Therapie mit konventionellem Amphotericin B nicht ansprechen oder diese nicht vertragen [65].

Einleitung

Die therapeutische Dosierung liegt bei täglich 5mg/kg Körpergewicht über mindestens 14 Tage. Die maximale Infusionsgeschwindigkeit beträgt 2,5mg/kg/h [65].

Nebenwirkungen, die unter ABLC auftreten können, sind grundsätzlich die gleichen, die auch unter cAmB auftreten.
Die häufigsten unerwünschten Reaktionen sind Fieber und Schüttelfrost. Kopfschmerzen, Hypotonien, allgemeine Schmerzen und Hautausschläge, Müdigkeit und Erschöpfung sowie Übelkeit und Erbrechen können auftreten. Seltener als bei cAmB kommt es zu nephrotoxischen Ereignissen wie Kreatininerhöhungen, Hypokaliämien und Azidosen [91, 92, 99, 102].
Als seltene und sehr seltene Nebenwirkungen werden u.a. Herzstillstand, Bilirubinämie, Diarrhoen, Blutungen bei Thrombozytopenien, Nierenversagen, Multiorganversagen und Dyspnoe bei respiratorischen Störungen angegeben.

Infusionsreaktionen wie Fieber und Schüttelfrost erscheinen meist 1-3 Stunden nach der intravenösen Gabe, sind am wahrscheinlichsten nach der ersten und verschwinden in der Regel nach mehreren Gaben [65, 99].
Da ABLC ein größeres lipidbasiertes Molekül als L-AmB aufweist, wird es vom reticuloendothelialen System schneller aus dem systemischen Kreislauf gefiltert [103]. Durch die schnellere Eliminierung werden von den Makrophagen proinflammatorische Zytokine ausgeschüttet, die die erhöhte Anzahl von Infusionsreaktionen verursachen können [104, 105].

2.2.9 Antifungale Prophylaxe

Das ideale prophylaktische Antimykotikum sollte über eine längere Zeitspanne sicher verabreicht werden können, sollte hohe fungizide Wirksamkeit gegenüber einem breiten Spektrum an pathogenen Pilzen, die für lebensbedrohliche systemische Infektionen verantwortlich sind, aufweisen, in oralen und intravenösen Zubereitungen erhältlich sein, möglichst kostengünstig sein und die Pilzerreger sollten keine Resistenzen gegenüber diesem Arzneimittel entwickeln. Ein diese Anforderungen erfüllendes antifungales Mittel gibt es bislang nicht [106], aber es wird intensiv an der Entwicklung neuer und der Verbesserung bereits zugelassener bewährter Antimykotika geforscht, um möglichst viele der genannten Kriterien erfüllen zu können.

Einleitung

Seit über 20 Jahren wird im Rahmen von allogenen Stammzelltransplantationen antifungale Prophylaxe verabreicht und noch immer gibt es keinen Konsens darüber, wie diese Prophylaxe durchgeführt werden soll [18].

Gerade weil die frühe Diagnosestellung und die antifungale Therapie von invasiven Pilzinfektionen häufig sehr schwierig sind, hat sich die Prävention dieser Infektionen zu einer wichtigen Strategie zur Verminderung der Morbidität und Mortalitätsraten bei malignen hämatologischen Erkrankungen entwickelt [38, 106].

Antifungale Prophylaxe reduziert die Häufigkeit der parenteralen antifungalen Therapie und der gesicherten invasiven Mykosen signifikant, besonders bei allogenen HSZT Patienten [38]. Für HSZT Patienten mit langen Neutropenien wurde sogar eine Senkung der Mortalität festgestellt, dieser Effekt ließ sich auch für AmB nachweisen [20, 38].

Die antifungale Therapie von invasiven Mykosen ist häufig nicht effektiv [18] und deshalb ist die frühzeitige Einleitung einer antifungalen Prophylaxe entscheidend, um die hohe Mortalität zu senken.

Im Rahmen einer Metaanalyse von JH Rex [107] aus dem Jahr 2002 bestätigte sich der Vorteil von Pilzprophylaxe anhand von signifikant seltenerem Auftreten von IFI und Therapieeskalationen bei neutropenischen AML Patienten.

Bei stammzelltransplantierten Patienten wurde durch antimykotische Prophylaxe die Gesamtmortalität signifikant gesenkt [20].

In den letzten Prophylaxe Empfehlungen für Patienten mit hämatologischen Erkrankungen der AGIHO/DGHO von September 2003 [108] werden für Empfänger von allogenen HSZT Fluconazol und Itraconazol als perorale Gabe und liposomales Amphotericin B als intravenöse Gabe empfohlen.

Aktualisierte deutsche Leitlinien zur antimykotischen Prophylaxe bei allogener Stammzelltransplantation der DGHO liegen zurzeit noch nicht vor, befinden sich aber in der Vorbereitung. Allerdings wurde auf der DGHO Jahrestagung 2008 bereits berichtet, dass Posaconazol im Vergleich zu Itraconazol und Fluconazol in der prophylaktischen Anwendung bei neutropenischen Patienten mit AML oder MDS signifikant bessere Ergebnisse mit erheblich reduzierten Mortalitätsraten (Evidenzgrad A1) erbringt [72].

2007 empfahlen Maertens et al. [93, 109] im European Journal of Cancer als antifungale Primärprophylaxe bei Leukämiepatienten unter allogener HSZT (ECIL Recommendations = European Conference on Infections in Leukemia) Fluconazol 400mg/d mit Evidenzgrad A1, Itraconazol 200mg/d (B1), Posaconazol 200mg/d (A1), Micafungin (C1) und

Einleitung

Amphotericin B (cAmB max. 0,5mg/kg/d und liposomales AmB 1mg/kg/d bzw. 2mg/kg/3x wöchentlich) mit Evidenzgrad C1.
Die antifungale Prophylaxe sollte nach der ECIL Empfehlung mindestens bis Tag +75 oder bis zum Ende der Immunsuppression fortgesetzt werden [93].
Gegen die A1 Empfehlung von Fluconazol spricht, dass Fluconazol keine Aktivität gegen Aspergillus Sp. aufweist. Aufgrund von nicht in ausreichender Zahl und Güte vorhandener Studien zu Alternativsubstanzen mit Aktivität gegen Schimmelpilze konnte die Empfehlung in Europa/Deutschland bislang noch nicht aktualisiert werden.

Die Infectious Disease Society of America (IDSA) empfiehlt seit 2008 [67] als Prophylaxe einer IFI bei allogenen HSZT Patienten mit GvHD sowie bei AML oder MDS Posaconazol mit einem Evidenzgrad A1 und Itraconazol mit Evidenzgrad B1. Die Amphotericin B Prophylaxe hat von der IDSA keinen Evidenzgrad erhalten.

2.3 Studien zur antifungalen Prophylaxe

Seit ca. 30 Jahren werden Studien zur Prophylaxe fungaler Infektionen durchgeführt [108]. Durch die stetige Zunahme von stark immunsupprimierten Patienten durch steigende Zahlen von Knochenmarks- und hämatopoetischen Stammzelltransplantationen und bessere Therapien und damit längere Überlebenszeiten von primär oder iatrogen immunsupprimierten Patienten, wird antifungale Prophylaxe viel häufiger eingesetzt. Seit im Rahmen von Studien nachgewiesen wurde, dass insbesondere bei allogen stammzelltransplantierten und bei Patienten mit akuten Leukämien eine antifungale Prophylaxe die Gesamtmortalität senkt [20], wird die antifungale Prophylaxe in größerer Zahl standardisiert bei diesem Patientenklientel durchgeführt. Damit ist die Möglichkeit für weitere umfangreiche Studien für die verschiedenen Antimykotika entstanden. Inzwischen liegen mehrere Reviews und Metaanalysen zur Beurteilung von Studienergebnissen zur antifungalen Prophylaxe vor [18, 20, 38, 110]. Allerdings gibt es noch immer nicht genügend Studien, die an sehr großen Patientenkollektiven durchgeführt wurden. Da jeweils nur ein geringer Prozentsatz an Patienten ein Prophylaxeversagen erfährt und eine IFI ausbildet, müssen die Patientenzahlen sehr groß sein, um signifikante und damit repräsentative Daten zu erbringen.
Solange repräsentative Daten noch nicht für jedes potentiell einsetzbare antifungale Prophylaktikum und für jede Patientenpopulation vorliegen, werden weiterhin kleinere Erhebungen, wie die vorliegende Arbeit, erforderlich sein, um die Wirksamkeit und

Einleitung

Toxizität der Antimykotika in der prophylaktischen Anwendung für einzelne Zentren zu überprüfen.

Ein ernst zu nehmendes Problem ist allerdings die begrenzte Vergleichbarkeit von Prophylaxestudien durch zu verschiedene Patientenkollektive mit unterschiedlichen Risikofaktoren für IFI und verschiedene Kriterien für die Evaluation [111].

Die Beurteilung der Wirksamkeit einer Prophylaxe erfolgt durch die Häufigkeit des Auftretens der zu verhindernden Situation.
Im Fall der antifungalen Prophylaxe im Rahmen von allogenen Stammzelltransplantationen ist diese Situation die Entwicklung einer invasiven Mykose.

Für wissenschaftliche Arbeiten wurden von der EORTC/MSG (European Organisation for Research and Treatment of Cancer/Invasive Fungal Infections Cooperative Group and the National Institute of Allergy and Infectious Diseases Mycosis Study Group) Consensus Group Kriterien erstellt, die invasive Mykosen definieren und die einheitliche Beurteilung von klinischen, laborchemischen und technischen Befunden im Rahmen der Diagnostik von invasiven Mykosen für Studienzwecke erlauben (Tab. 2-4). Diese Kriterien gelten ausschließlich für die wissenschaftliche Forschung und werden für klinische Studien eingesetzt. Für die klinische Entscheidung am Patienten im individuellen Fall sollen diese Kriterien nicht herangezogen werden [112].

2.3.1 Überarbeitete Definition Invasive Pilzerkrankung (IFD) nach EORTC/MSG 2008:

In der letzten veröffentlichten Ausgabe der EORTC/MSG, die die neuen Kriterien für invasive Mykosen beschreibt, wurde eine neue Nomenklatur eingeführt: Statt des Begriffs invasive Pilzinfektion (IFI) wird in dieser Ausgabe von 2008 der Begriff invasive Pilzerkrankung (Invasive fungal disease, IFD) verwendet. In allen herangezogenen Quellen wird jedoch der Begriff IFI verwendet, so dass auch in der vorliegenden Arbeit, um bei einem einheitlichen Ausdruck zu bleiben, weiterhin von invasiven fungalen Infektionen (IFI) gesprochen wird.

Einleitung

Tab. 2: Kriterien für gesicherte invasive Mykosen (ausgenommen endemische Mykosen) [112]

Analyse und Probenmaterial	Schimmelpilze	Hefen
Mikroskopie: steriles Material	Durch Nadelaspiration oder Biopsie gewonnene Probe, die histopathologisch, zytologisch oder direkt mikroskopisch untersucht, Hyphen oder dunkle hefenartige Formen mit begleitender Gewebezerstörung zeigt	Durch Nadelaspiration oder Biopsie gewonnene Probe (keine Schleimhäute), die histolopathologisch, zytologisch oder direkt mikroskopisch untersucht, Hefezellen, z.B. Kryptokokken (zu erkennen an umkapselten Knospenhefen) oder Candida Spezies mit Pseudohyphen oder echten Hyphen zeigt
Kultur: Steriles Material	Wachstum von Schimmelpilzen oder schwarzen Hefen in einer Kultur aus steril gewonnenem Material eines klinisch oder radiologisch ungewöhnlichen Manifestationsortes, der mit einem infektiösen Krankheitsprozess vereinbar ist; ausgeschlossen sind BAL Sekrete, Material aus den Nasennebenhöhlen und Urin	Wachstum von Hefen in einer Kultur aus steril gewonnenem Material einer normalerweise sterilen Lokalisation, die eine klinische oder radiologische Auffälligkeit zeigt bei einem infektiösem Krankheits- geschehen
Blut	Wachstum von Schimmelpilzen (z.B. Fusarium Sp.) im Kontext eines dazu passenden infektiösen Krankheitsprozesses (falls Aspergillen nachgewiesen werden, liegt dies an einer Kontamination)	Wachstum von Hefen oder hefeähnlichen Pilzen (Trichosporon Sp.)
Serologische Analyse: Liquor	nicht anwendbar	Kryptokokken Antigen deutet auf disseminierte Kryptokokkose hin

Tab. 3: Kriterien für wahrscheinliche IFD (ausgenommen endemische Mykosen)[112]

Wirtsspezifische Faktoren:
- kürzlich durchgemachte Neutropenie (<0,5/µl Neutrophile für >10 Tage) in zeitlichem Zusammenhang zum Beginn der Pilzerkrankung
- Durchführung einer allogenen Stammzelltransplantation
- längere Steroidbehandlung (außer Patienten mit allergischer bronchopulmonaler Aspergillose) mit einer durchschnittlichen Dosis von mind. 0,3g/kg KG/d Prednisolon Äquivalent für >3 Wochen
- Behandlung mit anderen T-Zell Immunsuppressiva wie Ciclosporin A, TNF-α Blocker, spezifische monoklonale Antikörper (wie Alemtuzumab) oder Nukleosid Analoga während der letzten 90 Tage
- vererbte schwere Immunsuppression (wie Chronische granulomatöse Erkrankung oder schwere kombinierte Immunschwäche)

Klinische Kriterien:
- Pilzinfektion des tiefen Respirationstraktes
  eines der folgenden Zeichen im tCT
    - dichte, gut umschriebene Läsionen mit/ohne halo sign
    - air-crescent sign

Einleitung

- Höhlen
- Tracheobronchitis
  - Tracheobronchiale Ulzerationen, Knoten, Pseudomembranen, Plaque, oder Schorfbildung in der Bronchoskopie
- Sinunasale Infektion
  Sinusitis in der Bildgebung plus eines der folgenden Zeichen
  - akuter lokalisierter Schmerz (auch ausstrahlender Schmerz in die Augen)
  - nasale Ulzeration mit schwarzem Schorf
  - Ausdehnung des paranasalen Sinus durch Knochengrenze, auch bis in die Augenhöhle
- ZNS Infektion
  eines der folgenden zwei Zeichen
  - fokale Läsionen in der Bildgebung
  - meningeales Enhancement im MRT oder CT
- Disseminierte Candidiasis
  mindestens eine der beiden folgenden Erscheinungen nach einer Candida-Infektion innerhalb der letzten 14 Tage
  - kleine, target-like Abszesse (bull's-eye-lesions) in Leber oder Milz
  - fortschreitende Absonderungen der Retina in der ophthalmologischen Untersuchung

Mykologische Kriterien:
- direkte Tests (Zytologie, Mikroskopie, Kultur)
  Schimmel im Sputum, BAL Flüssigkeit, Bronchialabstrich oder Sinusaspirat
  - Anzeichen für Schimmelpilzbesiedlung
  - positives Ergebnis in der Schimmelpilzkultur (Aspergillen, Fusarium, Zygomyceten, Scedosporium Spezies)
- indirekte Tests (Nachweis von Antigenen oder Zellwandbestandteilen von Aspergillus und Candida Sp.)
  - Aspergillose (Galactomannan AG Nachweis im Serum, Plasma, BAL Sekret oder Liquor cerebrospinalis)
  - invasive Pilzerkrankung, darunter fallen keine Kryptokokkosen und Zygomykosen (ß-D-Glucan im Serum)

Wahrscheinliche IFD erfordern das Vorliegen eines wirtsspezifischen Faktors, eines klinischen Kriteriums und eines mykologischen Kriteriums. Fälle, in denen ein wirtsspezifischer Faktor und ein klinisches Kriterium vorliegen, aber ein mykologisches Kriterium fehlt, sind als mögliche IFD einzuordnen. Bislang gibt es keine verlässlichen (validierten und standardisierten) DNS Tests.

Tab. 4: Kriterien für die Diagnosestellung einer endemischen Mykose [112]

Diagnose und Kriterien
Gesicherte endemische Mykose Patient, der Zeichen einer endemischen Mykose zeigt und eines der folgenden Kriterien erfüllt - eine positive Blut- oder Gewebekultur - histopathologischer oder direkt mikroskopischer Nachweis von passenden morphologischen Formen mit sicher zu unterscheidenden charakteristischen dimorphen Pilzen, wie kugelförmige Coccidioides Sp, dickwandige breitbasige Knospenhefen Blastomyces dermatitidis, verschiedene Knospenhefen Paracoccidioides brasiliensis und im Fall von Histoplasma der Nachweis von charakteristischen intrazellulären Hefen in einer Phagozyte im peripheren Blutausstrich oder in einem Gewebsmakrophagen - für Coccidioidomykose Nachweis von Coccidioides AK im Liquor, oder ein Anstieg um zwei Verdünnungsstufen

Einleitung

gemessen in zwei aufeinander folgenden Blutproben, die während eines floriden Krankheitsprozesses gewonnen wurden - für Paracoccidioidomykose Nachweis von 2 übereinstimmenden Präzipitations-Banden für Paracoccidioidin in 2 aufeinander folgenden Serumproben während eines laufenden infektiösen Krankheitsprozesses
Wahrscheinliche endemische Mykose Vorliegen eines wirtsspezifischen Faktors, der die Einschlusskriterien aber nicht die Ausschlusskriterien aus Tabelle 2 erfüllt, ein klinisches Bild, das eine endemische Mykose zeigt und ein positiver Histoplasma Antigen Test aus Urin, Blut oder Liquor
Endemische Mykosen beinhalten Histoplasmosen, Blastomykosen, Coccidioidomykosen, Paracoccidioidomykosen, Sporotrichosen und Infektionen mit Penicillium marneffei. Innerhalb der ersten 3 Monate nach Symptombeginn spricht man von einer primären Lungeninfektion. Es gibt keine „möglichen" endemischen Mykosen, weil weder wirtsspezifische Faktoren noch klinische Merkmale ausreichend spezifisch sind; solche Fälle werden als zu wertlos eingeordnet, um in klinischen Versuchen, epidemiologischen Studien oder Auswertungen von diagnostischen Tests aufzutauchen.

Der Vorteil dieser festgelegten Einteilung von invasiven Pilzinfektionen im Rahmen von wissenschaftlichen Erhebungen liegt klar auf der Hand: Nur durch die Verwendung einheitlicher Definitionen von Pilzinfektionen sind Studien-ergebnisse überhaupt vergleichbar [112].

Die in der Klinik häufig nicht durchführbare oder nicht erforderliche bronchoskopische Untersuchung mit Materialgewinnung für eine mykologische Diagnostik bei Verdacht auf eine invasive Pilzinfektion sind die hauptsächlichen allgemeinen Nachteile der EORTC/MSG Kriterien.

Es hat sich gezeigt, dass sichere Infektionen oft nicht identifiziert werden, weil die geforderten Untersuchungen nicht durchgeführt werden [113]. Nur in seltenen Fällen werden Organbiopsien zur Gewebegewinnung für den histologischen Nachweis gewonnen, da das Risiko für den Patienten zu groß ist. Bei entsprechenden Eingriffen unter Konditionierungschemotherapien oder während der neutropenischen Phase ohne funktionsfähige Hämatopoese und mit konsekutiv unzureichendem Gerinnungsstatus ist die Gefahr einer möglicherweise letal verlaufenden Blutung erheblich. Auch fällt die Nutzen-Risiko Relation der sicheren Diagnosestellung für den Kliniker eher schlecht aus, weil die Therapie mit und ohne histologische Bestätigung des Erregers in den meisten Fällen identisch ist.

Im Vergleich zu der vorherigen Ausgabe haben sich in der im Mai 2008 veröffentlichten neuen Ausgabe wesentliche Kriterien verändert. Die Unterschiede, die zu einer veränderten Einschätzung von Studienergebnissen führen, sind in folgender Tabelle 5 dargestellt:

Einleitung

Tab. 5: Unterschiede der verschiedenen EORTC/MSG Definitionen [112, 113]

	Alte EORTC/MSG Kriterien		Neue EORTC/MSG Kriterien (s. Tab. 1-3 EORTC Kriterien)
Veröffentlichung	1/2002		5/2008
Bezeichnung	Invasiv fungale Infektion (IFI)		Invasiv fungale Erkrankung (IFD)
gesicherte IFI	Histologischer oder kultureller Pilznachweis aus befallenem Gewebe, Kryptokokken oder Kryptokokkenantigennachweis aus Liquor cerebrospinalis		Histologischer oder kultureller Pilznachweis aus befallenem Gewebe, Kryptokokken oder Kryptokokkenantigennachweis aus Liquor cerebrospinalis
wahrscheinliche IFI	Es sind 1 wirtsspezifischer Faktor, 1 mikrobiologisches Kriterium <u>und</u> 1 major oder 2 minor klinische Kriterien notwendig: - wirtsspezifischer Faktor, der das Risiko bewertet, - klinische Zeichen, die die Infektion anzeigen, - mykologische Zeichen durch Kultur, Histologie oder Antigen-Serologien Einteilung in „major" and „minor" klinische Kriterien		3 notwendige Elemente: - Wirtsspezifischer Faktor, der das Risiko bewertet, - klinische Zeichen, die die Infektion anzeigen, - mykologische Zeichen durch Kultur, Histologie oder Antigen-Serologien
mögliche IFI	Es sind 1 wirtsspezifischer Faktor, 1 mikrobiologisches Kriterium <u>oder</u> 1 major oder 2 minor klinische Kriterien notwendig: - wirtsspezifischer Faktor, der das Risiko bewertet, - klinische Zeichen, die die Infektion anzeigen, - mykologische Zeichen durch Kultur, Histologie oder Antigen-Serologien Einteilung in „major" and „minor" klinische Kriterien		Wirtsspezifischer Faktor und klinisches Zeichen aber fehlendes mykologisches Kriterium
Wirtsspezifischer Faktor	Neutropenie, > 3 Wochen Glucocorticoide, andere Immunsuppressiva, FUO trotz Antibiose, GvHD, vorausgegangene IFI, AIDS		Neutropenie, > 3 Wochen Glucocorticoide, allogene HSZT, T-Zell Immunsuppression, angeborene schwere Immunschwäche
Klinische Zeichen	„Major": - spezifische Zeichen im TCT - radiologisch bewiesene NNH Infektion - radiologisch bewiesene ZNS Infektion - typische Zeichen einer disseminierten Candidiasis in Leber oder Milz - Haut und/oder Augenbeteiligung	„Minor": unspezifische klinische Symptome des oberen und unteren Respirationstraktes und des ZNS, unspezifischer Liquorbefund	- Spezifische Zeichen im TCT - Radiologisch bewiesene NNH Infektion mit spezifischen klinischen Zeichen - spezifische ZNS Zeichen - typische noduläre Raumforderungen in Leber und Milz

Einleitung

	Alte EORTC/MSG Kriterien	Neue EORTC/MSG Kriterien (s. Tab. 1-3 EORTC Kriterien)
Mykologische Kriterien	Positive Schimmelpilzkultur aus Sputum, BAL, Gewebeprobe, Schimmepilz aus NNH Aspirat, Mikroskopischer Pilznachweis aus normalerweise sterilen Geweben oder Sekreten, Antigennachweis aus BAL, Blut oder Liquor	Zusätzlich ß-D-Glucan Nachweis in BAL, Blut oder Liquor Pneumocystis jirovecii Infektionen sind ausgeschlossen
Kollektiv	Malignomerkrankungen, HSZT	Zusätzlich: Organtransplantierte, primäre Immunsuffizienz, immunsuppressive Therapie
Nachteile	In der Kategorie „mögliche IFI" können zu viele unklare Fälle von Neutropenien, unspezifischen pulmonalen Infiltraten und FUO ohne klaren Hinweis auf eine fungale Infektion eingruppiert werden.	

Die alten Kriterien der EORTC/MSG von 2002 (eingereicht 11/00) [113] unterscheiden sich insbesondere bezüglich der möglichen IFI. Ursprünglich wurden die Situationen, in denen nur ein wirtsspezifischer Faktor und ein mykologisches Kriterium oder in denen ein klinisches aber kein radiologisches Kriterium gefunden wurden, als mögliche IFI eingestuft. In einer Studie von Borlenghi et al. [114] wurde jedoch gezeigt, dass mit diesen Kriterien viel zu viele Patienten mit pulmonalen Infiltraten als Träger einer möglichen IFI detektiert wurden und von den Autoren die Kategorie „possible" nicht als verlässlich eingestuft wurden. Deshalb wurde die Kategorie „possible" in der neuen Version deutlich verfeinert, so dass es sich nun mit größerer Wahrscheinlichkeit um eine fungale Infektion handelt, wenn die Symptome und Befunde des Patienten nach den Kriterien eine Einteilung in die „possible" Kategorie zulassen. Die wirtsspezifischen Faktoren wurden in dem Sinne verändert, dass alle allogenen HSZT Patienten direkt mit einem positiven wirtsspezifischen Faktor eingestuft werden und nicht mehr nur die Dauer der Neutropenie gewertet wird. Für die nicht-HSZT Patienten ist die erhöhte Temperatur trotz Breitspektrum-Antibiotikatherapie als wirtsspezifischer Faktor wegen der mangelnden Spezifität aus den Kriterien herausgenommen worden.

Dieser jetzt nicht mehr gewertete Faktor des Fiebers ist in vielen früheren Studien Grund dafür gewesen, Patienten, die verdächtigt wurden eine IFI entwickelt zu haben, in die Gruppe der „suspected" IFI zu gruppieren. Auf dem 35th Annual Meeting of the European Group for Blood and Marrow Transplantation vom März 2009 hat Dr. D. Tsitsikas vom Londoner St. Bartholmew's Hospital berichtet, dass nach den neuen Kriterien 65%

Einleitung

weniger IFI diagnostiziert würden als nach den alten, insbesondere hätten die möglichen und wahrscheinlichen IFI zu nahezu 70% abgenommen [25].

2.4 Fragestellung

Im Rahmen dieser Untersuchung soll der Frage nachgegangen werden, ob die Prophylaxe mit Amphotericin B Lipid Komplex bei immunsupprimierten Patienten im Rahmen einer allogenen hämatopoetischen Stammzell- transplantation in Bezug auf Wirksamkeit und Toxizität bei Patienten im Universitätsklinikum Hamburg Eppendorf sinnvoll eingesetzt werden kann.

Verglichen werden sollen die Ergebnisse aus der retrospektiven Untersuchung mit Literaturdaten aus publizierten Studien.

Insbesondere soll dabei festgestellt werden, ob ABLC im Vergleich mit anderen Arzneistoffen zur antifungalen Prophylaxe mindestens gleichwertig ist.

3 Material und Methoden

3.1 Patienten

In der Zeit vom 01.01.2007 bis zum 30.09.2008 haben in der Interdisziplinären Klinik und Poliklinik für Stammzelltransplantation des Onkologischen Zentrums am Universitätsklinikum Hamburg-Eppendorf 279 Patienten eine hämato- poetische Stammzelltransplantation erhalten. Für die vorliegende Untersuchung wurden von diesen Patienten die ausgewählt, die eine allogene Transplantation erhalten haben und zum Zeitpunkt der Transplantation mindestens 18 Jahre alt waren. Aus dieser Gruppe wurden die Patienten ausgewählt, die während des stationären Aufenthaltes mindestens einmal Amphotericin B Lipidkomplex (Abelcet®) in der Dosierung von 1mg/kg Körpergewicht ohne ein zweites gleichzeitig verabreichtes antifungales Arzneimittel als primäre Prophylaxe gegen die Entwicklung einer invasiven Pilzinfektion erhalten haben. Die Patienten, die Abelcet® nur für einen Zeitraum von 1-6 Tage erhielten, wurden in die Gruppe zur Beurteilung der schnell auftretenden unerwünschten Arzneimittelwirkungen eingeteilt, während die Patienten, die den Arzneistoff mindestens 7 Tage erhielten, der Gruppe zur Beurteilung der Wirksamkeit und Toxizität (akute Infusionsreaktionen und Nierenfunktionsstörungen) zugeteilt wurden.

3.2 Allogene Stammzelltransplantation in der Klinik und Poliklinik für Stammzelltransplantation des onkologischen Zentrums im Universitätsklinikum Hamburg-Eppendorf

3.2.1 Ablauf der stationären Behandlung

Die Spendersuche und die notwendigen Voruntersuchungen finden vor der stationären Aufnahme des Patienten statt. Nach der Aufnahme wird die Konditionierung begonnen, die je nach Krankheitsbild mit verschiedenen Protokollen nach Abteilungsstandards zwischen sechs und elf Tagen dauert.

Je nach Konditionierungsprotokoll und Grunderkrankung findet die Transplantation an einem festgelegten Tag statt und der Patient wird nach der Transplantation einer strengeren Isolation und Hygienemaßnahmen, wie in der Einleitung beschreiben, unterzogen. Nach dem Engraftment, das je nach Art der Transplantation und dem Verlauf nach unterschiedlich langer Zeit eintritt, wird der Patient aus der Isolierung ausgeschleust und auf die Entlassung vorbereitet.

Material und Methoden

3.2.2 Standards zum medizinischen Regime

3.2.2.1 Medikamentöse Infektionsprophylaxe

Die medikamentöse primäre Pilzprophylaxe beginnt für stationäre Patienten entweder am Tag der Stammzelltransplantation oder an dem Tag, an dem die Leukozytenzahl im Blut erstmals den Wert von 1000/µl unterschreitet.

Täglich wird evaluiert, ob der Patient schlucken bzw. die orale Prophylaxe resorbieren kann. Ist dies der Fall wird seit 2/2008 Posaconazol in einer Dosierung von 3x200mg p.o. täglich verabreicht. Vorher wurden Itraconazol (initial 2x200mg p.o./d, danach Dosierung nach Wirkstoffplasmaspiegel) oder Voriconazol (2x200mg p.o./Tag nach einer Erstdosis von 2x400mg am ersten Tag) gegeben. Sofern der Patient unter Übelkeit/Erbrechen und/oder einer höhergradigen Mucositis leidet, bekommt er Amphotericin B Lipidkomplex (Abelcet®) intravenös in der Dosierung von 1x täglich 1mg/kg Körpergewicht als Kurzinfusion über eine Stunde verabreicht. Falls die Patienten Arzneistoffe, die zu Arzneimittelinteraktionen mit Azolen führen, wie z.B. Cyclophosphamid und Busulfan, erhalten, wird statt des Azols ABLC verabreicht.

Eine halbe Stunde vor der Abelcet®-Infusion erhält jeder Patient ein Antihistaminikum vom Typ der H1-Antagonisten (Clemastin 2mg (Tavegil®) oder Dimetidin 4mg (Fenistil®)) als Prämedikation gegen allergische unerwünschte Arzneiwirkungen intravenös verabreicht.

Die prophylaktische Gabe von Paracetamol in der Dosierung von 500mg erfolgt nur bei Patienten, die mit Schüttelfrost auf die Abelcet®-Gabe reagiert haben.

In der Fachinformation wird empfohlen, vor der Erstgabe der therapeutischen Dosierung von 5mg/kg KG eine Testdosis (1mg/15min, 30min Beobachtungs-zeit) zu applizieren, um allergische Nebenwirkungen frühzeitig zu identifizieren. Aufgrund der fünffach niedrigeren Dosierung und der intensiven Überwachung der Patienten wird keine Testdosis verabreicht.

Patienten, die in ihrer Vorgeschichte eine invasive Pilzinfektion aufweisen, bekommen als sekundäre Prophylaxe von Pilzinfektionen Posaconazol in einer höheren Dosierung von 4x200mg/d p.o. oder alternativ Voriconazol in einer Dosierung von 2x200mg/d (nach einer loading dose an Tag 1 von 2x400mg).

Die sekundäre intravenöse Prophylaxe mit Abelcet® entspricht der primären Prophylaxe.

Die Prophylaxe von bakteriellen Infektionen wird mit Ciprofloxacin (2x500mg p.o oder 2x400mg i.v.) und Metronidazol (3x500mg p.o. oder 3x400mg i.v) ab Beginn der

Konditionierung gegeben. Cotrimoxazol bekommt jeder Patient an drei aufeinander folgenden Tagen jeder Woche zur Prophylaxe einer Peumocyctis jiroveci Pneumonie und einer Toxoplasmose.

Die Prophylaxe von viralen Infektionen wird mit Aciclovir 3x 400mg p.o. ab Tag +1 nach der Transplantation durchgeführt.

Zur Unterstützung der Leukopoese erhalten alle Patienten nach Abteilungs-standard G-CSF von Tag +5 durchgehend bis zum stabilen Engraftment.

3.2.2.2 Diagnostik

3.2.2.2.1 Routinediagnostik zur frühzeitigen Detektion invasiver Pilzinfektionen

Mehrfach täglich wird die Körperkerntemperatur gemessen. Routinemäßig werden täglich laborchemische Entzündungsparameter bestimmt und wöchentlich serologische Antigenbestimmungen auf Aspergillus- und Candida Sp. durchgeführt (Platelia® Aspergillus-Ag-EIA, Serion®-ELISA Antigen Candida). Regelmäßig werden Haut- und Schleimhautabstriche untersucht. Im Rahmen der täglich durchgeführten ärztlichen Visiten, werden die Patienten gründlich körperlich untersucht.

3.2.2.2.2 Erweiterte Diagnostik bei Verdacht auf eine invasive Pilzinfektion

Bei Auftreten von Fieber oder dem Verdacht auf eine Katheterinfektion in der akuten Transplantationsphase werden Blutkulturen abgenommen und eine hochauflösende thorakale Computertomographie und ggf. eine Bronchoskopie mit bronchoalveolärer Lavage durchgeführt.

3.2.2.3 Therapie von Infektionen

Sobald bei Patienten in der neutropenischen Phase FUO auftritt, erfolgt die empirische Therapieeskalation mit folgendem Antibiotika Regimen entsprechend den Leitlinien der Fachgesellschaften:
1. Piperacillin/Sulbactam, 2. + Vancomycin, 3. Meropenem + Vancomycin.

Falls das Fieber unter der höchsten antibiotischen Eskalationsstufe nicht rückläufig ist und über 24 Stunden persistiert, wird von der Möglichkeit einer invasiven Pilzinfektion

Material und Methoden

ausgegangen und empirisch auf Caspofungin (Cancidas®) eskaliert. Bei einer nachgewiesenen Pilzinfektion wird ebenso auf Caspofungin umgestellt.

3.2.2.4 Standardisierte Medikation

Neben den oben aufgeführten Antiinfektiva erhalten die Patienten als immunsuppressive Therapie Ciclosporin A plus Methotrexat oder Mycophenolatmofetil. Als weitere Standardmedikation wird Pantoprazol und Vitamin K gegeben. Morphin Analgetika werden nach Bedarf verordnet (es werden keine NSAID eingesetzt) und bei Flüssigkeitsbilanz Abweichungen wird mit Furosemid therapiert.

Zusätzlich erhalten die Patienten ihre individuelle Medikation, soweit diese im Rahmen der Transplantation benötigt wird.

3.3 Untersuchung

Es handelt sich um eine retrospektive single-institution Untersuchung. Die Daten wurden mittels eines standardisierten Untersuchungsbogens (Access Datei, s. Anhang) anhand von retrospektivem Aktenstudium erhoben.

Die Autorisation zur Verwendung der Daten haben die Patienten vor ihrer Stammzelltransplantation schriftlich abgegeben (s. Anhang).

3.4 Datenerhebung

3.4.1 Erhebungsparameter

- Diagnose
- Geburtsdatum
- Geschlecht
- Datum der Stammzelltransplantation
- Datum des Neutropenie-Beginns
- Datum des Neutropenie-Endes
- Datum ABLC-Beginn
- Datum ABLC-Ende
- Antifungale Prophylaxe vor ABLC
- Startdatum antifungale Prophylaxe vor ABLC
- Prämedikation vor ABLC

Material und Methoden

- Grund für Umstellung auf ABLC
- Antimykotisches Arzneimittel nach Absetzen von ABLC
- Verträglichkeit der ABLC Gabe nach berichteten Nebenwirkungen
- Grund für Umstellung auf antimykotische Therapie
- Serum-Kreatinin bei Therapiebeginn (vor der ersten ABLC-Gabe)
- Datum und Wert des maximalen Serum-Kreatinins
- Serum-Harnstoff bei Therapiebeginn
- Datum und Wert des maximalen Serum-Harnstoffes
- Anzahl der parallel zu ABLC verabreichten nephrotoxischen Arzneimittel
- Datum und Ergebnis der Pilz-Antigen Bestimmungen
- Datum und Ergebnis der mikrobiologischen Untersuchungen
- Datum und Ergebnis von thorakalen Computertomographien

Daraus konnten folgende Daten errechnet bzw. abgeleitet werden:

- Alter zum Zeitpunkt der Stammzelltransplantation
- Dauer der Neutropenie
- Dauer der Prophylaxe vor ABLC
- Dauer der ABLC Gabe
- Dauer bis Zeitpunkt des maximalen Kreatinins bzw. Harnstoffes
- Kreatinineinteilung nach Bearman
- Vorliegen einer invasiv fungalen Infektion in der Einteilung nach EORTC

3.4.2 Erläuterungen zum Vorgehen der Datenerhebung:

Die Patientendaten wurden jeweils vom Zeitpunkt der stationären Aufnahme bis zur Entlassung erhoben. Wiederaufnahmen bei Komplikationen oder Erkrankungsprogress wurden nicht berücksichtigt.

1. Als Neutropenie-Beginn wurde der erste Tag gewertet, an dem die neutrophilen Granulozyten die Marke von 500/μl unterschritten. Sofern an dem betreffenden Tag kein Differentialblutbild bestimmt worden war, wurde ersatzweise eine Leukozytenzahl von unter 1000/μl als Neutropenie-Beginn dokumentiert. Als Neutropenie-Ende wurde entsprechend der Tag gewertet, an dem die Anzahl der

Material und Methoden

neutrophilen Granulozyten (bzw. Leukozyten) erstmals die Zahl von 500/µl (bzw. 1000/µl) überschritt. Dieser Tag ist gleichbedeutend mit dem Tag des Engraftments. Es wurden jeweils der erste und der letzte Tag der Verabreichung von ABLC dokumentiert.

2. Bezüglich der antifungalen Prophylaxe wurde erhoben, ob die Patienten Itraconazol, Voriconazol, Posaconazol oder keine Prophylaxe vor der Verabreichung von ABLC erhalten haben.
3. Es wurde erhoben, ob und welche Prämedikation die Patienten erhalten haben. Die vier Möglichkeiten waren
    1. keine Prämedikation
    2. nur Paracatamol
    3. nur H1-Antihistaminikum
    4. Kombination aus beiden Medikamenten.
4. Der Grund der Umstellung auf ABLC wurde aus der Visitendokumentation (Fließtext) entnommen und kategorisiert in
    - keine orale Medikation möglich aufgrund von Übelkeit/Erbrechen oder fehlender Resorption bei Mucositis
    - Unverträglichkeit des Azols
    - Unzureichende Azol-Blutspiegel
    - Hepatotoxische Komedikation mit laborchemisch steigenden Leberenzymen oder Bilirubin
    - Keine antifungale Medikation vor ABLC erhalten
    - Grund in der Aktendokumentation nicht angegeben
5. Für die Variable „antimykotisches Arzneimittel nach ABLC" wurden folgende Kategorien gebildet
    - Orale Prophylaxe
    - Intravenöse Prophylaxe
    - Therapie
    - Keine Angabe

Als orale Prophylaxe wurden Voriconazol (initial 2x400mg, ab Tag 2 2x200mg) oder Posaconazol (3x200mg) gegeben. In einem Fall wurde auch Itraconazol p.o. verabreicht.

Als intravenöse Prophylaxe kam liposomales Amphotericin B (Ambisome®) in der Dosierung von 1mg/kg KG zum Einsatz.

Therapeutisch bei Verdacht auf oder Nachweis einer invasiven Pilzinfektion wurde mit Caspofungin allein oder in der Kombination mit Posaconazol (im Rahmen einer Studie) gearbeitet.

Die Kategorie „keine Angabe" wurde ausgewählt, wenn die Verlaufsdokumentation aufgrund einer Verlegung des Patienten nicht in der Akte vorlag.

6. Die Verträglichkeit wurde der Visitendokumentation entnommen und kategorisiert in
    - Gute Verträglichkeit
    - Fieber und/oder Schüttelfrost
    - Andere unerwünschte Arzneimittelwirkungen (UAW)
    - fehlende Dokumentation

Unter UAW wurden alle akuten Infusionsunverträglichkeitsreaktionen, die über Fieber/Schüttelfrost hinaus auftraten, eingruppiert. Folgende Symptome wurden dokumentiert
    - Exanthem
    - Anaphylaktische Reaktionen
    - Schmerzen

7. Der jeweilige Grund der Umstellung auf eine antimykotische Therapie wurde aus den Visitendokumentationen kombiniert mit den Ergebnissen der radiologischen und serologischen Diagnostik ermittelt. Folgende Kategorien wurden gebildet
    - Empirische Eskalation
    - TCT (thorakale Computertomographie)
    - Positiver Antigentest
    - Positive Kultur
    - Keine Angabe für Umstellung dokumentiert
    - Keine Umstellung erfolgt.

8. Zur Beurteilung der Nierenfunktion wurden Serumkreatinin und –harnstoff vor der ersten ABLC-Gabe als Ausgangswert und
   als Verlaufsparameter unter ABLC das maximale Kreatinin und der maximale Harnstoff in der Zeit von der ersten ABLC Gabe bis zwei Tage nach Beendigung der ABLC Gabe dokumentiert. Wenn an mehreren Tagen ein maximaler Wert von Kreatinin oder Harnstoff gemessen worden war, wurde der jeweils erste Tag gewertet.

Nach Beendigung der ABLC Prophylaxe wurden die Retentionsparameter nur für weitere 2 Tage untersucht, obwohl die Eliminationshalbwertszeit für ABLC 100-200 Stunden, also bis zu acht Tage beträgt [63]. Die Beobachtungsdauer wurde so gewählt, um durch die Einflüsse der nach Absetzten von ABLC neu hinzugetretenen Wirkstoffe, wie die Folgeprophylaxe und ggf. eine breite Palette an Antiinfektiva im Falle einer Eskalation, keine verfälschten Ergebnissen zu erhalten. In Studien, die sich mit der Nephrotoxizität von AmB Präparaten beschäftigt haben, wurde die Nierenfunktion zum Teil nur bis zum Behandlungsende [115,116], zum Teil aber auch noch bis zu 4 Wochen nach letzter Applikation untersucht [117, 97]. Diese langen Beobachtungszeiträume wurden aber nur bei prospektiven Studien genutzt, bei denen kein Wirkstoffwechsel nach Beendigung des zu untersuchenden Wirkstoffes durchgeführt wurde.

Ausgangs- und Verlaufswerte von Elektrolyten und Bilirubin zur Beurteilung einer möglichen Hepatotoxizität werden nicht herangezogen.

9. Aus den Arzneimittel-Anordnungsbögen wurden die weiteren nephrotoxischen Arzneimittel, die zeitgleich mit ABLC verabreicht wurden, identifiziert. Häufige während der unmittelbaren Posttransplantationsphase eingesetzte nephrotoxische Arzneistoffe sind: Ciclosporin A, Tacrolimus, Vancomycin, Aminoglycoside, Cotrimoxazol, Aciclovir, Furosemid. Nach der jeweiligen Anzahl der nephrotoxischen Arzneistoffe wurden 2 Kategorien mit entweder 2-4 oder 5-6 Arzneistoffen gebildet.

10. Für den Zeitraum der Erhebung (erster Tag ABLC bis Tag +7 nach ABLC) wurden die Ergbnisse der mikrobiologischen Untersuchungen bezüglich Pilzdiagnostik (Kulturen aus Blut, BAL-Sekret und Rachenspülwasser) dokumentiert. Positive Haut- und Schleimhautabstriche wurden nach den EORTC Kriterien als nicht relevant eingestuft und sind nicht in die

Bewertung eingeflossen.

Die Candida- und Aspergillen-Antigen-Bestimmungen (Platelia® Aspergillus-Ag-EIA, Serion®-ELISA Antigen Candida) wurden mit positiven sowie negativen Befunden dokumentiert.

Auch wenn invasive Pilzinfektionen noch bis zu 180 Tage nach Stammzelltransplantationen auftreten können [118, 119], wurde der Zeitraum der retrospektiven Beobachtung nur bis eine Woche nach der letzten ABLC-Gabe gewählt, um die Wirkung der nachfolgenden antimykotischen Medikation von der von ABLC soweit wie möglich zu trennen.

Die überwiegende Zahl der Patienten hat vor der ABLC-Gabe ein orales Triazol als Pilzprophylaxe erhalten. In vergleichbaren prospektiven Studien wird in der Regel nur ein Prophylaxewirkstoff verabreicht, dessen Wirksamkeit ohne den Einfluss eines zweiten Wirkstoffes untersucht werden kann. Die terminalen Halbwertszeiten der drei verabreichten Triazole (Itraconazol, Voriconazol, Posaconazol) liegen bei bis zu 42 Stunden, so dass zum Zeitpunkt der ersten ABLC-Gabe noch Wirkspiegel der oralen Prophylaxe vorhanden waren.

Auch nach der ABLC-Beendigung haben alle Patienten ein weiteres Antimykotikum, entweder als Prophylaxe oder Therapie erhalten, das die letzten 7 Tage des Beobachtungszeitraumes beeinflusst.

Die Eliminationshalbwertszeit wird für ABLC mit 173,4 Stunden, also ca. 7,2 Tagen angegeben [65]. Es ist nicht beschrieben, ab welcher Gewebe- oder Plasmakonzentration ABLC nicht mehr wirksam ist und nach wie vielen Stunden dieser Zeitpunkt erreicht ist.

Es ist unvermeidbar, dass sich Wirkungen der vor und nach ABLC verabreichten antifungalen Arzneistoffe mit der ABLC Wirkung in den Übergangsphasen vermischen.

11. Es wurden alle Befunde von thorakalen Computertomographien, die im Zeitraum von der ersten ABLC Gabe bis sieben Tage nach der letzten Gabe angefertigt wurden, daraufhin untersucht, ob sie die nach EORTC Richtlinien (s. Einleitung) typischen Hinweise einer invasiven Pilzpneumonie zeigten. Positive Befunde wurden mit Datum dokumentiert.

12. Um den Schweregrad der Nephrotoxizität möglichst mit vielen verschiedenen Studien vergleichen zu können, wurde das maximal erreichte Serumkreatinin auf drei Weisen dargestellt.

Bei der Kreatininbeurteilung abgewandelt nach Bearman et al. [120] handelt es sich um folgende festgelegte Einteilung der Werte, die in den pathologischen Bereich gestiegen sind:

I: Serumkreatininanstieg bis zum zweifachen Ausgangswert

II: Serumkreatininanstieg auf höheres Niveau als doppelten Ausgangswert (Dialyse nicht erforderlich)

III: Hämodialyse erforderlich

Da in dieser Einteilung die Serumkreatininveränderungen, die sich im
Normalbereich abspielen, nicht berücksichtigt werden, wurde eine
weitere Unterteilung vorgenommen:

- Keine Veränderung
- Anstieg um mindestens 0,3mg/dl
- Mindestens Verdopplung des Ausgangswertes

Material und Methoden

Weiterhin wurde eine Unterteilung des maximalen Kreatinins in kleiner oder größer/gleich 2,0mg/dl vorgenommen.

In den meisten Referenzstudien wurde die Nephrotoxizität mittels Serumkreatininwerten und nicht mit den von Saliba [88] empfohlenen genaueren glomerulären Filtrationsraten ermittelt. Saliba schreibt, dass Kreatiningrenzwerte beliebig festgelegt werden, wohingegen die GFR spezifische Patientenparameter, wie z.B. das Gewicht, mit einbezieht. Die glomeruläre Filtrationsrate wird im klinischen Alltag über eine Formel unter Einbeziehung der Kreatinin-Clearance ermittelt. Zur Bestimmung der Kreatinin-Clearance ist die Konzentration von Kreatinin im Urin, der über 24 Stunden gesammelt wird, zu ermitteln. Da aus logistischen Gründen nicht bei jedem Patienten täglich der gesamte Urin gesammelt und die Kreatinin-Clearance untersucht werden kann, wurden Formeln zur Berechnung der GFR bzw. der Kreatinin-Clearance aus dem Serum-Kreatinin entwickelt wie z.B. die Cockroft-Gault oder die MDRD (Modification of Diet in Renal Disease) Formel. Bei der erstgenannten Formel werden Alter, Geschlecht und Gewicht (statt Körperoberfläche) und bei der zweitgenannten Alter und Hautfarbe, die Hinweise auf die Muskelmasse geben soll, als Variablen eingesetzt. Diese Formeln ergeben nur Näherungswerte der eigentlichen GFR bzw. Kreatinin-Clearance. Validiert sind sie für ambulante chronisch nierenkranke Patienten mit moderater bis schwerer Nierenfunktionseinschränkung. Für die Bestimmung der GFR bei Nierengesunden mit normaler Nierenfunktion oder leichtgradiger Funktionseinschränkung sind sie nicht geeignet. Ebenso wenig sind sie geeignet für Patienten mit akuter Nierenfunktionsverschlechterung, bei schwerer Adipositas und bei reduzierter Muskelmasse durch Kachexie oder nach Amputationen von Gliedmaßen oder bei Zufuhr von Kreatin-haltiger Nahrungsergänzung bzw. vegetarischer Ernährung. Auch sollte die Bestimmung der GFR über die Näherungsformeln nicht erfolgen, wenn nephrotoxische Arzneistoffe verabreicht werden [121, 122].

Da alle HSZT Patienten mit potentiell nephrotoxischen Wirkstoffen behandelt werden und in der Regel zu Beginn der Therapie normale Nierenfunktion aufweisen, sind sie nicht geeignet für die Bestimmung der GFR über die Näherungsformeln. Also müsste bei jedem Patienten für eine sichere Bestimmung der GFR täglich die Kreatinin-Clearance mittels 24 Stunden Urin bestimmt werden. Der Aufwand erscheint doch enorm hoch und im klinischen Alltag kaum durchführbar. Deshalb werden zur Bestimmung der Nierenfunktion in der Klinik für

Material und Methoden

Stammzelltransplantation am UKE und entsprechend auch in der vorliegenden Arbeit in der Regel die Serum Kreatininwerte zur Bestimmung der Nierenfunktion eingesetzt.

13. Aus den Befunden der mikrobiologischen und computertomographischen Diagnostik wurde nach EORTC/MSG Kriterien [112] die Einteilung in invasive Pilzinfektionen unterteilt in „mögliche" (possible), „wahrscheinliche" (probable) und „gesicherte" (proven) IFI vorgenommen. Die Ergebnisse wurden nur gewertet, sofern die IFI während oder innerhalb von 7 Tagen nach der letzten ABLC Gabe aufgetreten ist.

3.4.3 EORTC/MSG Kriterien für die Diagnose einer IFI zusammengefasst für ABLC Erhebung 2007/08

- Gesicherte IFI:
  direkter Pilznachweis durch Histologie oder Kultur, (serologisch nur Kryptokokken AG im Liquor)
- Wahrscheinliche IFI: mindestens je ein Kriterium erfüllt:
  1. wirtsspezifischer Faktor (erfüllen alle)
  2. klinische Kriterien (im TCT dichte, gut umschriebene Läsionen mit/ohne Halo sign oder air crescent sign oder Höhlen; ZNS Infektion: fokale Läsionen oder meningeales Enhancement)
  3. mykologisches Zeichen: positives Antigen
- Mögliche IFI:
  Wirtsspezifischer Faktor und klinisches Kriterium erfüllt

3.5 Statistische Auswertung

Die Daten wurden in einer Access Datei (s. Anhang) erhoben und anschließend in Excel transformiert. Dort wurden die Daten zur statistischen Auswertung mit SPSS aufbereitet. Es wurde mit der Statistik Software SPSS Version 11,5 für Windows auf einem Samsung Q45 Notebook gearbeitet.

Da es in der vorliegenden Erhebung keine Kontrollgruppe gibt, wurde überwiegend deskriptive Statistik mit der Bestimmung von Häufigkeiten, Mittelwerten, Standardabweichungen und Medianen berechnet.

Material und Methoden

Um Zusammenhänge zwischen den Variabeln auf Nominal- und Ordinalskalenniveau zu überprüfen, wurden Kreuztabellen erstellt.
Mittels des Chi-Quadrat Tests wurde geprüft, ob die Ergebnisse signifikant auf einem Signifikanzniveau von 5% sind.

Zur graphischen Darstellung von Verteilungen wurden neben Balken- und Kreisdiagrammen auch Boxplots verwendet. In Boxplot-Darstellungen kann man sehr einfach ersichtlich die Gruppengröße, Minimum und Maximum, 1. und 3. Quartil, den Median, die Spannweite/Range und den Bereich erkennen, in dem 50% der Werte liegen.

4 Ergebnisse

4.1 Patienten

Von 279 Patienten, die im Zeitraum vom 01.01.2007 bis zum 30.09.2008 in der Interdisziplinären Klinik und Poliklinik für Stammzelltransplantation des Onkologischen Zentrums am Universitätsklinikum Hamburg-Eppendorf eine Stammzelltransplantation erhalten haben, erfüllten 207 die Einschlusskriterien für die vorliegende Erhebung (allogene Transplantation, Alter ≥ 18 Jahre).

103 Patienten von diesen und damit 49,8% haben Amphotericin B Lipid Komplex als Pilzprophylaxe erhalten. Bei diesen 103 Patienten wurde die akute Toxizität untersucht. 60 Patienten dieser Gruppe (58,3%) haben ABLC mindestens 7 Tage lang bekommen und sind damit in die Subgruppe zur Untersuchung der Wirksamkeit, akuten Toxizität und Nephrotoxizität eingeteilt worden.

Zu elf aller allogen stammzelltransplantierten Patienten, einem aus dem Jahr 2007 und 10 aus dem Jahr 2008, lagen zum Zeitpunkt der Datenrecherche keine Patientenakten vor, so dass diese Daten nicht berücksichtigt werden konnten.

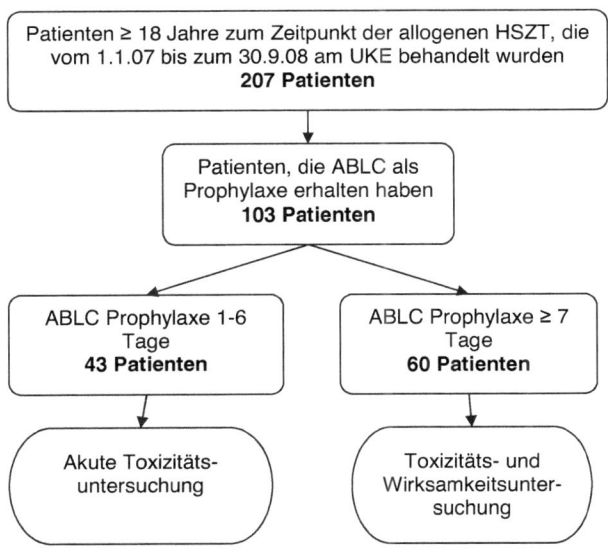

Abb. 6: Flussdiagramm Patientenauswahl

Diskussion

Das Durchschnittsalter der Patienten zum Zeitpunkt der Stammzelltransplantation lag in der Gesamtgruppe der ABLC Patienten bei 48,7 Jahren und in der Subgruppe der Wirksamkeitsprüfung bei 47,3 Jahren.

Die Geschlechterverteilung war mit 51 männlichen und 52 weiblichen Patienten innerhalb der ABLC Gesamtgruppe nahezu ausgeglichen. Die Subgruppe zur Wirksamkeitsprüfung unterteilte sich in 28 männliche und 32 weibliche Patienten (s. Tab. 6).

Die Erkrankungen, aufgrund derer die Patienten die Stammzelltransplantationen erhielten, waren zu 34% akute Leukämien, 33% myeloproliferative Syndrome, 28% maligne Lymphome und zu 5% schwere Anämien (s. Tab. 6).

Tab. 6: Patientencharakteristika

Charakteristikum	Anzahl		Prozentzahl	
Gesamtzahl Stammzelltransplantations-Patienten Jan. 2007 bis Sept. 2008 am UKE	297			
Patienten mit erfüllten Einschlusskriterien	207			
ABLC Patienten	103		36,9% (297)	
ABLC ≥ 7 Tage	60		58,3% (103)	
ABLC < 7 Tage	43		41,8% (103)	
Geschlecht	(103)	(60)	(103)	(60)
Männlich	51	28	49,5%	46,7%
Weiblich	52	32	50,5%	53,3%
Diagnosen	(103)			
Maligne Lymphome	29		28%	
Akute Leukämien	35		34%	
Myeloproliferative Syndrome	34		33%	
Anämien	5		5%	

4.2 Antimykotische Prophylaxe vor ABLC

Die mediane antimykotische Prophylaxedauer vor ABLC der Patienten aus der Subgruppe zur Wirksamkeitsprüfung, betrug 6,5 Tage mit einer Range von 0 bis 16 Tagen. Die Substanzen, die verabreicht wurden, waren ausschließlich Triazol-Antimykotika in folgenden Häufigkeiten: Itraconazol (N=37, 61,7%), Posaconazol (n=8, 13,3%) und

Diskussion

Voriconazol (n=5, 8,3%). 10 Patienten (16,7%) haben vor ABLC keine antimykotische Prophylaxe bekommen.

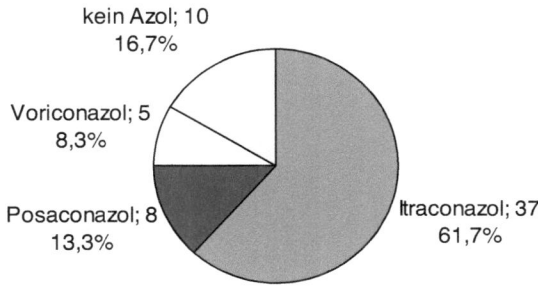

Abb. 7: Antimykotische Prophylaxe vor ABLC der Subgruppe zur Wirksamkeitsprüfung

Es lagen unterschiedliche Gründe vor, weshalb die Azol-Prophylaxe beendet und mit ABLC begonnen wurde. In 42 Fällen (70%) konnten die Patienten aufgrund von Mucositis, Übelkeit und Erbrechen oder Diarrhoen mit nicht mehr sicher gestellter enteraler Resorption das Azol nicht mehr oral zu sich nehmen. 5 Patienten (8,3%) reagierten mit einer Unverträglichkeit auf das Azol. Bei jeweils einem Patienten (je 1,7%) bestand eine hepatotoxische Begleitmedikation, die es notwendig machte, das Azol abzusetzen bzw. es wurde ein zu geringer Medikamtenspiegel trotz adäquater Dosierung gemessen bzw. in der Akte war kein Grund für die Umstellung angegeben. 10 Patienten (16,6%) haben initial ABLC bekommen und es wurde entsprechend keine Umstellung vorgenommen.

Diskussion

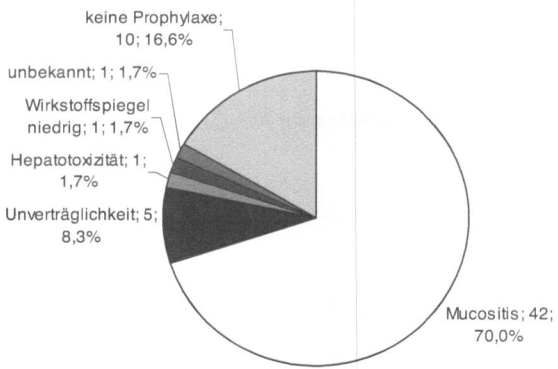

Abb. 8: Umstellungsgrund auf ABLC der Subgruppe zur Wirksamkeitsprüfung

4.3 Amphotericin B Lipid Komplex - Rahmendaten

4.3.1 Dauer der Medikation

Betrachtet man die gesamte ABLC-Patientengruppe, so lag die Dauer der ABLC-Prophylaxe im Median bei 9 Tagen mit einer Spannweite (Range) von 1 bis 30 Tagen. Die Subgruppe zur Wirksamkeitsprüfung hat ABLC durchschnittlich (Mittelwert) 13,5 Tage bekommen mit einem Median von 12 Tagen. Von dieser Patientengruppe (n=60) haben die meisten Patienten, nämlich 48 (80,0%), die intravenöse Prophylaxe 7 bis 16 Tage erhalten. Nur 12 weitere Patienten (20%) erhielten ABLC zwischen 17 und 30 Tagen (s. Tab. 17)

Diskussion

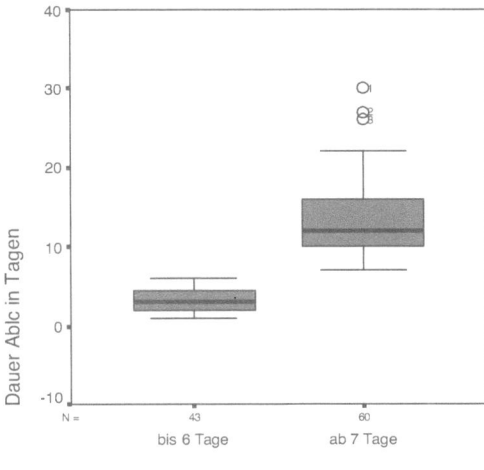

Abb. 9: Gruppenvergleich Dauer ABLC Prophylaxe

4.3.2 Dauer der Neutropenie

Der Median der Neutropeniedauer in der Wirksamkeitsprüfgruppe beträgt 14 Tage mit einer Range von 3 bis 37 Tagen. Wie in Abbildung 8 dargestellt, lag bei 6 Patienten (10%) die Dauer der Neutropenie zwischen 0 und 7 Tagen, bei 45%, also in 27 Fällen, zwischen 8 und 14 Tagen, bei 23 Fällen (38,3%) zwischen 15 und 21 Tagen. Kein Patient zeigte eine Neutropeniedauer von 22 bis 28 Tagen. In 2 Fällen (3,3%) wurde eine Zeit zwischen 29 und 35 Tagen dokumentiert und in einem Fall dauerte die Neutropenie zwischen 36 und 42 Tagen. Ein Patient (1,7%) ist während der neutropenischen Phase nach 15 Tagen verstorben.

Diskussion

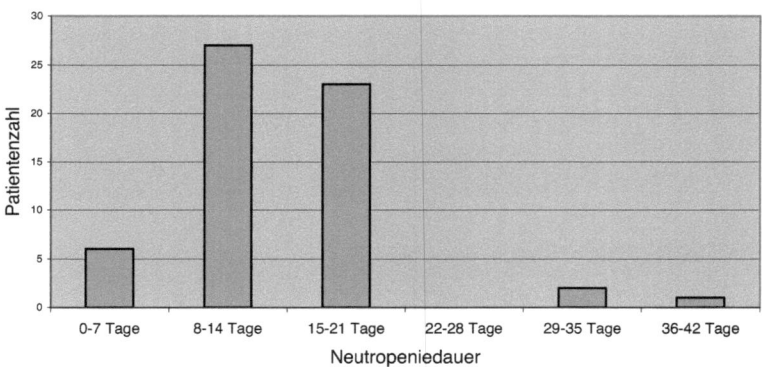

Abb. 10: Neutropeniedauer in der Subgruppe zur Wirksamkeitsprüfung

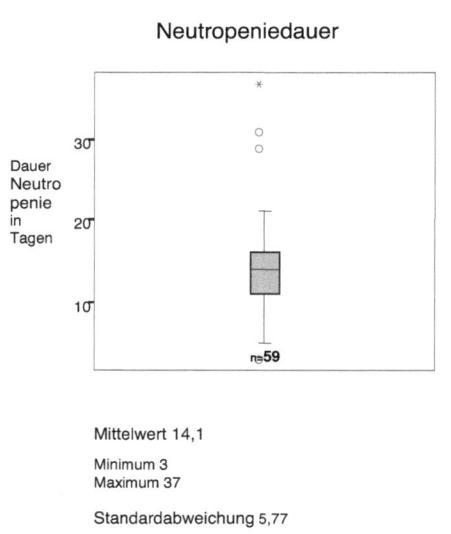

Mittelwert 14,1

Minimum 3
Maximum 37

Standardabweichung 5,77

Abb. 11: Neutropeniedauer der Subgruppe zur Wirksamkeitsprüfung

Diskussion

4.4 Ergebnisse zur Toxizität von ABLC

4.4.1 Ergebnisse zur akuten Toxizität

4.4.1.1 Prämedikation

Als Prämedikation vor der ABLC Infusion zur Verhinderung oder Reduktion von akuten Unverträglichkeitsreaktionen haben von der gesamten Patientengruppe 77 Patienten (74,8%) nur ein H1-Antihistaminikum bekommen. 16 Patienten (15,5%) haben eine Kombination aus einem Antihistaminikum und Paracetamol erhalten und bei 10 Patienten (9,7%) ist keine Prämedikation im Arzneimittelplan dokumentiert worden. Bei diesen Patienten ist davon ausgegangen worden, dass keine Prämedikation verabreicht wurde (s. Abb. 12).

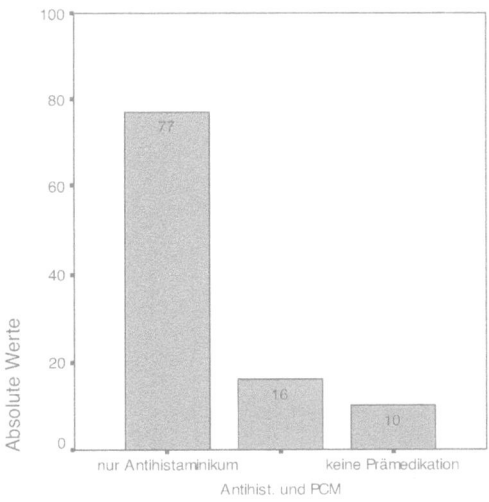

Abb. 12: Häufigkeit der Prämedikation

4.4.1.2 Umstellung bei Unverträglichkeit

Von 103 Patienten, die ABLC als Pilzprophylaxe erhalten haben, wurde bei 24 (23,3%) aufgrund einer Unverträglichkeit auf eine andere Substanz umgestellt.
Die Umstellung erfolgte im Mittel nach 5,7 Tagen mit einer Standardabweichung von 5,9. Der Median liegt bei 3 Tagen mit einer Range von 1 bis 20 Tagen. 71 Patienten (68,9%)

Diskussion

erhielten ABLC ohne Zeichen einer Unverträglichkeit, 8 Patienten (7,8%) berichteten über eine leichte Unverträglichkeitsreaktion, jedoch konnte ABLC weiterhin infundiert werden. Als Unverträglichkeitsreaktionen zeigten sich bei 22 Patienten (21,4%) Fieber und/oder Schüttelfrost als Nebenwirkung, 5 Patienten (4,9%) zeigten andere unerwünschte Arzneimittelwirkungen wie unspezifische Gliederschmerzen, Übelkeit und Erbrechen, anaphylaktische Reaktionen und Exantheme (keine Doppelnennungen). Bei weiteren 5 Patienten wurde die Art der Unverträglichkeitsreaktion in der Patientenakte nicht dokumentiert. Entsprechend waren 81,5% (22 von 27 Fällen) der dokumentierten Unverträglichkeitsreaktionen Fieber und Schüttelfrost. Kein Patient hat Dyspnoe oder andere pulmonale Nebenwirkungen entwickelt.

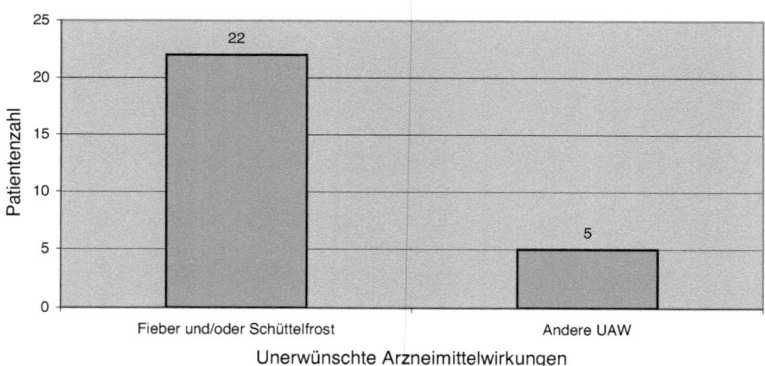

Abb. 13: Verteilung der unerwünschten Arzneimittelwirkungen, die zur Umstellung auf ein anderes prophylaktisches Antimykotikum geführt haben

4.4.1.3 Effektivität der Prämedikation

Trägt man die Prämedikation und die Verträglichkeit von ABLC in einer Kreuztabelle (Tab. 7) gegeneinander auf, ergibt sich, dass 15 der 22 Patienten (68,2%), die Fieber und Schüttelfrost entwickelten, dies nach der Prämedikation mit einem Antihistaminikum entwickelt haben, 5 der 22 Patienten (22,7%) trotz der kombinierten Gabe von Antihistaminikum und Paracetamol unter Fieber und Schüttelfrost litten und dass 2

Diskussion

Patienten (9,1%) trotz der Nebenwirkung von Fieber und Schüttelfrost keine Prämedikation erhalten haben. In einem Fall, der in die Gruppe „nur Antihistaminikum" eingeordnet wurde, ist beim Auftreten von Fieber und Schüttelfrost nach Abelcet noch eine Gabe am Folgetag mit Paracetamol als Prämedikation appliziert worden ohne Verminderung der UAW.

Andere unerwünschte Arzneimittelwirkungen sind insgesamt nur in 5 von 103 Fällen (4,6%) aufgetreten. Dabei hatte der Patient, der beide Prämedikationen erhalten hat, über Gliederschmerzen geklagt, während 3 von den 4 anderen Patienten eine anaphylaktische Reaktion bzw. Exantheme entwickelten, also potentielle Nebenwirkungen, die durch ein H1-Antihistaminikum abgeschwächt oder verhindert werden sollten. In einem Fall sind Fieber/Schüttelfrost und eine generalisiertes Exanthem nach der Gabe von ABLC aufgetreten. Bei einem Patienten haben Übelkeit und Erbrechen zur Umstellung auf ein anderes Arzneimittel geführt. 5 Patienten haben ohne Angabe, welche Unverträglichkeitsreaktion auftrat, eine andere Prophylaxe erhalten.

Insgesamt haben 54 von 77 Patienten (70,13%), die nur ein Antihistaminikum erhielten, 9 von 16 Patienten (56,25%), die beide Prämedikationen bekamen und 8 von 10 Patienten (80%), die keine Prämedikation einnahmen, keine Nebenwirkungen angegeben.

Von 93 Patienten, die mit einem Antihistaminikum prämediziert wurden, wurden nur in 3 Fällen allergische Nebenwirkungen angegeben (3,2%). Allerdings hat keiner der 10 Patienten, die keine Prämedikation erhielten, mit allergischen Nebenwirkungen reagiert.

Abb. 14 zeigt ein Balkendiagramm zur Verträglichkeit von ABLC unterteilt nach den verschiedenen Prämedikationen.

Tab. 7: Prämedikation * Verträglichkeit von ABLC

		Verträglichkeit von ABLC				Gesamt
		gut	Fieber u/o Schüttelfrost	andere UAW	Umstellungsgrund unklar	
Prämedikation	nur Antihistaminikum	54	15	4	4	77
	Antihistaminikum und Paracetamol	9	5	1	1	16
	keine Prämedikation	8	2	0	0	10
Gesamt		71	22	5	5	103

Diskussion

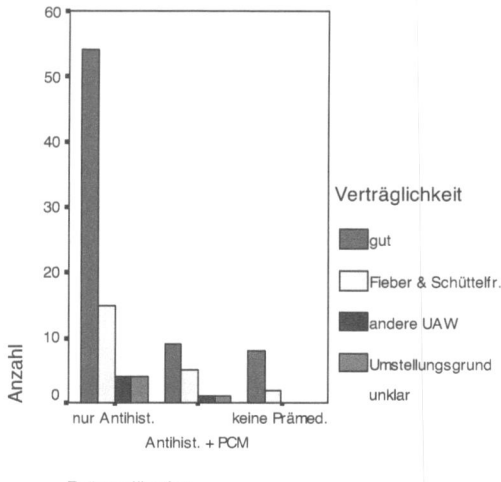

Abb. 14: Verträglichkeit von ABLC unter Prämedikation

4.4.1.4 Abweichungen zwischen den Jahren 2007 und 2008

Auffällig ist ein erheblicher Unterschied dieser Ergebnisse zur Verträglichkeit zwischen den Jahren 2007 und 2008. 2007 wurde in 83,3% (55 Patienten) der Fälle eine gute Verträglichkeit dokumentiert und es wurde bei 10,6% (7 Pat.) der Fälle wegen einer Unverträglichkeit eine Alternativprophylaxe angesetzt. Im Jahr 2008 dagegen sank die Anzahl der gut vertragenen ABLC-Gaben auf 43,2% (16 Pat.) und die Umstellung auf einen anderen Arzneistoff erfolgte in 45,9% (17 Pat.). Die Tabellen 8a-d und Abb. 15 und 16 zeigen diese Abweichungen zwischen den Jahren 2007 und 2008:

Diskussion

Tab. 8a-d: Verträglichkeit von ABLC im Jahresvergleich

a) Verträglichkeit von ABLC 2007

		Häufigkeit	Prozent	Gültige Prozente	Kumulierte Prozente
Gültig	gut	55	83,3	83,3	83,3
	Fieber u/o Schütteln	8	12,1	12,1	95,5
	andere UAW	3	4,5	4,5	100,0
	Gesamt	66	100,0	100,0	

b) Umstellung wegen Unverträglichkeit 2007

		Häufigkeit	Prozent	Gültige Prozente	Kumulierte Prozente
Gültig	nein	59	89,4	89,4	89,4
	ja	7	10,6	10,6	100,0
	Gesamt	66	100,0	100,0	

c) Verträglichkeit von ABLC 2008

		Häufigkeit	Prozent	Gültige Prozente	Kumulierte Prozente
Gültig	gut	16	43,2	43,2	43,2
	Fieber u/o Schüttelfrost	14	37,8	37,8	81,1
	andere UAW	2	5,4	5,4	86,5
	Umstellungsgrund unklar	5	13,5	13,5	100,0
	Gesamt	37	100,0	100,0	

d) Umstellung wegen Unverträglichkeit 2008

		Häufigkeit	Prozent	Gültige Prozente	Kumulierte Prozente
Gültig	nein	20	54,1	54,1	54,1
	ja	17	45,9	45,9	100,0
	Gesamt	37	100,0	100,0	

Diskussion

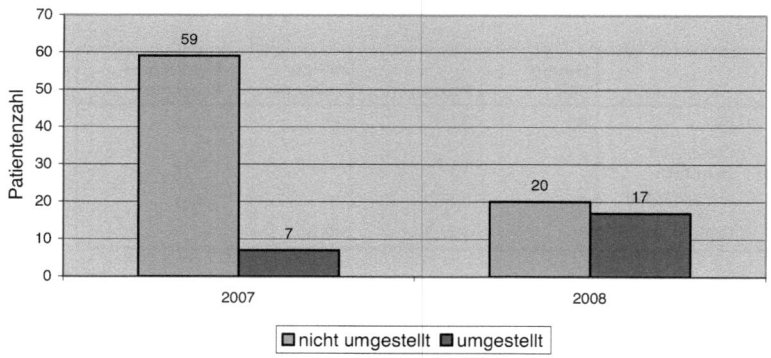

Abb. 15: Umstellung wegen Unverträglichkeit im Jahresvergleich

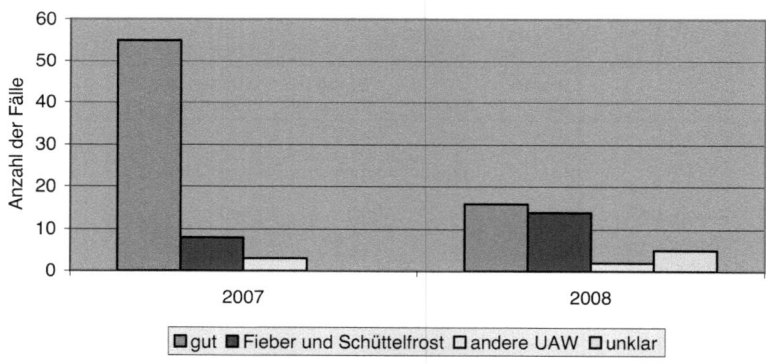

Abb. 16: Verträglichkeit von ABLC im Jahresvergleich

4.4.2 Ergebnisse zur Nephrotoxizität

4.4.2.1 Serum Kreatinin Veränderungen unter ABLC

Von den Patienten der Subgruppe zur Wirksamkeitsprüfung ist das Serumkreatinin in 33 Fällen (55%) im Normbereich geblieben, allerdings hat es bei diesen Patienten in 42,4% (14 Fälle) einen Anstieg um mindesten 0,3mg/dl und in 12,1% (4 Fälle) mindestens eine

Diskussion

Verdopplung des Ausgangswertes gegeben. Lediglich bei 15 Patienten (45,5%) ist das Serumkreatinin unverändert geblieben.

Die Kreatininwerte, die im Verlauf pathologische Werte angenommen haben, wurden nach Bearman Kriterien eingeteilt. Es kam bei 11 Patienten (18,3%) zu einem Anstieg bis unterhalb des zweifachen Ausgangswertes und bei 14 Patienten (23,3%) mindestens zu einer Verdopplung des Serumkreatinins.

Ein Patient (1,7%) zeigte einen erheblichen Anstieg des Serumkreatinins in den dialysepflichtigen Bereich und ein weiterer (1,7%) hatte bereits initial einen pathologischen Kreatininwert, der sich im Verlauf aber nicht weiter verschlechterte (s. Abb. 17).

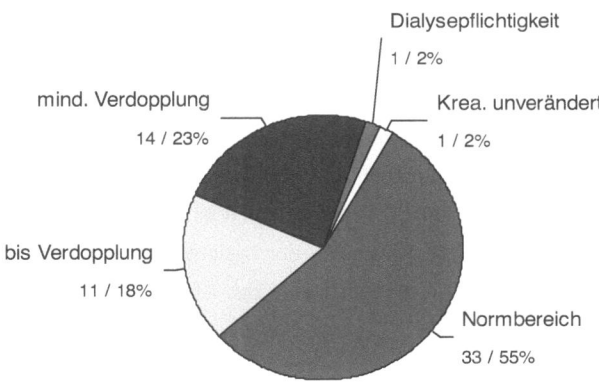

Abb. 17: Serumkreatinin Veränderungen nach Bearman [120]

Unterteilt man das maximale Kreatinin in eine Gruppe kleiner 2,0mg/dl und eine größer-gleich 2,0mg/dl, so ergibt sich, dass 93,3% der Patienten (56 Fälle) unterhalb 2,0 mg/dl bleiben, während nur 4 Patienten, 6,7%, einen maximalen Kreatininwert größer-gleich 2,0 mg/dl gezeigt haben (s. Abb. 18).

Diskussion

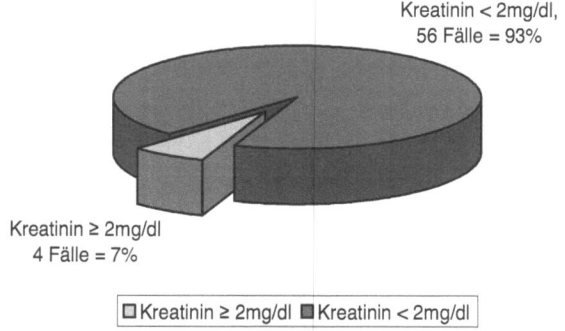

Abb. 18: Maximales Serumkreatinin

Der maximale Serumkreatininwert der Wirksamkeitsprüfgruppe wurde im Mittel nach 9,5 Tagen (Median 9,5; Standardabweichung 5,2) erreicht bei einer Range von 0 bis 28 Tagen. Um bei dieser Wertung die Gesamtdauer der ABLC Prophylaxe mit einzubeziehen, wurde ein Balkendiagramm erstellt (Abb. 19), das die Einzelfälle der Patienten, bei denen sich das Serumkreatinin mindestens verdoppelt hat, mit der Dauer der ABLC-Gabe und dem maximalen Serumkreatinin zeigt:

Diskussion

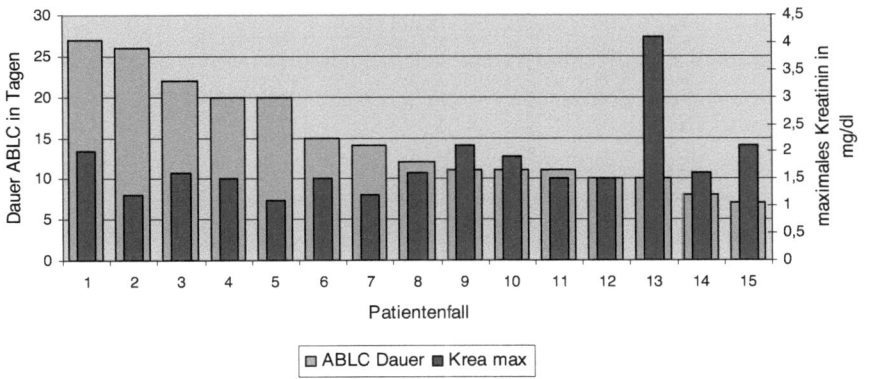

Abb. 19: Einzelfälle der Patienten mit einem mindestens verdoppelten Serumkreatininwert unter ABLC mit den maximalen Kreatininwerten und der Dauer der ABLC Prophylaxe

Anhand dieser Gegenüberstellung kann kein Zusammenhang zwischen der Dauer der ABLC-Gabe und dem maximalen Kreatinin-Wert festgestellt werden.

4.4.2.2 Nephrotoxische Arzneistoffe

Parallel zu ABLC wurden allen Patienten im Rahmen des medikamentösen Stammzelltransplantationskonzeptes zusätzlich nephrotoxische Arzneistoffe verabreicht. 33 Patienten (55%) haben 2-4 und 27 Patienten (45%) 5-6 nephrotoxische Arzneistoffe zeitgleich erhalten. Kein Patient hat weniger als 2 nephrotoxische Substanzen zusätzlich zu ABLC erhalten. Es ist möglich, dass einzelne Patienten noch zusätzliche, in einem nicht stammzell- transplantationsbezogenen Zusammenhang verordnete nephrotoxische Medikamente bekommen haben, die nicht unter die im Material und Methodenteil aufgezählten häufig parallel verabreichten Arzneistoffe fallen.

Stellt man die Anzahl der parallel zu ABLC verabreichten nephrotoxischen Arzneimittel bei jedem einzelnen Patienten seiner Nierenfunktion, eingeteilt nach Bearman [120], gegenüber, so zeigt sich, dass bei den Patienten, die nur 2 bis 4 zusätzliche potentiell nierenschädigende Substanzen erhalten haben, deutlich mehr, nämlich 66,7% gegenüber 40,7%, im Normbereich blieben. Entsprechend stieg bei weniger Patienten, 12,1%

Diskussion

gegenüber 29,6%, das Kreatinin bis unterhalb des verdoppelten Wertes und bei nur 18,2% im Vergleich zu 25,9% erhöhte sich das Serumkreatinin bis zur Verdopplung des Ausgangswertes und darüber hinaus. Insgesamt ergibt sich eine größere Nierenbelastung durch eine größere Zahl gleichzeitig verordneter nephrotoxischer Arzneimittel unter ABLC. Diesen Zusammenhang gibt auch der Boxplot graphisch wieder (Abb. 20).

Tab. 9: Nephrotoxische Arzneimittel * Kreatinin

		Anzahl nephrotox. Medikamente kategorisiert		Gesamt
		2-4	5-6	
Kreatininbeurteilung nach Bearman	Normbereich	22 (66,7%)	11 (40,7%)	33
	Kreatininanstieg bis zum 2fachen Ausgangswert	4 (12.1%)	8 (29,6%)	12
	Kreatinin mindestens verdoppelt	6 (18,2%)	7 (25,9%)	13
	Dialysepflichtigkeit	0	1 (2,7%)	1
	Kreatinin unverändert im pathologischen Bereich	1 (3,3%)	0	1
Gesamt		33	27	60

(Die Prozentwerte in den Klammern beziehen sich jeweils auf die Gesamtzahl der Spalte)

Diskussion

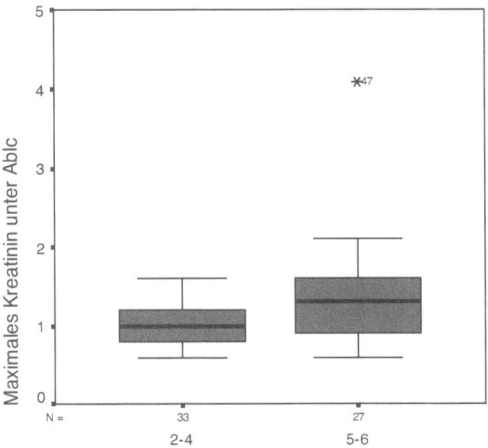

Abb. 20: Maximales Serumkreatinin in [mg/dl] unter verschiedener Anzahl nephrotoxischer Substanzen im Vergleich

4.4.2.3 Vergleich von Altersgruppen bezüglich Nierenfunktion

Um zu untersuchen, ob das Alter des Patienten während der Stammzelltransplantation in einem Zusammenhang steht mit der Höhe der Retentionsparameter unter der ABLC Prophylaxe, wurde eine Kreuztabelle gebildet und das Alter in 2 Kategorien, 18-59 Jahre und 60-75, der Nierenfunktion nach Bearman gegenübergestellt. Die Aussagemöglichkeit ist eingeschränkt, da in die Gruppe der 60-75jährigen nur 15 Patienten eingeordnet wurden. In der jüngeren Altergruppe lagen 25 von 45, also 55,6%, im Normbereich, bei 7 von 45 Patienten, 15,6%, stieg das Kreatinin bis unterhalb des zweifachen Ausgangswertes an, immerhin 11 von 45, entsprechend 24,4%, zeigten mindestens eine Verdopplung des Serumkreatinin-Ausgangswertes und jeweils ein Patient (2,2%) wurde dialysepflichtig bzw. es ergab sich keine Veränderung bei einem initial schon pathologischen Wert. Von den älteren Patienten blieben in 8 von 15 Fällen, 53,3%, die Werte im Normbereich, 5 (33,3%) stiegen mit den Werten aber blieben unterhalb einer Verdopplung und bei 2 Patienten, 13,3%, wurde laborchemisch mindestens eine Verdopplung festgestellt. So ergibt sich, dass beide Gruppen näherungsweise gleiche Häufigkeiten im Normbereich zeigen, während der Anstieg bis unterhalb des zweifachen

Diskussion

Ausgangswertes in der älteren Gruppe häufiger vertreten ist, aber im Gegensatz dazu die Patienten der jüngeren Altersgruppe häufiger Werte über eine Verdopplung hinaus zeigen. In dieser Stichprobe liegt kein signifikanter Zusammenhang zwischen dem Patientenalter zum Zeitpunkt der Stammzelltransplantation und dem Ausmaß des Serumkreatininspiegels im Verlauf der ABLC Prophylaxe vor.

Zur Überprüfung der Aussagefähigkeit der Kreatininwerte wurden die Harnstoffwerte ebenfalls dem Patientenalter gegenübergestellt. In Abb. 21 ist diese Gegenüberstellung in Form eines Boxplots dargestellt. Es zeigen sich fast identische Diagramme unter Serumkreatinin und Serum-Harnstoff.

Tab. 10: Kreatinin im Verlauf * Patientenalter

		Alter kategorisiert		Gesamt
		18-59	60-75	
Kreatininbeurteilung nach Bearman	Normbereich	25 (56%)	8 (53%)	33
	Kreatininanstieg bis zum 2fachen Ausgangswert	7 (16%)	5 (33%)	12
	Kreatinin mindestens verdoppelt	11 (24%)	2 (13%)	13
	Dialysepflichtigkeit	1 (2%)	0	1
	Kreatinin unverändert im pathologischen Bereich	1 (2%)	0	1
Gesamt		45	15	60

(Die Prozentzahlen in den Klammern beziehen sich auf die Gesamtzahl der Spalte)

Diskussion

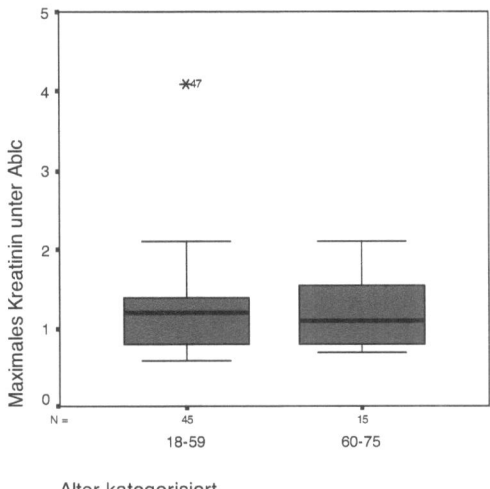

Abb. 21: Maximales Serumkreatinin in [mg/dl] im Verhältnis zum Patientenalter

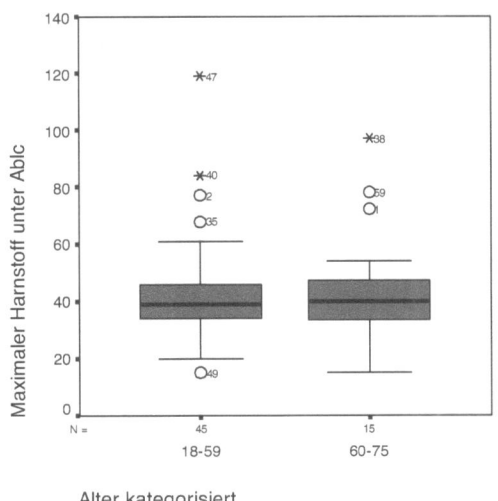

Abb. 22: Maximaler Serumharnstoff in [mg/dl] im Verhältnis zum Patientenalter

Diskussion

4.4.2.4 Kreatinin im Verhältnis zur Neutropeniedauer

In der unten aufgeführten Kreuztabelle ist das Verhältnis der Neutropeniedauer zum maximalen Serumkreatinin aufgetragen. In den Zellen der Neutropeniedauer von 29 bis 42 Tagen sind nur 3 Patienten eingetragen, so dass diese Werte nicht richtungweisend ausgewertet werden können. Bei einer Neutropeniedauer bis zu 21 Tagen ergibt sich kein Hinweis für eine geringere Verschlechterung der Nierenfunktion bei kürzerer Neutropeniedauer.

Tab. 11: Kreatinin * Neutropeniedauer

		Kreatininbeurteilung nach Bearman				
		Normbereich	Kreatinin-anstieg bis zum 2fachen Ausgangs-wert	Kreatinin mindestens verdoppelt	Kreatinin unverändert im patho-logischen Bereich	**Gesamt**
Dauer Neutropenie kategorisiert	0-7	4	2	0	0	6
	8-14	14	7	6	0	27
	15-21	14	3	6	0	23
	29-35	1	0	0	1	2
	36-42	0	0	1	0	1
Gesamt		33	12	13	1	59

4.5 Ergebnisse zur Wirksamkeit von ABLC

4.5.1 IFI nach EORTC/MSG 2008

Nach der Einteilung der EORTC Kriterien von 2008 ist es bei 47 von 60 Patienten (78,3%) zu keiner invasiven Pilzinfektion gekommen. Bei 13 Patienten bestand der Verdacht auf oder es lag eine gesicherte IFI vor. Bei 2 Patienten (3,3%) konnte eine invasive Pilzinfektion gesichert (proven) werden, in 4 Fällen (6,7%) war die Diagnose wahrscheinlich (probable) und 7 Patienten (11,7%) wurden als mögliche Erkrankte (possible) an einer invasiven Pilzinfektion eingestuft.

Diskussion

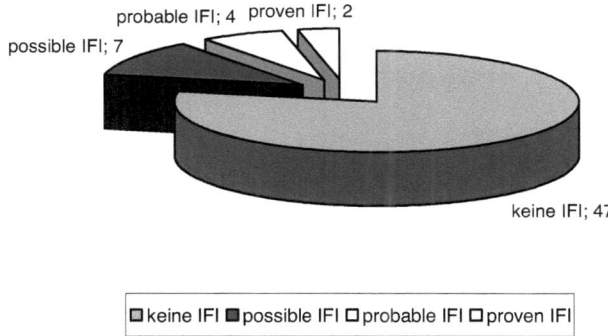

Abb. 23: Verteilung der invasiven Mykosen

Die Entwicklung einer möglichen, wahrscheinlichen oder gesicherten invasiven Pilzinfektion hat im Mittel 9,8 Tage (Median = 10) mit eine Spannweite von 1 bis 16 Tagen gedauert.

4.5.2 Umstellung auf Pilztherapie

Bei deutlich mehr Patienten als bei denen mit nachgewiesenen oder vermuteten IFI, nämlich bei 20 (33,3%), wurde aufgrund von verschiedenen klinischen und diagnostischen Befunden empirisch auf eine therapeutische Antimykotikagabe eskaliert. Die Umstellung aufgrund von pilzverdächtigen Infiltraten im hochauflösenden thorakalen Computertomogramm war mit 9 Patienten (15%) der häufigste Grund, gefolgt von 7 Patienten (11,7%), bei denen nach klinischen Überlegungen empirisch eskaliert wurde. Bei 3 Patienten (5%) sind Pilze in Blutkulturen gewachsen, was zu einer Umstellung auf eine antimykotische Therapie führte und bei einem Patienten (1,7%) wurde keine Angabe zum Grund der Umstellung dokumentiert. Kein Patient der Subgruppe zur Wirksamkeitsprüfung wurde einer Pilztherapie nur aufgrund von positiven Antigenbestimmungen zugeführt.

Diskussion

Bei 3 Patienten erfolgte die Umstellung auf eine antimykotische Therapie, kurz nachdem sie von ABLC auf ein Folgeprophylaktikum umgestellt worden waren (1x nach einem Tag und 2x nach zwei Tagen).

Die genannte Verteilung zeigt die folgende Abbildung 24:

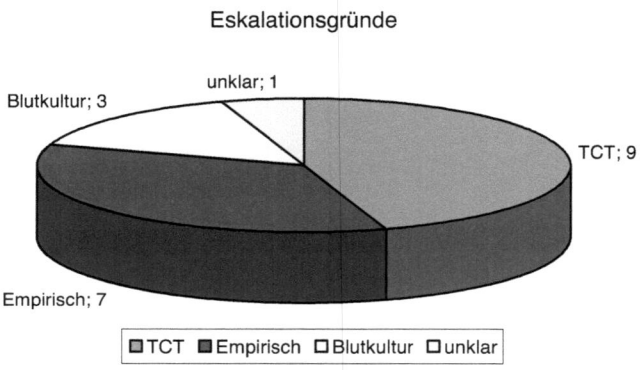

Abb. 24: Eskalationsgründe

4.5.3 Antifungale Medikation nach ABLC

Die antifungale Medikation nach Absetzten von ABLC wurde kategorisiert in die Umstellung auf eine orale Prophylaxe mit einem Triazol bei wiedererlangter Schluckfähigkeit, in die fortgesetzte intravenöse Prophylaxe mit liposomalem Amphotericin B aufgrund von weiterhin bestehender Schluck- bzw. Resorptionsunfähigkeit bei einer ABLC Unverträglichkeit und in die empirische oder gesicherte antimykotische Therapie mit Caspofungin. Von der Subgruppe zur Wirksamkeitsprüfung erhielten 38 Patienten (63,3%) eine orale Prophylaxe, bei 4 (6,7%) wurde die Prophylaxe intravenös mit liposomalem Amphotericin B fortgesetzt und 17 Patienten (28,3%) wurden aus den oben genannten Gründen auf Caspofungin umgestellt. Bei 3 Patienten, die nach ABLC eine orale oder intravenöse Prophylaxe erhalten haben, wurde diese innerhalb von wenigen Tagen auf eine Pilztherapie mit Caspofungin eskaliert, nachdem Befunde erhoben wurden, die auf eine invasive Mykose hindeuteten. Zu einem Patienten konnten die Daten bezüglich der Pilzprophylaxe oder -therapie aufgrund der Verlegung in eine andere Abteilung nicht erhoben werden.

Diskussion

Bezogen auf die Gesamtzahl der ABLC Patienten (n=103) haben 43,3% ein orales und 22,1% ein intravenöses Prophylaktikum und 31,7% eine Pilztherapie erhalten. Zu 2 (1,9%) Patienten konnten keine Daten erhoben werden.
(Von den 43 Patienten, die ABLC weniger als 7 Tage bekommen haben, wurden 44,2% (19 Fälle) auf AmBisome® umgestellt, 16,3% (7 Fälle) konnten eine orale Prophylaxe bekommen und 37,2% (16 Fälle) benötigten eine Pilztherapie. In einem Fall ließen sich keine Daten erheben.) Diese prozentualen Werte sind in Abb. 25 wiedergegeben.

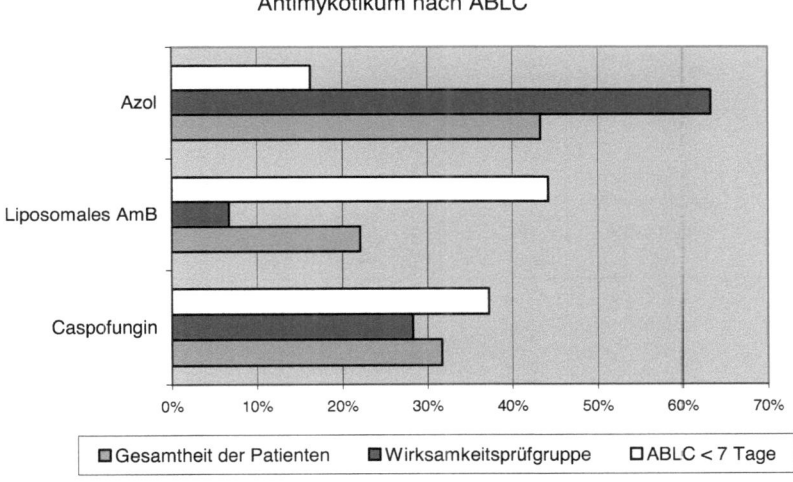

Abb. 25: Pilzmedikation nach ABLC

4.5.4 Diagnosen und Outcome

Von den Patienten, die ihre orale Prophylaxe nach ABLC ohne Umstellung fortsetzen konnten, also nach ABLC direkt ein Azol erhalten haben, waren alle Diagnosen gleichmäßig verteilt. Im Verhältnis haben die meisten der Patienten mit chronisch myeloproliferativen Syndromen die Prophylaxe regulär fortgesetzt und keine IFI ausgebildet (20/24 = 83,3%), bei den malignen Lymphomen und den akuten Leukämien waren es deutlich weniger (9/18=50% bzw. 9/15=60%). Die Zahlenwerte der anderen Folgemedikationen sind zu klein, um ein aussagekräftiges Ergebnis zu erbringen (Tab. 12). Unter den Patienten, die die IFI Kriterien erfüllen, erhielten die meisten, nämlich 5 von 13 (38,5%), die HSZT wegen der Diagnose eines Lymphoms, jeweils 3 von 13 Patienten,

Diskussion

23,1%, litten unter einer akuten Leukämie bzw. einem myeloproliferativem Syndrom und 2 von 13, 15,4%, hatten schwere Anämien. Wie sich diese Diagnosen auf die IFI-Einteilung aufgliedern zeigt Tab. 13.

Tab. 12: Antifungale Medikation nach ABLC * Diagnosen

		Diagnose kategorisiert				Gesamt
		Maligne Lymphome	Akute Leukämien	Chron. myeloproliferative Syndrome	Anämien	
Pilzmedikation nach ABLC	Therapie	6	4	4	3	17
	i.v. Prophylaxe	2	2	0	0	4
	orale Prophylaxe	9	9	20	0	38
	keine Angabe	1	0	0	0	1
Gesamt		18	15	24	3	60

Tab. 13: Diagnose * IFI

		IFI			Gesamt
		possible	probable	proven	
Diagnose kategorisiert	Maligne Lymphome	3	1	1	5(38,5%)
	Akute Leukämien	2	0	1	3(23,1%)
	Chron. myeloproliferative Syndrome	2	1	0	3(23,1%)
	Anämien	0	2	0	2(15,2%)
Gesamt		7	4	2	13

4.5.5 IFI Entstehung im Zusammenhang mit Neutropeniedauer

In folgenden Kreuztabellen wurde die Entwicklung einer invasiven Pilzinfektion gegen die Neutropeniedauer aufgetragen. Dabei fällt auf, dass in dieser kleinen Stichprobe von 13 Patienten die meisten, nämlich 8 (61,5%), ihre IFI während einer 2-3 Wochen anhaltenden

Diskussion

neutropenischen Phase entwickelten. Im Vergleich dazu waren von den Patienten der Subgruppe zur Wirksamkeitsprüfung, die keine IFI entwickelt haben, die meisten (51,1%) in der Gruppe einer 1-2 Wochen anhaltenden Neutropeniephase. Bei 31,9% dieser IFI-freien Patientengruppe betrug die Neutropeniedauer 14 bis 21 Tage.

Bei weniger Patienten (3/13; 23,1%) wurde innerhalb einer kurzen, nur bis 14 Tage dauernden Neutropeniephase, eine IFI diagnostiziert. 2 wahrscheinliche invasiv fungale Infektionen (15,4%) fanden sich innerhalb der Patientengruppe mit einer Dauer der Neutropenie über 4 Wochen.

Trägt man die Dauer der Neutropenie kategorisiert in die Gruppen 1-14 Tage und 15-37 Tage gegen das Auftreten von IFI (gesicherte, wahrscheinliche und mögliche IFI) in einer Kreuztabelle auf, ergibt sich im Chi-Quadrat Test eine deutliche Signifikanz. Das Auftreten von IFI ist entsprechend umso wahrscheinlicher, je länger die neutropenische Phase andauert.

Tab. 14: Neutropeniedauer * IFI

		Dauer Neutropenie kategorisiert			Gesamt
		8-14	15-21	29-35	
IFI	possible	2	5	0	7
	probable	0	2	2	4
	proven	1	1	0	2
Gesamt		3	8	2	13

Tab. 15: Neutropeniedauer der Subgruppe zur Wirksamkeitsprüfung
unter den IFI-freien Patienten

		Häufigkeit	Prozent	Gültige Prozente	Kumulierte Prozente
Gültig	0-7	6	12,8	13	13
	8-14	24	51,1	52,2	65,2
	15-21	15	31,9	32,6	97,8
	36-42	1	2,1	2,2	100
	Gesamt	46	97,9	100	
Fehlend	System	1	2,1		
Gesamt		47	100		

Diskussion

Tab. 16: Neutropeniedauer der gesamten Subgruppe zur Wirksamkeitsprüfung

		IFI kategorisiert		Gesamt
		keine IFI	IFI	
Neutropenie-dauer	1-14 d	30	3	33
	15-37 d	16	10	26
Gesamt		46	13	59

(Mittelwert der Neutropeniedauer = 14 d)
p=0,07

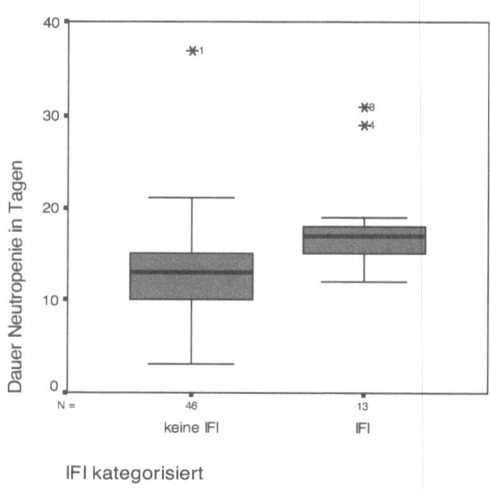

Abb. 26: Auftreten von IFI zur Neutropeniedauer, zusammengefasst

Diskussion

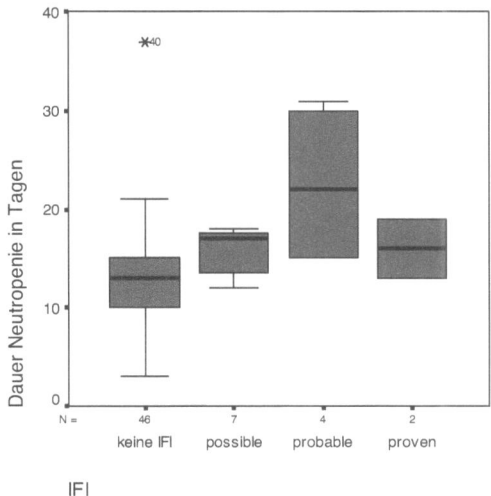

Abb. 27: Auftreten von IFI zur Neutropeniedauer, aufgegliedert

4.5.6 Auftreten von IFI im zeitlichen Zusammenhang

Die Entwicklung einer invasiven Pilzinfektion fand im Mittel nach 9,8 Tagen (Median = 10) mit einer Range von 1 bis 16 Tagen und einer Standard-abweichung von 4 statt.

4.6 Zusammenfassung

Von 207 Patienten mit erfüllten Einschlusskriterien haben 103 ABLC erhalten, 60 von ihnen mindestens über 7 Tage.

Die die HSZT indizierenden Erkrankungen waren zu 34% akute Leukämien, 33% myeloproliferative Syndrome, 28% maligne Lymphome und zu 5% schwere Anämien.

83,3% der Patienten haben vor ABLC ein Azol-Antimykotikum in einer medianen Dauer von 6,5 Tagen bekommen. Die mediane Prophylaxedauer mit

ABLC der Gesamtgruppe lag bei 9 Tagen mit einer Range von 1 bis 30 Tagen.

Nach durchschnittlich 5,7 Tagen mit einem Median von 3 Tagen wurde bei 23,3% der gesamten ABLC Gruppe aufgrund von akuten Unverträglichkeits-reaktionen auf eine Ausweichsubstanz umgestellt, weitere 7,8% haben Unverträglichkeiten angegeben, ohne dass umgestellt wurde. 81,5% der Unverträglichkeitsreaktionen bestanden in Fieber und

Diskussion

Schüttelfrost. 22,7% haben trotz Prämedikation mit Paracetamol Fieber und Schüttelfrost entwickelt und 4,8% haben trotz H1-Antihistaminikum allergische Nebenwirkungen gezeigt. Es besteht ein erheblicher Unterschied der Verträglichkeit zwischen den Jahren 2007 und 2008. 2007 wurde bei 83,3% eine gute Verträglichkeit dokumentiert und nur bei 10,6% wegen Unverträglichkeit eine Alternativprophylaxe angesetzt. Im Jahr 2008 sank die Anzahl der gut vertragenen ABLC Gaben auf 43,2% und die Umstellung auf einen anderen Arzneistoff erfolgte in 45,9%.

Die Subgruppe zur Wirksamkeitsprüfung hat ABLC durchschnittlich 13,5 Tage erhalten. Der Median der Neutropeniedauer in der Subgruppe zur Wirksamkeitsprüfung betrug 14 Tage mit einer Range von 3 bis 37 Tagen. 74,8% dieser Subgruppe haben als Prämedikation ein H1-Antihistaminikum, 15,5% zusätzlich auch noch Paracetamol und 9,7% keine Prämedikation erhalten.

Zeitgleich mit der ABLC Prophylaxe haben 55% 2-4 und 45% 5-6 nephrotoxische Substanzen erhalten. Von den Patienten, die nur 2-4 zusätzliche nephrotoxische Substanzen parallel zu ABLC erhalten haben, blieben 66,7% im Gegensatz zu 40,7% der Patienten, die 5-6 nephrotoxische Substanzen zusätzlich erhielten, im Serumkreatinin-Normbereich und bei nur 12,1% im Vergleich zu 29,6% stieg das Serumkreatinin bis unterhalb des verdoppelten Ausgangswertes. Je mehr nephrotoxische Substanzen die Patienten parallel zu ABLC erhielten, desto höher waren die Nierenretentionswerte.

Von den Patienten der Subgruppe zur Wirksamkeitsprüfung ist das Serumkreatinin in 55% im Normbereich geblieben. Bei 18,3% kam es zu einem Anstieg bis unterhalb des zweifachen Ausgangswerts und bei 23,3% mindestens zu einer Verdopplung des Serumkreatinins. Ein Patient zeigte einen erheblichen Anstieg des Serumkreatinins in den dialysepflichtigen Bereich. 93,3% der Patienten blieben unterhalb von 2mg/dl Serum-Kreatinin und nur 6,7% erreichten einen maximalen Wert größer-gleich 2mg/dl. Der maximale Serumkreatininwert wurde im Mittel nach 9,5 Tagen erreicht.

In dieser Stichprobe zeigte sich kein signifikanter Zusammenhang zwischen dem Patientenalter zum Zeitpunkt der Stammzelltransplantation und dem Ausmaß des Serumkreatininspiegels im Verlauf der ABLC Prophylaxe.

Nach der Einteilung der EORTC Kriterien von 2008 ist es bei 78,3% zu keiner invasiven Pilzinfektion gekommen. Bei 21,6% lag mindestens der Verdacht auf eine IFI vor. Bei 3,3% konnte eine invasive Pilzinfektion gesichert werden, bei 6,7% war die Diagnose wahrscheinlich und 11,7% wurden als mögliche Erkrankte eingestuft. Die Entwicklung einer möglichen, wahrscheinlichen oder gesicherten invasiven Pilzinfektion hat im Mittel 9,8 Tage (Median = 10) mit einer Range von 1 bis 16 Tagen gedauert. Bei 20 von 60

Diskussion

Patienten wurde aufgrund von verschiedenen klinischen und diagnostischen Befunden auf eine Pilztherapie eskaliert. Diese Umstellung erfolgte bei 9 von 60 Patienten aufgrund von pilzverdächtigen Infiltraten im hochauflösenden thorakalen Computertomogramm, bei 7 von 60 Patienten aus empirischen Überlegungen und bei 3 von 60 Patienten aufgrund von positiven Blutkulturen. Bei einem Patienten ist aus den Akten kein Eskalationsgrund zu entnehmen.

63,3% der Patienten erhielten nach Absetzen von ABLC eine orale Prophylaxe, bei 6,7% wurde die Prophylaxe i.v. mit AmBisome® fortgesetzt und 28,3% wurden auf Caspofungin umgestellt. Bezogen auf die Gesamtzahl der ABLC Patienten haben 43,3% ein orales und 22,1% ein intravenöses Prophylaktikum und 31,7% eine Pilztherapie bekommen. Von den 43 Patienten, die ABLC weniger als 7 Tage bekommen haben, wurden 44,2% auf AmBisome® umgestellt, 16,3% konnten eine orale Prophylaxe bekommen und 37,2% benötigten eine Pilztherapie.

Von den Patienten, die ihre Prophylaxe regulär fortsetzen konnten, waren alle Diagnosen gleichmäßig verteilt. Im Verhältnis haben die meisten der Patienten mit chronisch myeloproliferativen Syndromen die Prophylaxe regulär fortgesetzt
und keine IFI ausgebildet (83,3%), bei den malignen Lymphomen und den akuten Leukämien waren es deutlich weniger (50% bzw. 60%).

Von den 13 Patienten, die eine invasive Mykose entwickelten, haben 61,5% die Pilzinfektion während einer 2-3 Wochen anhaltenden und 23,1% während einer bis 14 Tage anhaltenden neutropenischen Phase akquiriert. Nur 15,4% fanden sich innerhalb der Patientengruppe mit einer Neutropeniedauer über 4 Wochen. Die Entwicklung einer invasiven Pilzinfektion fand im Mittel nach 9,77 Tagen mit einer Range von 1 bis 16 Tagen statt.

Diskussion

Tab. 17: Zusammenfassung Ergebnisse: Patientencharakteristika, Prophylaxe, Begleitmedikation, Verlaufsbeurteilung, Verträglichkeit und klinisches Outcome unter ABLC

Antimykotische Prophylaxe vor ABLC	(60)	
Itraconazol	37	61,7
Voriconazol	5	8,3
Posaconazol	8	13,3
Keine	10	16,7
Dauer ABLC in Tagen		
1-6	43	41,8
7-11	25	24,3
12-16	23	22,3
17-21	8	7,8
22-26	2	1,9
27-31	2	1,9
Prämedikation	(103)	
Keine	10	9,7
Nur Antihistaminikum	77	74,8
PCM + Antihistaminikum	16	15,5
Umstellungsgrund auf ABLC	(60)	
Mucositis, Nausea/Emesis	42	70,0
Unverträglichkeit Azol	5	8,4
Hepatotoxische Begleitmedikation	1	1,7
Medikamentenspiegel unzureichend	1	1,7
Grund unbekannt	1	1,7
Keine vorherige Prophylaxe	10	16,7

Neutropeniedauer in d	(60)	
0-7	6	10
8-14	27	45
15-21	23	38,3
22-28	0	0
29-35	2	3,3
36-42	1	1,7
in Neutropenie verstorben	1	1,7
Anzahl nephrotoxische Medikamente	(60)	
3-4	33	55
5-6	27	45

Anzahl	Mittelwert	Standardabweichung	Median	Range
Alter in Jahren bei Stammzelltransplantation				
(103)	48,65	12,95	50	18-72
(60)	47,28	13,14	48	18-70
Dauer antimykotische Prophylaxe vor ABLC in Tagen				
(60)	6,35	4,85	6,5	0-16
Dauer ABLC in Tagen				

Diskussion

Anzahl	Mittelwert	Standardabweichung	Median	Range
(103)	9,18	6,47	9	1-30
(60)	13,53	4,96	12	7-30
Neutropeniedauer in Tagen				
(60)	14,1	5,8	14	3-37

Clinical Outcome	Anzahl	Prozentzahl		
Antwort auf Prophylaxe	(103)			
Umstellung wegen Unverträglichkeit	24	23,3%		
Keine Umstellung	79	76,7%		
Unverträglichkeitsreaktion	(103)			
Keine	71	68,9%		
Fieber u/o Schüttelfrost	22	21,4%		
Andere UAW	5	4,9%		
Unklar/keine Angabe	5	4,9%		
IFI (nach EORTC 2008)	(60)			
Keine	47	78,3%		
Possible	7	11,7%		
Probable	4	6,7%		
Proven	2	3,3%		
Umstellungsgrund auf Therapie	(60)			
Keine Umstellung	40	66,7%		
Empirisch	7	11,7%		
TCT	9	15%		
Antigennachweis	0	0%		
Blutkultur	3	5%		
Keine Angabe	1	1,7%		
Antimykotika nach ABLC	(103)(%)	(60)(%)	(43)(%)	
Orale Prophylaxe (Azol)	45 (43,3)	38 (63,3)	7 (16,3)	
i.v. Prophylaxe (AmBisome®)	23 (22,1)	4 (6,7)	19 (44,2)	
Therapie (Caspofungin)	33 (31,7)	17 (28,3)	16 (37,2)	
Keine Angabe	2 (1,9)	1 (1,7)	1 (2,3)	
Kreatinin nach Bearman	(60)			
Im Normbereich	33	55%		
Anstieg bis zu 2fachem Ausgangswert	11	18,3%		
Anstieg über 2fachen Ausgangswert	14	23,3%		
Dialysepflicht	1	1,7%		
Unverändert pathologisch	1	1,7%		
Kreatininveränderungen unter ABLC bei Werten im Normbereich	(33/60)			
In Norm gleich geblieben	15	45,5%		
Ab 0,3mg/dl Anstieg	14	42,4%		
mindestens Verdopplung des Ausgangswertes	4	12,1%		

	Mittelwert	Standardabweichung	Median	Range
Dauer bis IFI (d)	9,77	4,05	10	1-16

5 Diskussion

5.1 Toxizität von ABLC

5.1.1 Akute Toxizität

In der vorliegenden Erhebung entwickelten 23% der Patienten eine Unverträglichkeitsreaktion, die sich in 92% in Form von Fieber und/oder Schüttelfrost zeigte. Leider gibt es in der Referenzliteratur kaum Angaben über die prozentualen Anteile der Unverträglichkeitsreaktionen mit Fieber und/oder Schüttelfrost. In der Regel werden die akuten Unverträglichkeitsreaktionen zusammengefasst beschrieben bzw. ausgewertet.

Die Umstellung auf ein alternatives antifungales Prophylaktikum bei dokumentierter Unverträglichkeit erfolgte nach Einschätzung der behandelnden Ärzte aufgrund der Angaben und klinischen Befunde der betroffenen Patienten. In einigen Fällen ist die Umstellung rückblickend nicht sicher auf eine Unverträglichkeitsreaktion durch ABLC zurückzuführen, da die wenigsten Fieberreaktionen im klinischen Alltag sicher einem auslösenden Faktor zugerechnet werden können.

Beispielsweise wurde in vier Fällen Abelcet® wegen neu aufgetretenem Fieber nach Abteilungsstandard auf eine empirische Therapie mit Caspofungin eskaliert. Im Nachhinein wurden bakterielle septische Infektionen als Fieberursache diagnostiziert. In zwei von diesen Fällen ist das Fieber als vermeintliche ABLC Infusionsreaktion erst nach 12- bzw. 13-tägiger Gabe aufgetreten. In einem weiteren Fall wurde ebenfalls erst nach acht erfolgten Dosen die erste Unverträglichkeitsreaktion festgestellt. Nach Literaturangaben jedoch treten die akuten Infusionsreaktionen in der Regel während der ersten Gaben von ABLC auf und reduzieren sich oder verschwinden nach mehrfachen Applikationen [13, 88].

In einem Fall ist nach der zwölften ABLC Infusion eine schwere allergische Reaktion aufgetreten. Am selben Tag wurden allerdings auch ATG verabreicht und der Verdacht auf eine ZVK-Infektion und eine bakterielle Pneumonie im thorakalen CT gestellt, so dass nicht sicher entschieden werden kann, welcher Arzneistoff bzw. welche Infektion diese Reaktionen verursacht hat.

Deutlich wird durch diese Einzelfälle, dass die Erhebung von Nebenwirkungen durch die täglichen Berichte der Patienten und des Pflegepersonals und die Beurteilung der Ärzte

Diskussion

ohne standardisierte Einteilung (z.B. Common Toxicity Criteria [123]) zu uneindeutigen Einschätzungen führen kann, die dann die Ergebnisse von retrospektiven Untersuchungen negativ beeinflussen. Wenn man die oben beschriebenen Ereignisse nicht als akute Toxizitätsfälle einstuft und die Durchschnittswerte neu ermittelt, reduziert sich der Anteil an Unverträglichkeitsreaktionen auf 18,5%.

Im Vergleich zu anderen Studien wurde bei dem Patientenkollektiv der vorliegenden Untersuchung häufig schon nach leichten, also Grad 1-2 adverse events der Common toxicity Criteria [123] auf eine alternative Substanz umgestellt. Dies ist sicher zum Vorteil der Patienten geschehen, aber in anderen, insbesondere prospektiven Studien wurde erst beim Auftreten von Grad 3-4 adverse events umgestellt [117]. Dadurch sind wiederum schwer vergleichbare Daten entstanden. Trotzdem zeigen die Ergebnisse, unter Beachtung der soeben aufgeführten Besonderheiten, durchaus ähnliche Zahlen in Bezug auf die akute Toxizität. In der prospektiven Studie von Mattiuzzi et al. [124] in der L-AmB in der prophylaktischen Dosierung von 3mg/kg dreimal pro Woche mit einer Kombination von Fluconazol und Itraconazol als Prophylaxe verglichen wird, entwickelten 14% (10/70) der Patienten, die aufgrund von AML oder MDS eine Induktionschemotherapie erhielten, trotz Prämedikation eine Infusionsreaktion.

In einer weiteren Studie von Mattiuzzi et al. [117], die die Prophylaxe von invasiven Pilzinfektionen durch ABLC und L-AmB in einer Dosierung von 2,5mg/kg bzw. 3mg/kg dreimal pro Woche vergleicht, traten Grad 3-4 infusionsbedingte Nebenwirkungen unter ABLC bei nur 4% der Patienten auf. Allerdings sind 18% (n=131) der Patienten aus der Studie ausgeschieden, weil Nebenwirkungen aufgetreten sind, die vermutlich durch die Infusion von ABLC ausgelöst wurden. Bei L-AmB waren es 15% (n=70) Studienabbrecher. Es sind keine statistisch signifikanten Unterschiede in der Häufigkeit der Grad 3 und 4 Infusionsreaktiosreaktionen zwischen ABLC und L-AmB festzustellen [117].

Unter L-AmB Prophylaxe in einer Dosierung von 2mg/kg dreimal wöchentlich verabreicht im Rahmen von autologen und allogenen Knochenmark- transplantationen untersucht von Kelsey et al. [125], entwickelten nur 5 von 74 Patienten (6,8%) eine starke Infusionsreaktion, so dass auf Alternativpräparate umgestellt wurde. Insgesamt entwickelten 45,5% der Patienten dieser Studie Fieber als Nebenwirkung, also deutlich mehr als in der vorliegenden Erhebung. In einer prospektiven Studie von Wingard et al. [104], in die die Sicherheit von L-AmB und ABLC während der antimykotischen Therapie (5mg/kg/d) bei neutropenischen Patienten ohne Prämedikationen verglichen wird, haben am ersten Tag der Gabe ohne Prämedikation 23,5% der L-AmB- im Gegensatz zu 79,5% der ABLC Patienten und an den Tagen 2 bis 5, an denen eine Prämedikation zulässig war,

Diskussion

24,3% der L-AmB- und 50,7% der ABLC Patienten mit Schüttelfrost reagiert. Mindestens ein Grad Temperaturanstieg war bei den ABLC Patienten im Gegensatz zu den L-AmB Patienten auch häufiger zu verzeichnen (19,8% und 28,4% unter L-AmB und 57,7% und 45,1% unter ABLC). Auffällig an diesen Daten ist, dass bei L-AmB die betrachteten Nebenwirkungen im Verlauf der ersten Tage in der Häufigkeit eher zunehmen, während sie bei ABLC abnehmen. Auch von anderen Autoren wird berichtet, dass die Verträglichkeit von ABLC nach einigen Infusionen deutlich zunimmt [13, 88].

5.1.1.1 Effektivität der Prämedikation

In der Literatur findet man keine Studien, die die Wirksamkeit von Prämedikationen in Bezug auf die Verträglichkeit von Amphotericin B Formulierungen nachweisen [91, 92].

Die Betrachtung der 3 Untergruppen von Patienten die entweder nur ein Antihistaminikum, ein Antihistaminikum plus Paracetamol oder keine Prämedikation erhalten haben (s. Kap. 4.4.1.3.), ergibt, dass nur in 4,8% der Fälle allergische Nebenwirkungen trotz einer Prämedikation mit einem
H1-Antihistaminikum aufgetreten sind. Dies kann auf eine gute Wirksamkeit zurückzuführen sein, allerdings hat keiner der 10 Patienten ohne Prämedikation mit allergischen Nebenwirkungen reagiert. Eventuell liegt die Inzidenz von allergischen Nebenwirkungen im Patientenkollektiv der Untersuchung unter ABLC sehr niedrig, so dass die Effektivität von H1-Antihistaminika als Prophylaxe vor allergischen Nebenwirkungen nicht beurteilt werden kann. Die Fallzahlen sind zu klein, so dass sich im Chi-Quadrat Test keine Signifikanzen zeigen.

Von 16 Patienten, die Paracetamol als Prämedikation gegen Fieber und Schüttelfrost erhalten haben, haben 5, also 31,3%, trotzdem diese Nebenwirkungen entwickelt. In der „Kontrollgruppe", also unter den Patienten, die nur das Antihistaminikum bzw. keine Prämedikation erhalten haben, haben 17 von 87, entsprechend 19,5%, Fieber und Schüttelfrost entwickelt.

Diese Zahlen mögen den Eindruck erwecken, dass Paracetamol Fieber und Schüttelfrost fördern könnte. Allerdings muss man in diese Überlegung einbeziehen, dass Paracetamol häufig nur dann als Prämedikation eingesetzt wurde, wenn der Patient sowieso schon unter Fieber und Schüttelfrost aufgrund der ABLC Infusion oder anderer Arzneimittel bzw. klinischen Gründe litt.

Als Fazit bezüglich der Frage, wie wirksam Prämedikationen im vorliegenden Patientenkollektiv sind, ergibt sich, dass die Wirksamkeit bei fehlender Placebo-

Diskussion

Kontrollgruppe nicht abschließend beurteilt werden kann. Auffällig ist aber die deutlich höhere Anzahl der Nebenwirkungen Fieber und Schüttelfrost mit oder ohne Prämedikation im Vergleich zu allergischen oder anderen Nebenwirkungen. Deshalb sollten in Zukunft, auch wenn diese Ergebnisse bei fehlender statistischer Signifikanz aufgrund kleiner Fallzahlen nicht auf die Grundgesamtheit an HSZT Patienten übertragen werden können, die Überlegungen über die Auswahl der Prämedikationen sich eher auf die unerwünschten Wirkungen Fieber und Schüttelfrost konzentrieren. Es könnte versucht werden, Paracetamol oder andere Fieber und Schüttelfrost unterdrückende Arzneistoffe als Standard bei allen Patienten einzusetzen.

5.1.1.2 Abweichungen der Ergebnisse der akuten Toxizität zwischen den Jahren 2007 und 2008

Im Rahmen der Datenrecherche ist aufgefallen, dass die Unverträglichkeitsreaktionen auf die ABLC Infusionen im Jahr 2008 im Vergleich zu 2007 stark zugenommen haben (Abb. 15, Kapitel 4.4.1.4). Der Grund für diese Veränderungen der Verträglichkeit bzw. die Häufigkeit der Notwendigkeit für Umstellungen auf andere Pilzprophylaxe-Wirkstoffe konnte bislang nicht geklärt werden. Eine Nachfrage bei der Hersteller- und Bezugsfirma von Abelcet® (Cephalon GmbH, Martinsried) erbrachte keine Hinweise für eine Veränderung der Art der Herstellung oder die Art und die Zusammensetzung der Hilfsstoffe.

Ebensowenig wurde am standardisierten Infusionsablauf (Zeitpunkt der Prämedikation und Infusion, Infusionsgeschwindigkeit) irgendeine Veränderung vorgenommen. Weitere Ursachen für die veränderte Verträglichkeit könnten parallel verabreichte Medikamente sein, jedoch auch diese Möglichkeit ließ sich nicht bestätigen. Gegebenenfalls sollte zur weiteren Ursachenforschung in anderen Stammzelltransplantationszentren, die ebenfalls mit Abelcet® arbeiten, recherchiert werden, ob ähnliche Unterschiede in der Verträglichkeit zwischen den Jahren 2007 und 2008 aufgetreten sind.

5.1.2 Einfluss von ABLC auf die Dauer der Neutropenie

Die durchschnittliche Neutropeniedauer lag bei den untersuchten Patienten bei 14,1 Tagen. Im Vergleich mit Patientengruppen aus Literaturangaben ohne oder mit anderen antimykotischen Prophylaxen ist die durchschnittliche Neutropeniedauer nicht verlängert (17 Tage [107], 19,3 Tage [38], 17-18 Tage [126]) so dass man davon ausgehen kann, dass ABLC keine Verzögerung des Engraftment und kein Graftversagen verursacht [2].

Diskussion

Die Unterteilung der Patientengruppe in Knochenmarks- und periphere Blutstammzelltransplantationsempfänger wurde nicht vorgenommen. In der Regel erfolgt das Engraftment etwas schneller bei KM-SZT als bei PB-SZT Empfängern. Da die Neutropeniephase aber insgesamt nicht verlängert war und somit diesbezüglich kein Anhalt für toxische Auswirkungen von ABLC gesehen wurde, wurden keine weiteren Untersuchungen vorgenommen.

5.1.3 Ergebnisse zur Nephrotoxizität

5.1.3.1 Nephrotoxische Arzneimittel

In einer Studie von Wingard et al. konnte gezeigt werden, dass gleichzeitig verabreichte nephrotoxische Arzneimittel assoziiert sind mit einer höheren Mortalität [127]. Auch wurde festgestellt, dass die Anzahl dieser zusätzlichen die Ausscheidungsfunktion einschränkenden Wirkstoffe ausschlaggebend für das Outcome der Nierenfunktion ist [115].

Diesen Zusammenhang bestätigen die Daten dieser Arbeit, wenn auch in abgeschwächter Form. Je mehr nephrotoxische Arzneistoffe parallel zu ABLC verabreicht werden, desto höher steigen die durchschnittlichen Serumkreatininwerte, auch wenn die Daten keine Signifikanzen ergeben und somit nicht verallgemeinert werden dürfen. Diese Tendenz zeigt sich auch in der Vergleichsliteratur, allerdings auch hier ohne Signifikanzen bei kleinen Patientenkollektiven [104].

Auffällig während der Aktenrecherche war die Tatsache, dass häufig die Kreatininwerte deutlich anstiegen, sobald in der antibiotischen Therapie auf Tobramycin eskaliert/umgestellt wurde. Bei der Umstellung auf andere Antibiotika war dieser Anstieg nicht festzustellen, so dass man nicht davon ausgehen kann, dass die Tatsache einer beginnenden Infektion Ursache der Retentionswertzunahme ist. Auch Alexander und Wingard [115] haben festgestellt, dass Calcineurininhibitoren (Ciclosporin A und Tacrolimus) und Aminoglycoside (wie Tobramycin) die größte nephrotoxische Potenz als Ko-Medikation aufwiesen.

Aus den beschriebenen Daten wird ersichtlich, dass die Veränderungen der Retentionswerte, die sich im Verlauf der ABLC Prophylaxe ergeben, nicht nur auf dieselbige zurückgeführt werden können, sondern immer ein Mischbild aller gleichzeitig ablaufender nephrotoxischer Prozesse darstellen.

Weitere nephrotoxische Risikofaktoren können initial pathologische Nierenwerte (z.B. bei Patienten mit Plasmozytom), Dehydrierung auch durch Diuretika, eine Sepsis, höheres

Diskussion

Patientenalter, vorbestehende Arteriosklerose, Diabetes mellitus oder eine Herzinsuffizienz sein [88].

5.1.3.2 Serumkreatinin Veränderungen unter ABLC

Allogene HSZT Patienten zeigten in der Studie von Alexander und Wingard [115] im Vergleich zu allen anderen Patientengruppen außer Leukämiepatienten eine signifikant stärkere Verschlechterung der Kreatininclearance-Werte und am häufigsten verdoppelte Serumkreatinin Spiegel. Daraus kann gefolgert werden, dass allogenen HSZT Patienten am stärksten gefährdet sind für die Entwicklung von Einschränkungen in der Nierenfunktion [115]. Da die Parameter allogene HSZT und Neutropenie bei den Patienten der vorliegenden Studie erfüllt sind, ist es entsprechend schwierig, die Daten mit Fremdstudiendaten bezüglich nephrotoxischer Ergebnisse zu vergleichen, wenn in den Vergleichsstudien diese Parameter nicht vorliegen. Folglich sollten nur Daten von allogenen HSZT Empfängern miteinander verglichen werden.

Leider wurde in der Referenzliteratur nicht mit einem einheitlichen Bewertungsschema der Nierenfunktion im Verlauf der Gabe von potentiell nephrotoxischen Arzneistoffen gearbeitet, so dass Vergleiche mehrerer Studien untereinander wenig aussagekräftig sind. In den meisten Studien wird allerdings die Serumkreatininverdopplung zur Beurteilung herangezogen, so dass mit diesen Werten verglichen werden kann.

Die vorliegende Arbeit zeigt eine Verdopplung des Kreatininausgangswertes in einen pathologischen Bereich in 22% der Fälle und einen Anstieg des Serumkreatinins ≥ 2 mg/dl in 6,7% der Fälle. In nur 13% gab es einen status quo, wobei man bedenken muss, dass eine Spannweite von +/- 20-30% des Ausgangswertes physiologisch ist und eine Zunahme des Serum-Kreatinins um 100% oder mehr ein Nierenversagen anzeigt [88].

Das Balkendiagramm (Abb. 19, Kap. 4.4.2.1) zeigt Einzelfälle von Patienten mit einem mindestens verdoppelten Serumkreatinin Wert unter ABLC mit den maximalen Kreatininwerten und der Dauer der ABLC Prophylaxe. Es kann kein linearer Zusammenhang zwischen der Dauer der ABLC-Gabe und den maximalen Serumkreatininwerten festgestellt werden. Zwar haben die dargestellten Patienten ABLC alle für einen relativ langen Zeitraum (13-27 Tage) erhalten, und haben im Vergleich zu den nicht aufgeführten Patienten auch die höchsten maximalen Serumkreatinin Werte gezeigt, aber die Patienten mit der längsten ABLC Prophylaxe haben nicht die schlechtesten Nierenwerte entwickelt.

Diskussion

Es kann also kein zuverlässiger Zusammenhang zwischen der Erhöhung der Retentionswerte und der Dauer der Prophylaxe mit ABLC gezeigt werden.

In der Literatur finden sich unterschiedliche Studienergebnisse bezüglich des Ausmaßes an nephrotoxischen Eigenschaften von ABLC.

Im Vergleich zu konventionellem Ambphotericin B jedoch, darüber besteht Einigkeit unter allen Autoren, kann durch den Einsatz von ABLC oder den beiden anderen Lipidformulierungen die Nephrotoxizität deutlich reduziert werden [13, 89, 90, 91, 92, 115, 128].

Die Frage, ob ABLC und L-AmB eine unterschiedlich ausgeprägte Nephrotoxizität bewirken, wurde in einigen Studien verneint [129, 130, 131], wohingegen in anderen Studien [104, 132] ABLC als nephrotoxischer eingestuft wurde. So haben Wingard et al. [104] in ihrer Studie bei ABLC in therapeutischer Dosierung bei Patienten mit febriler Neutropenie im Vergleich zu liposomalem AmB eine deutlich höhere Inzidenz an nephrotoxischen Reaktionen gezeigt: Kreatininanstiege über 3mg/dl wurden bei 12,8% der ABLC Patienten in einer Dosierung von 5mg/kg festgestellt gegenüber 1,2 bis 7,1% der L-AmB Patienten, die L-AmB in einer Dosierung von 3mg/kg bzw. 5mg/kg KG erhielten. In dieser Erhebung von Wingard et al. gibt es keine Daten zu niedriger dosiertem ABLC in prophylaktischem Einsatz. Anders als in dem am UKE untersuchten Patientengut wurden in der beschriebenen Studie Kinder ab 2 Jahren in die Untersuchung integriert.

Obwohl weniger Risikofaktoren (Art der Malignomerkrankung, Art der HSZT, Anzahl der nephrotoxischen Begleitmedikationen) in dem Patientenkollektiv der beschrieben Studie von Wingard et al. vorlagen, sind deutlich schlechtere Ergebnisse für die ABLC Patienten als in der vorliegenden Erhebung zu verzeichnen. Dies liegt vermutlich an der therapeutischen, also 5fach höheren Dosierung. Ein weiterer möglicher Grund für diese Unterschiede könnte die tägliche Serumkreatinin-Überwachung im UKE im Vergleich zu nur 3 Kontrollen pro Woche der genannten Studie sein. Denn bei den HSZT Patienten am UKE konnte auf beginnende Einschränkungen der Nierenfunktion schneller reagiert werden, z.B. durch zusätzliche nephroprotektive Infusionen mit isotoner Natriumchloridlösung [133].

Von den Patienten mit unauffälligen Kreatininausgangswerten in der therapeutischen Studie bei nachgewiesener IFI von Ullmann et al. [134] haben 30,7% der L-AmB Patienten (Dosierung: 2,6+/- 0,8mg/kg KG) eine Verschlechterung der Nierenfunktion mit mindestens 1,5fach erhöhten Ausgangswerten erfahren. Ein direkter Vergleich mit der vorliegenden Untersuchung ist auch hier nicht möglich durch die verschiedenen Dosierungen und die

Diskussion

unterschiedliche Serumkreatininbeurteilung (1,5-fache versus 2-fache Spiegelerhöhung). Auch in der genannten Studie schneiden die ABLC Patienten schlechter ab, dies kann aber nicht anhand von Zahlenwerten dargelegt werden, da die ABLC und die ABCD Patienten zusammen als ein Kollektiv gehandhabt wurden.

Nicht vergessen werden darf bei der Beurteilung von ansteigenden Nierenfunktionparametern, die anhand von Vervielfachungen der Ausgangswerte beurteilt werden, dass eine Vervielfachung eines niedrigen Wertes im Verhältnis viel schneller erreicht wird, als die eines höheren Wertes [115]. Nicht bei allen verglichenen Studien wurden die Vervielfachungen erst dann als nephrotoxisch eingestuft, wenn die erhöhten Werte auch wirklich im pathologischen Referenzbereich lagen. Um dieses Problem in zukünftigen Studien zu umgehen, könnten Differenzen im Serumkreatinin oder in der GFR (berechnet aus der Kreatininclearance (s.o.)) genutzt werden.

Wie in der Prophylaxestudie von Mattiuzzi et al. [117], in der auch keine Grad 3-4 nephrotoxischen Ereignisse eintraten, sind in der vorliegenden Erhebung trotz häufiger Kreatininwerterhöhungen nur wenig wirklich einschränkende Retentionswerte gemessen worden. In der genannten Studie wurden allerdings nur Patienten unter Induktionschemotherapie und keine HSZT Patienten untersucht.

Leider standen zum Vergleich keine weiteren Studien an allogenen HSZT Patienten, die eine prophylaktische Amphotericin B Lipid Formulierung erhalten haben, zur Verfügung. Deshalb sind die Vergleiche nur sehr begrenzt verwertbar.

Insgesamt liegt trotz der häufig aufgetretenen Erhöhung der Nierenfunktionsparameter ein gutes Ergebnis vor mit nur einem Patienten, dessen Nierenfunktion sich bis zur Dialysepflichtigkeit verschlechtert hat.
Bei diesem Patienten handelte es sich um einen Mann, der an einem Lymphom im Rahmen einer fortgeschrittenen AIDS-Erkrankung litt und die Niereninsuffizienz während eines Multiorganversagens bei schwerer nicht fungaler Infektion entwickelte.

In der folgenden Tabelle sind Vergleichsstudien zur Ermittlung der Nephrotoxizität von ABLC und anderen Amphotericin B Formulierungen zusammengefasst:

Diskussion

Tab. 18: Zusammenfassung der Literaturergebnisse zur Nephrotoxizität

Studie	Patientenkollektiv	Dosierung	Ergebnisse
[131] Miller et al.	Therapie von IFI bei autologen und allogenen HSZT Patienten, retrospektiver Vergleich von cAmB mit Lipidformulierungen, Multicenterstudie, Kreatinin Bestimmung nur 2x wöchentlich, 34 ABLC Pat. zeigten initial schon erhöhtes Kreatinin, mind. 50% zusätzlich mind. 1 nephrotox. Wirkstoff	3,77+/- 2,69 mg/kg/d für L-AmB, 4,76+/- 1,42 mg/gl/d für ABLC	Nephrotoxizität, definiert als Kreatininanstieg > 2,5mg/dl oder Verdopplung des Ausgangswertes, wurde in 41,2% unter ABLC und in 44,4% unter L-AmB gemessen
[104] Wingard et al.	Neutropenische Patienten ab 2 Jahren mit FUO und einer vermuteten IFI und einem Kreatinin unter 3mg/dl, 49% autologe und allogene HSZT, 51% Malignome, MDS, andere Erkrankungen, 14% Gabe von Tacrolimus/Cyclosporin A	ABLC 5mg/kg/d L-AmB 3 oder 5 mg/kg/d	Signifikant weniger Nephrotoxizität unter L-AmB unabhängig von Alter, Behandlungsmethode und Immunsuppression. Krea >3 mg/dl in 7,1% der 3mg/kg/d L-AmB Patienten, 1,2% der 5mg/dl/d L-AmB Patienten und 12,8% der ABLC Patienten. Nicht signifikanter Trend zu stärkerer nephrotoxischer Reaktion in der Tacrolimus/CsA Gruppe
[115] Alexander und Wingard	Retrospektive Multicenter- studie, 3514 allogene und autologe HSZT Pat., die ABLC bei einer IFI erhielten, Clearance und Serum-Kreatinin-Bestimmung zu Beginn und zum Ende der Untersuchung, verdoppeltes Krea od. >2,5mg/dl wurden unterschieden als nephrotox. Reaktion.	Mittlere Dosis von 4,4mg/kg/d (0,2-10mg/kg/d) über eine Dauer von 12 Tagen (1-378 d)	Verdoppeltes Kreatinin in 13%, 12% >= 2,5mg/dl, Dialyse 3%, verdoppeltes Kreatinin bei allogenen HSZT 17%, besseres Outcome bei Pat. unter 18J., Zahl der nephrotox. Arzneimittel ausschlaggebend, nicht der Wirkstoff.
[130] Cannon et al.	Prospektiv/retrospektive Vergleichsstudie zwischen ABLC und L-Amb, mind. 3 Tage verabreicht, 46 ABLC und 21 L-AmB Patienten, Indikation: IFI od. neutropenisches Fieber, 10 (22%) der ABLC Patienten waren HSZT Patienten	Durchschnittlich 5,3mg/kg/d (range: 3-13) ABLC, durchschnittlich 15 Tage (range: 4-58)	4,4% der ABLC und 19% der L-AmB Patienten zeigten nephrotoxische Reaktionen

Diskussion

Studie	Patientenkollektiv	Dosierung	Ergebnisse
[129] Fleming et al.	Leukämie Patienten mit IFI, 43 ABLC und 39 L-AmB Patienten, keine Angabe zu HSZT, Studie zur Untersuchung der Therapiewirksamkeit	jeweils 3-5mg/kg/d, durchschnittlich 8 d ABLC und 15 Tage L-AmB	10% (4/42) der ABLC Patienten: Kreatinin- anstieg > 2,5mg/dl, 40% (16/40): Ver- dopplung des Serum- kreatinins. 8 von 42 Patienten: Anstieg > 3mg/dl. 14 von 16 Patienten haben parallel zu ABLC andere nephro- toxische Arzneimittel erhalten
[134] Ullmann et al.	Behandlung von IFI bei Patienten im Alter von 18-80 Jahren in einer Multicenter- studie: 12% allogene HSZT, 10% autologe HSZT, unter den ABLC/ABCD Patienten 5x allogene und 8x autologe HSZT, unter den L-AmB Patienten 22x allogene und 9x autologe HSZT. Bis zu 50% haben parallel nephro-toxische Arzneimittel erhalten.	cAmB 0,7+/-0,3mg/kg/d für 10,7+/- 8,1 Tage L-AmB 2,6+/- 0,8mg/kg/d für 17,5+/- 16,5 Tage ABLC 3,7+/- 1,1mg/kg/d für 9,7+/-9,1 Tage ABCD 2,7+/- 0,5mg/kg/d für 5,3+/-5 Tage	Unter ABLC/ABCD: 23,4% bis Krea Verdopplung, 21,3% bis Verdreifachung und 10,6% > Verdreifachung, unter L-AmB 20,5% bis Krea Verdopplung, 5,4% bis Verdrei- fachung und 2,7% > Verdreifachung

5.1.3.3 Eingeschränkte Kreatininausgangswerte

Zu der Frage, ob ABLC als antimykotische Prophylaxe bei Patienten, die zum Zeitpunkt des Prophylaxebeginns schon erhöhte Retentionswerte aufweisen, nicht eingesetzt werden sollte, kann aus der vorliegenden Erhebung keine statistisch sinnvolle Aussage gemacht werden, da sich nur ein Patient mit initial pathologischem Serumkreatininwert in der Untersuchungsgruppe befand. Bei diesem Fall hat sich die Nierenfunktion unter ABLC nicht weiter verschlechtert. Es ist möglich und sogar wahrscheinlich, dass bei Stammzelltrans- plantationspatienten mit erhöhten Retentionswerten trotz notwendiger intravenöser Prophylaxe kein ABLC eingesetzt wurde, um keine weitere Verschlechterung der Nierenfunktion zu riskieren. Diese Patienten sind dann aufgrund der beschriebenen Vorauswahl nicht in die Untersuchungsgruppe integriert worden.

In einer prospektiven Studie von Ullmann et al [134] zur Untersuchung aller Amphotericin B Präparate in der Therapie von invasiven Pilzinfektionen wurde gezeigt, dass sich bei den Patienten, die L-AmB erhalten haben und bereits zum Therapiestart eingeschränkte

Nierenfunktionsparameter aufwiesen, nur bei einem von 11 Patienten diese Nierenretentionswerte weiter verschlechterten.

5.1.3.4 Vergleich von Altersgruppen bzgl. der Nierenfunktion

Die Überlegung, älteren Patienten mit einer möglicherweise schlechteren Kompensationsfähigkeit der Nierenfunktion ABLC wegen der nephrotoxischen Komponente nicht zu verabreichen, kann bezüglich des untersuchten Patientenkollektivs nicht unterstützt werden. Es hat sich kein Hinweis für eine Korrelation von höheren maximalen Kreatininwerten und dem Patientenalter gezeigt.

In der retrospektiven Studie von Alexander und Wingard zeigte sich an 3514 untersuchten Patienten, die ABLC als antimykotische Therapie in einer medianen Dosierung von 4,4mg/kg KG erhalten haben, dass Patienten unter 18 Jahren im Vergleich zu den Patienten ab 18 Jahren in Bezug auf die Nephrotoxizität (Kreatinin zum Ende der Therapie und Kreatininanstieg über 2,5 mg/dl) im Vorteil sind. Weitere Unterteilungen von Altergruppen wurden nicht vorgenommen [115]. In einer anderen Studie fanden Wingard et al. einen allerdings bei kleinen Fallzahlen nicht signifikanten Zusammenhang zwischen höherem Alter und höheren Serumkreatinin-Peaks [104].

Zur Klärung der Frage nach dem Einfluss des Alters auf die Nierenfunktion im Verlauf der ABLC Prophylaxe oder Therapie sollten also noch weitere Studien mit größeren Patientenzahlen durchgeführt werden.

5.1.4 Toxizität im Vergleich mit Antimykotika anderer Wirkstoffgruppen

In einer Prophylaxestudie bei HSZT Patienten (117 von 123 Studienteilnehmern wurden allogen transplantiert) sind unter Caspfungin mit einer durchschnittlichen Prophylaxedauer von 73 Tagen keine UAW aufgetreten [135].

Die UAW von Micafungin zeigten sich in einer prospektiven, nicht randomisierten Prophylaxestudie bei allogenen HSZT Patienten ebenfalls als eher gering ausgeprägt, denn nur bei einem von 41 Patienten trat ein allergischer Hautausschlag auf, der zur Umstellung auf eine andere Substanz führte [136].

In einer weiteren Studie von van Burik et al. [137], in der die Prophylaxe- behandlungen von allogenen und autologen/syngenen HSZT Patienten mit Micafungin und Fluconazole einander gegenüber gestellt werden, kam es in 4,2% der Micafungin und in 7,2% der Fluconazol-Prophylaxen zu Arzneistoffumstellungen wegen Unverträglichkeitsreaktionen.

Diskussion

Die UAW zeigten sich u.a. als Infusionsreaktionen in 0,5 bzw. 0,9%, als allergische Reaktionen in 3,5 bzw. 3,7% und als Hypokaliämie in 1,9 bzw. 1,8% der Fälle.

Cornely et al. [138] haben in einer Studien mit 602 nicht-HSZT Patienten, die im Rahmen der Chemotherapie bei AML eine Neutropenie entwickelt hatten, unter Posaconazol-Prophylaxe 6% und unter Itraconazol- oder Fluconazol-Prophylaxe 2% schwere UAW verzeichnet, die im Wesentlichen aus gastrointestinalen, z.T. auch aus cardialen Nebenwirkungen bestanden. Die Prophylaxe wurde überwiegend oral verabreicht.

Auch in weiteren Studien konnte dokumentiert werden, dass unter Itraconazol im Vergleich mit Fluconazol die Rate der UAW höher ist [139].

Einen Vergleich zwischen oral verabreichten Posaconazol- und Fluconazol- Prophylaxen führten Ullmann et a. [140] bei Patienten mit schwerer GvHD durch. Die randomisierte, doppelblinde Studie erbrachte 13% schwere UAW bei Posaconazol gegenüber 10% bei Fluconazol.

In einer randomisierten Studie bei Patienten unter Induktionschemotherapie von Mattiuzzi et al. [141] zeigten sich unter Caspofungin und Itraconazol als wesentliche UAW reversible Hyperbilirubinämien (Grad 3-4 adverse events) mit einer ansonsten guten Verträglichkeit. 7% der Patienten beider Wirkstoffgruppen mussten wegen UAW auf andere Prophylaxen umgestellt werden.

5.1.5 Fazit Toxizität

Zusammenfassend lässt sich festhalten, dass die akuten Infusionsreaktionen von ABLC in der vorliegenden Untersuchung zwar recht häufig auftreten und im Vergleich mit Literaturangaben über L-AmB z.T. auch schlechter abschneiden, dass die Datenlage aber insgesamt nicht eindeutig ist und weitere Studien insbesondere mit größeren Patientenkollektiven und über längere Zeiträume erforderlich sind, um die akute Toxizität richtig einschätzen zu können. Die Intensität der Reaktionen scheint im Vergleich mit anderen Erhebungen eher weniger stark auszufallen.

Häufigkeit und Ausmaß der Nephrotoxizität ist im Studienvergleich gering. Die Gründe dafür sind am wahrscheinlichsten die höheren Dosierungen der Lipidformulierungen im therapeutischen im Vergleich zum prophylaktischen Gebrauch.

Bezüglich der Toxizität kann, wie in der Prophylaxestudie von Mattiuzzi et al. [117] erfolgt, empfohlen werden, die Prophylaxe von ABLC weiter zu verwenden. Gegebenenfalls muss mit einer höheren Anzahl von Fieber und Schüttelfrostzuständen bei den Patienten

Diskussion

verglichen mit L-AmB gerechnet werden, so dass die Prämedikation zur Vermeidung dieser Nebenwirkungen ggf. intensiviert werden sollte.

Allerdings stehen mit den Azolen und Echinocandinen andere Wirkstoffgruppen zur Verfügung, die UAW in geringerem Ausmaß hervorrufen. Es existiert kein direkter Vergleich von ABLC mit Azolen oder Echinocandinen, so dass dies nicht direkt belegt werden kann. In den zitierten Studien zeigen diese Substanzen jedoch alle eine relativ gute Verträglichkeit, so dass sie, auch wegen der nicht eindeutigen Studienlage, eher empfohlen werden als ABLC oder andere AmB Formulierungen [142].

In der vorliegenden Arbeit wurden aus einem großen Patientenpool von HSZT Patienten nur die ausgewählt, die eine intravenöse Prophylaxe erhielten, weil sie ein orales Azol nicht aufnehmen konnten. Dies entspricht einer Vorauswahl an schwerwiegender erkrankten Patienten. Diese Situation ist nicht vergleichbar mit den prospektiven Studien mit Azolen, in denen die Patienten über einen langen Zeitraum beobachtet wurden und meist eine orale Zubereitung der antifungalen Substanz erhielten, bzw. die orale oder intravenöse Gabe nicht statistisch unterschieden wurde.

Für die Entscheidung, welches Antimykotikum im individuellen Fall eingesetzt wird, sollte die Ausgangssituation der laborchemischen Leber- und Nierenparameter mit einzubezogen werden.

5.2 Wirksamkeit von ABLC

5.2.1 Beurteilung der Ergebnisse im Vergleich mit Literaturdaten

Leider existieren keine Ergebnisse von retrospektiven Untersuchungen einer antimykotischen Prophylaxe durch Amphotericin B Lipidformulierungen bei allogenen HSZT Patienten, so dass zum Vergleich auf Studien mit anderem Design ausgewichen werden muss.

Insgesamt haben 13 Patienten (21,7%) dieser Erhebung die Kriterien einer IFI erfüllt, darunter 2 (3,3%) gesicherte Fälle, 4 (6,7%) wahrscheinliche und 7 (11,7%) mögliche. Bei 20 von 60 Patienten der Subgruppe zur Wirksamkeitsprüfung, also 33,3%, wurde auf eine antifungale Therapie mit Caspofungin eskaliert. Das bedeutet, dass 7 von 60 Patienten, 11,7%, mit einer antifungalen Therapie behandelt wurden, obwohl nach den EORTC/MSG Kriterien keine IFI vorlag.

Diskussion

In der Studie von Mattiuzzi et al. [117], in der 131 neutropenische Patienten eine ABLC Prophylaxe in einer Dosierung von 2,5mg/kg 3x/Woche bei neu diagnostizierter akuter myeloischer Leukämie oder myelodysplastischem Syndrom unter Induktionschemotherapie (nicht-HSZT) erhielten, haben 49% die Prophylaxe regulär fortgesetzt. In 5% wurde eine „documented" IFI diagnostiziert, davon 4x pulmonale Aspergillose und 2x disseminierte Fusarium- Infektionen. „Suspected" IFI wurden in 21% bei FUO und in 7% bei Pneumonien unbekannter Erreger (Pneumonia of unknown pathogen, PUP) festgestellt. In 28% der Fälle erfolgte eine antimykotische Eskalationtherapie bei Fieber und/oder Pneumonie.

In einer weiteren Prophylaxestudie von Mattiuzzi et al. [124], in der L-AmB wiederum bei AML und MDS Patienten während Hochdosis-induktionschemotherapien untersucht wurde, haben ebenfalls 49% die Prophylaxe regulär beendet.
In 31% erfolgte eine Therapieeskalation bei FUO oder PUP, in 4% traten „documented" IFI auf, darunter aber auch Hautmanifestationen, so dass die „documented" IFI, wie oben erwähnt, nicht mit gesicherten (proven) IFI nach EORTC/MSG 1:1 verglichen werden dürfen. In dieser Studie wurde L-AmB
mit 3mg/kg 3x pro Woche bis zum Ende der neutropenischen Phase verabreicht.

Eine europäische randomisierte, doppeltverblindete, placebokontrollierte Studie von Kelsey et al. [83], in der 74 allogene und autologe SZT-Patienten eine Pilzprophylaxe mit L-AmB im Rahmen von hämatoonkologischen Erkrankungen erhalten haben, hat 42% „suspected" und 28,3% „suspected deep seated" IFI ergeben. Gesicherte IFI wurden nicht gefunden. 36% der Patienten konnten ihre Prophylaxe regulär beenden. Die Prophylaxe mit L-AmB wurde 3x wöchentlich mit 2mg/kg Körpergewicht verabreicht. Wenn ein Patient über 37,5°C Temperatur über 96 Stunden ohne ein Ansprechen auf eine breite antibiotische Eskalation oder klinische Zeichen einer IFI zeigte, wurde unter dem Verdacht einer IFI (suspected IFI) das antimykotische Regime eskaliert (Nach der aktuellen EORTC/MSG Ausgabe kein Kriterium, noch nicht mal ein Unterkriterium für IFI). Unklar bleibt, welche klinischen Zeichen der Autor gemeint hat, die typisch für eine invasive Mykose sein sollen.
In dieser Studie wurde die mykotische Kolonisation mitbeurteilt. Es hat sich gezeigt, dass L-AmB die Häufigkeit der Kolonisation reduziert. Dieser Aspekt ist interessant, insbesondere vor dem Hintergrund, dass die überwiegende Zahl der invasiven Candidamykosen auf der Basis einer vorbestehenden Besiedelung der Schleimhäute

auftritt. Nur ein ganz geringer Prozentsatz wird durch unzureichende hygienische Bedingungen übertragen [143].

In einer randomisierten, doppeltverblindeten placebokontrollierten Studie von Tollemar et al. aus dem Jahr 1993 [144], in der bei autologen und allogenen KMT Patienten L-AmB in einer Dosierung von 1 mg/kgKG/Tag als Prophylaxe eingesetzt wurde, haben 3% (im Gegensatz zur Placebogruppe (8%)) eine invasive Mykose entwickelt (unterteilt in vermutete und gesicherte IFI).

Wolff et al. [145] haben in einer randomisierten, unverblindeten Studie niedrig dosiertes konventionelles Amphotericin B (0,2 mg/kg/Tag) als Prophylaktikum bei allogenen und autologen Knochenmarktransplantationen untersucht. Gesicherte IFI, definiert nach den alten EORTC Kriterien, sind in 7,5% der Fälle bzw. bei 14,3% der allogenen Transplantationen aufgetreten. 57,9% haben die Prophylaxe nicht beendet.

Weitere Studien bestätigen die Inzidenz von „documented" IFI bei AML-Patienten unter antifungaler Prophylaxe zwischen 1-4% [146, 147] während die Prozentzahl bei einem Kollektiv von Stammzelltransplantierten auf 3-6% steigt [144, 148].

Der Vergleich mit diesen prospektiven Studien deutet darauf hin, dass die Wirksamkeit der ABLC Prophylaxe, sofern diese Daten aufgrund der verschiedenen Ausgangsbedingungen und IFI Kriterien überhaupt vergleichbar sind, nicht schlechter und mit den Ergebnissen der Literaturdaten vergleichbar ist.

Die Ergebnisse von 2 weiteren randomisierten, doppelblinden, plazebokontrollierten klinischen Untersuchungen, die niedrig dosiertes cAmB und L-AmB als Pilzprophylaxe bei HSCT Patienten verglichen haben, ergeben ebenfalls, dass beide Arzneistoffe vermutete und gesicherte invasive
Pilzinfektionen ähnlich gut verhindern können [149, 150].
Es wurde auch gezeigt, dass ABLC und L-AmB gleich wirksam in der Behandlung von vermuteten und gesicherten IFI sind, aber bislang ist nur bei L-AmB eine Zulassung bezüglich der Prophylaxe erfolgt ist [124, 129].

In dem HSZT Zentrum, in dem die vorliegenden Daten erhoben wurden, wird die antibiotische Therapie bei Vorliegen von Fieber in der Regel mit Piperacillin und

Diskussion

Combactam eskaliert, sobald infektionstypische Symptome und FUO auftreten. Obwohl dies nicht zu den eingangs festgelegten klinischen Erhebungsdaten zählte, wurde bei drei Patienten mit positivem Pilzantigenbefund die zeitgleiche Gabe dieser Antibiotikakombination im Medikationsplan festgestellt. Es ist also möglich, dass auch in der vorliegenden Erhebung falsch positive Ergebnisse ermittelt wurden und damit die Patienten mit einem schlechteren Ergebnis eingestuft wurden. Allerdings wurde bei keinem Patienten nur aufgrund eines positiven Antigentests auf eine antimykotische Therapie eskaliert. Trotzdem differenziert das mykologische Kriterium nach EORTC/MSG 2008, sofern ein klinisches Zeichen vorliegt, in „wahrscheinliche" und „mögliche" invasive Mykosen. Es besteht also die Möglichkeit, dass Patienten, die eigentlich in die Kategorie „mögliche IFI" einzuordnen sind, unter „wahrscheinliche IFI" eingruppiert wurden, weil sie ein falsch positives mykologisches Kriterium aufwiesen bei einer parallel verabreichten ß-Laktamase-Inhibitor-Therapie.

Im Rahmen der Literatur-Internetrecherche wurde keine Humanstudie, die die antifungale Prophylaxe mit ABLC mit einem Azol oder Echinocandin vergleicht, gefunden. Es existiert eine Studie, in der an Mäusen die Therapie von ABLC mit der von Fluconazol verglichen wird. Hier schneidet ABLC besser ab [151].

In einer prospektiven, randomisierten, unverblindeten Studie von Wolff et al. [145], in der niedrig dosiertes cAmB mit Fluconazol als antimykotische Prophylaxe bei allogenen Stammzelltransplantationen verglichen wurde, traten bei 9,1% der Fluconazol und bei 14,3% der cAmB Patienten gesicherte IFI auf.

Eine weitere Studie, die Fluconazol mit niedrig dosiertem cAmB bei HSZT vergleicht [152], zeigt gleiche Ergebnisse bezüglich der Wirksamkeit beider Antimykotika.

In der bereits zitierten Studie von Mattiuzzi et al. [124] wurden AML- und Hochrisiko-MDS-Patienten ohne HSZT randomisiert entweder L-AmB oder eine Kombination aus Fluconazol und Itraconazol als Pilzprophylaxe während Induktionschemotherapie zu erhalten. Beide Patientengruppen zeigten bezüglich der Wirksamkeit gleiche Ergebnisse.

Azole der neueren Generationen und Echinocandine zeichnen sich durch gute Wirksamkeit und verhältnismäßig gute Verträglichkeit aus [153, 139].

Mehrere Prophylaxestudien an HSZT Patienten zeigen die gute Wirksamkeit der verschiedenen Wirkstoffe überwiegend gegenüber dem Standard- Prophylaxe-Azol Fluconazol. Insgesamt demonstrieren diese Studien, dass Azole und Echinocandine

Diskussion

effektiv als antimykotische Prophylaxe bei immunsupprimierten Hochrisikopatienten im Rahmen von allogenen Stammzelltransplantationen eingesetzt werden können.
Direkte Vergleichsmöglichkeiten mit den Daten der vorliegenden Erhebung bestehen nicht, weil der Beobachtungszeitraum der Patientenkollektive und die Bestimmungskriterien für IFI so stark voneinander abweichen (Tab. 20).

In vielen Studien werden nur Patienten mit spezifisch eingegrenzten Diagnosen untersucht bzw. miteinander verglichen [117, 124, 126, 154]. In der vorliegenden Arbeit wurden keine Diagnosen ausgeschlossen, so dass sich ein breites Feld an hämatologischen und hämato-onkologischen Diagnosen ergibt. Bezogen auf die Entwicklung einer IFI waren die meisten Patienten (5/13=38,5%) an Lymphomen erkrankt. Es ist fraglich, ob ein Vergleich von AML-Patienten mit Lymphom-Patienten gerechtfertigt ist. In den Studien von Kelsey [83], Wingard [155] und Trifilio [33] wurden ebenfalls Patienten mit den unterschiedlichsten hämatologisch-onkologischen Erkrankungen integriert, allerdings wurde die Vergleichbarkeit von unterschiedlichen Diagnosegruppen nicht diskutiert.
Nach Angaben in der Literatur [2, 17, 145] korreliert die Dauer der neutropenischen Phase mit der Infektionswahrscheinlichkeit im Allgemeinen und auch mit der Wahrscheinlichkeit, eine IFI auszubilden.
In der Studie von Mattiuzzi et al. [117] wurde ein Zusammenhang zwischen der Prophylaxedauer, also der Neutropeniedauer, denn die Prophylaxe wurde nur bis zum sicheren Neutropenieende verabreicht, und der Wahrscheinlichkeit einer IFI-Entwicklung unabhängig von der Einteilung in die ABLC oder L-AmB Gruppe gesehen.
In der Metaanalyse von Robenshtok [20] wiederum konnte kein Zusammenhang zwischen der Dauer der Neutropenie und der Entwicklung einer invasiven Mykose festgestellt werden.
In der vorliegenden Untersuchung lässt sich dieser Zusammenhang zwischen Neutropeniedauer und Wahrscheinlichkeit einer IFI-Entwicklung statistisch signifikant nachweisen.

Die Frage, ob eine Prophylaxe das Überleben verbessert, kann aus dieser Erhebung nicht abgeleitet werden. Das Überleben wurde nur innerhalb des Beobachtungszeitraumes dokumentiert. In dieser Zeit sind nur ein Patient der Subgruppe zur Wirksamkeitsprüfung und ein weiterer der Gesamtgruppe verstorben. Im weiteren Verlauf sind aus verschiedenen Gründen und in unterschiedlichen zeitlichen Abständen zur allogenen Stammzelltransplantation mehrere Patienten verstorben. Dies ist in den meisten Fällen

Diskussion

wahrscheinlich nicht auf die ABLC- Prophylaxe zurückzuführen, denn Stammzelltransplantationspatienten haben aufgrund der schweren Grunderkrankungen und den vielen Komplikationsmöglichkeiten diverse Gründe für ein letales Outcome. Beim Aktenstudium wurde bemerkt, dass viele Patienten lange nach der ABLC- Prophylaxe im Rahmen von akuten und chronischen Graft-versus-host-Erkrankungen verstorben sind.

In der Goodman Studie [148] wurde kein besseres Überleben trotz verringerter Anzahl an IFI unter antimykotischer Prophylaxe festgestellt. Wenn die Prophylaxe jedoch bis in die Postengraftmentphase fortgesetzt wird, wie in der Studie von Slavin [19] mit Fluconazol geschehen, kann auch ein besseres Überleben nachgewiesen werden. Da die Patienten der vorliegenden Untersuchung alle nach der ABLC-Gabe noch für längere Zeit, aber mindestens bis Tag +100, ein Azol erhalten haben, fallen sie somit in die Kategorie der Patienten mit einem besseren Outcome. Dieses Überleben kann natürlich nicht auf die ABLC-Prophylaxe allein bzw. wenn überhaupt nur zu einem geringen Prozentsatz auf diese bezogen werden, sondern nur auf die Gesamtprophylaxe während des gefährdeten Zeitraumes. Für eine Erörterung des Überlebens in Beziehung zur antimykotischen Prophylaxe ist eine erneute Untersuchung erforderlich.

Die Entwicklung einer möglichen, wahrscheinlichen oder sicheren invasiven Pilzinfektion hat im Mittel 9,8 Tage (Median = 10) mit eine Spannweite von 1 bis 16 Tagen gedauert. In der Studie von Mattiuzzi et al. [117] wurden die Pilzinfektionen nach 4 bis 24 Tagen einer ABLC bzw. L-AmB Prophylaxe diagnostiziert. In einer weiteren Studie von Mattiuzzi et al. [154], in der antifungale Prophylaxe mit Itraconazol und Caspofungin miteinander verglichen wurden, lag die mediane Dauer bis zum Versagen der Prophylaxe bei 15 Tagen für Itraconazol und bei 19 Tagen für Caspofungin.

Da die Patienten in der vorliegenden Untersuchung nur für einen recht kurzen Zeitraum beobachtet wurden, fehlen, wie oben beschrieben, die Daten über entwickelte IFI, die erst unter der ABLC folgenden Prophylaxe aufgetreten sind.

Nach Ito et al. [116] ist unter bestehenden GvH-Erkrankungen das Outcome beim Auftreten einer IFI deutlich schlechter als ohne GvHD. Diese Daten wurden allerdings nur in Studien über die Behandlung von IFI und nicht unter prophylaktischen Gaben ermittelt. In der vorliegenden Erhebung wurden GvH Erkrankungen nicht geplant recherchiert, sind aber höchst wahrscheinlich in dem kurzen Untersuchungszeitraum nach der Transplantation auch noch kaum aufgetreten. Entsprechend kann zu diesem Zusammenhang keine Aussage getroffen werden.

Diskussion

Als mögliche Variable, die zu unterschiedlichen Ergebnissen der Wirksamkeit von antimykotischen Prophylaxen führt, sollte an die nicht medikamentöse Prophylaxe, z.B. in Bezug auf Aspergillosen die Nutzung von Luftfilteranlagen auf Isolierstationen, gedacht werden. Die einzelnen Studien wurden unter den jeweils gültigen hygienischen Standards der verschiedenen international verteilten Kliniken durchgeführt. Diese Standards werden höchstwahrscheinlich voneinander abweichen, so dass schon aus diesem Grund die Häufigkeit der Entwicklung von invasiv fungalen Infektionen unabhängig davon, ob und welche Prophylaxe verwendet wurde, abweichende Ergebnisse erbringen.

Unter Beachtung dieser Tatsache ist es noch schwieriger die Studienergebnisse miteinander zu vergleichen [156, 157].

Ein weiterer Grund für die schlechte Vergleichbarkeit von Studien im internationalen Rahmen sind die verschiedenen ortsgebundenen Keimspektren. Kelsey et al. vermuten z.B. in Europa im Verhältnis mehr IA als invasive Candidosen im Vergleich mit den USA [83]. Das kann zu unterschiedlichen Ergebnissen bezüglich der Wirksamkeit von Prophylaxen führen, insbesondere wenn die Antimykotika Resistenzen aufweisen. Bei AmB sind allerdings weiterhin kaum Resistenzen bekannt, so dass dieser Grund in Bezug auf ABLC nicht vorrangig ins Gewicht fallen wird.

Tab. 19: Prophylaxe-Studien von Amphotericin B Lipidformulierungen im Vergleich

Studie	Patientenkollektiv / Beobachtungszeitraum / IFI Definition	Dosierung der Prophylaxe	Ergebnis
Mattiuzzi et al. [117] ABLC vs. L-AmB prospective, historical control	AML und MDS Patienten unter Induktionschemo-therapie, keine HSZT Patienten/ Beobachtung bis 4 Wo. nach Prophylaxe/ documented IFI durch Pilznachweis im Blut oder Gewebe, suspected IFI durch Fieber >72h und klin. Zeichen ohne bakteriellen Nachweis, kategorisiert in PUP oder FUO	3x/Woche 2,5mg/kg	Wirksamkeit ähnlich P=0,95 131 ABLC vs. 70 L-AmB, je 49% keine IFI, documented IFI 5% vs. 4%;
Mattiuzzi et al. [124] L-AmB vs. Flu + Itra	AML und MDS Patienten unter Induktionschemo-therapie, keine HSZT/ bis 2 Tage nach Engraftment/ alte Kriterien, possible in PUP und FUO eingeteilt	3x/Woche 3mg/kg	49% Prophylaxe regulär beendet, 31% Therapie-eskalation bei FUO od. PUP, 4% documented IFI, (auch Haut-infektion, Cellulitis)

Diskussion

Studie	Patientenkollektiv / Beobachtungszeitraum / IFI Definition	Dosierung der Prophylaxe	Ergebnis
Kelsey et al. [83] doppelblind, placebokontrol-liert, randomisiert	Chemotherapie od. autolog. und allogene KMT, 74 L-AmB/ Prophylaxe von Beginn Chemoth. bis Neutrophilen-erholung oder IFI/ proven: mikrobiologische Identifikation des Pathogens mit klinischem oder radiologischem Anhalt (keine Histo), suspected: Fieber > 37,5°C über 96h ohne Reaktion auf Antibiose oder klinische Zeichen, die typisch für eine IFI sind, Kolonisa- tion und oberflächliche Mykosen wurden bewertet	3x/Woche 2mg/kg	42% suspected, 28,3% suspected deep seated inf.. keine proven IFI
Tollemar et al. [144] L-AmB	Autologe und allogene KMT Patienten (6:30), Prophylaxe ab Neutropenie <500/µl bis Engraftment, max. 3 Monate, gesicherte IFI: kulturell oder mikroskopisch; vermutete IFI: therapierefraktäres Fieber, Kolonisation, pos. Serologie/AG, Bronchoskopieergebnis	1mg/kg/d, keine Prämedika- tion	reduzierte IFI (3%) vs Placebo (8%) ohne statistische Signifikanz bei kleiner Prüfgruppe

Tab. 20: Prophylaxe Studien anderer Wirkstoffgruppen bei allogenen HSZT Patienten

Studie	Patientenkollektiv / IFI Definition	Wirkstoff / Beobachtungszeitraum	Ergebnis	Anmerkung
Winston [158] randomisiert	Allogene HSZT, n=140, proven IFI nach EORTC 2002 [113]	Itraconazol, Fluconazol, bis Tag +180	Itra: 9% proven IFI Flu: 25% proven IFI	Nur gesicherte IFI
Marr [159] randomisiert	Allogene HSZT, n=304, wahrscheinliche und gesicherte IFI nach EORTC 2002 [113]	Itraconazol, Fluconazol, bis Tag +180	Itra < Flu, 5% vs 12% Schimmelpilz Infektionen, Hefen etwa gleich häufig	Keine genaue IFI Angabe
Ullmann [160] randomisiert, doppelblind, placebo-kontrolliert	HSZT, GvHD, n=600, wahrscheinliche und gesicherte IFI nach EORTC 2002 [113]	Posaconazol, Fluconazol, bis Tag +112	Posa: 5,3%, Flu: 9% IFI, Posa besser in Prävention IA	Nur GvHD
Wingard [155] randomisiert, doppelblind	Allogene HSZT, n=600	Fluconazol, Voriconazol, bis 6 Monate nach HSZT	Flu: 10,6%, Vori: 6,6% IFI	Nur Abstract
Trifilio [33]	Allogene HSZT, n=71, keine EORTC Kriterien	Voriconazole, max. 956 Tage	14% gesicherte IFI	Nur gesicherte

Diskussion

Studie	Patientenkollektiv / IFI Definition	Wirkstoff / Beobachtungszeitraum	Ergebnis	Anmerkung
retrospektiv				IFI
Chou [135] retrospektiv	HSZT, 95% allogen, n=123, EORTC 2002 Kriterien [113]	Caspofungin, bis Tag +100	7,3% IFI, Median 63 d bis IFI	
Hashino [136] prospektiv, historische Kontrolle	Allogene HSZT, n=44 Mica vs. n=29 Flu	Micafungin, Fluconazol, bis Tag 36 bzw. 34 nach TX	Mica: 12,2% possible IFI, no probable oder proven IFI Flu: 34,5% IFI	Nur Abstract
Goodman [148] plazebo- kontrolliert	Autologe und allogene KMT, n=179, keine EORTC Kriterien	Fluconazol, Prophylaxe bis Engraftment, Beobachtung bis 14 Tage nach Prophylaxe	2,8% IFI	Keine Angabe, wie viele allogene KMT
Slavin [19] randomisiert, doppelblind, plazebo- kontrolliert	HSZT, 88% allogen, n= 152, keine EORTC Kriterien	Fluconazol,bis 75 Tage nach TX	7% IFI	

5.2.2 Fazit Wirksamkeit

Die Wirksamkeit von ABLC in dieser Erhebung scheint vergleichbar zu sein mit der von ABLC und L-AmB aus früheren Studien.

Vermutlich haben Unterschiede im Studiendesign, in den Patienten-charakteristika, im zytotoxischen Regime, bei den Dosierungen der Antimykotika, in der Dauer der neutropenischen Phasen und verschiedene Resistenzlagen in bisherigen Studien zu sehr unterschiedlichen Ergebnissen in der Wirksamkeit von Pilzprophylaxen geführt [38, 83, 147].

Es sollte dafür gesorgt werden, dass weitere Studien nach identischen Kriterien ausgewertet werden, um sie vergleichbar zu machen. Kriterien zur Kategorisierung liegen sowohl für invasive Mykosen als auch für Nebenwirkungen vor [112, 123]. Wenn die diagnostische Entwicklung voran schreitet, wird es natürlich immer wieder Ergänzungen und Veränderungen der Kriterien geben müssen, z.B. wird dies der Fall sein sobald ein standardisierter PCR Test zum Pilznachweis vorliegt, so dass die Ergebnisse vermutlich auch weiterhin schwierig zu vergleichen sein werden. Allerdings sollten nicht für jede Studie eigene Kriterien erstellt werden, denn ohne Vergleichsmöglichkeiten ergeben die Studien nur eingeschränkt verwertbare Ergebnisse.

Diskussion

5.3 Einordnung der Untersuchung

Die Studienergebnisse der letzten 15 Jahre bezüglich der Sicherheit und Wirksamkeit antifungaler Prophylaxe und Therapie liefern z.T. sehr unterschiedliche und sich widersprechende Ergebnisse. Mögliche Gründe für diesen Sachverhalt können verschiedene Studiendesigns, die Verwendung von mehreren parallel verabreichten Antimykotika, unterschiedliche Dosierungen, Resistenzentwicklungen, der Engraftment- unterstützende Einsatz bzw. der Verzicht von hämatopoetischen Wachstumsfaktoren, heterogene Patientenpopulationen, die Diversität hämatologischer Erkrankungen im Patientenkollektiv, unterschiedliche zytotoxische Regimes [38], verschiedene Definitionen für Neutropenie und invasive Pilzinfektionen und in Bezug auf die Toxizität verschiedene Methoden zur Erfassung von unerwünschten und organschädigenden Wirkungen sein [104].

Um Studienergebnisse vergleichbar zu machen, sollten antifungale Prophylaxestudien nach einheitlichen Kriterien, die im Folgenden benannt werden, aufgebaut sein [106]. Die Sicherheit und Effizienz eines Arzneistoffes sollte sorgfältig untersucht sein, auch bezogen auf die Anforderung, dass es, neben einer Vielzahl von simultan verabreichten und z.T. stark immunsupprimierenden Arzneimitteln, über einen langen Zeitraum sicher verabreicht werden kann.

Die Wirksamkeit sollte an prospektiven, randomisierten, placebokontrollierten Studien, mit einer ausreichend großen Untersuchungsgruppe untersucht werden. Studienziele sollten im Vorwege klar festgelegt sein und nicht mehr verändert werden. Um zwischen verschiedenen Behandlungsgruppen zu differenzieren, sollten ausreichend große Patientenkollektive zur Verfügung stehen, um hinreichende statistische Aussagekraft zu erreichen. Die Studiengruppen sollten klar definiert und beschrieben werden, so dass die Ergebnisse vergleichbar und übertragbar sind. Beim Vergleich von Studien sollte besonders auf gleiche Ausgangsbedingungen geachtet werden. Prophylaxestudien sollten Kosten-Nutzen Überlegungen beinhalten und der Therapieausgang sollte ebenfalls analysiert werden.

Diesen Ansprüchen wird diese Erhebung nicht gerecht.

Allerdings geht es in der vorliegenden Erhebung auch nicht darum, Ergebnisse zu erbringen, die dem Standard von großen prospektiven Studien genügen, sondern es soll aufgezeigt werden, ob in dem vorliegenden Patientenkollektiv Amphotericin B Lipidkomplex sicher und effektiv eingesetzt wurde. Aufgrund des kleinen Patientenkollektivs ist es statistisch schwierig, signifikante Ergebnisse zu erbringen und

Diskussion

damit eine Übertragbarkeit auf die Grundgesamtheit der allogenen Stammzelltransplantationspatienten im UKE zu ermöglichen.

Im Vergleich zu anderen prospektiven Studien [83, 117, 124, 145] ist das Patientenkollektiv in der vorliegenden Arbeit klein und inhomogen. Es wurden deutlich mehr unterschiedliche Krankheitsstadien und Krankheitsentitäten und infolgedessen verschieden stark immunsupprimierende Faktoren innerhalb der Patientengruppe eingeschlossen, als dies in den meisten prospektiven Studien der Fall ist. Die unterschiedliche Anzahl vorausgegangener Neutropenien und ggf. auch Stammzelltransplantationen wurde nicht berücksichtigt.

Die verschiedenen Konditionierungsregimes wurden nicht getrennt bewertet und auch das Vorliegen einer Graft-versus-host-Erkrankung nicht beurteilt.

5.4 Fazit

Trotz im Vergleich zu konventionellem Amphotericin B deutlich herabgesetzter Häufigkeit von Ereignissen der akuten Toxizität, bleiben diese unerwünschten Arzneimittelreaktionen unter ABLC ein Problem. Insbesondere sind die häufigen Infusionsreaktionen mit Fieber und Schüttelfrost ein belastendes Problem für die Patienten. Vermutlich nehmen diese akuten Nebenwirkungen mit der Häufigkeit der Gabe ab. Dieses Phänomen konnte jedoch in dieser Erhebung nicht untersucht werden, da ABLC nach Auftreten von Nebenwirkungen meist sehr schnell auf L-AmB umgestellt wurde. Andere bekannte Nebenwirkungen, wie allergische und dermatologische Reaktionen, Übelkeit und Erbrechen, Schmerzen und Dyspnoe sind relativ selten bis überhaupt nicht aufgetreten.

Bezüglich nephrotoxischer unerwünschter Arzneimittelwirkungen von ABLC wurden kaum schwere Verläufe dokumentiert. Obwohl sich bei der überwiegenden Zahl der Patienten Verschlechterungen der Nierenfunktion eingestellt haben, waren diese selten ernsthafter Natur. In Anbetracht der vielen anderen parallel verabreichten nephrotoxischen Wirkstoffe, scheinen die relativ leichten Erhöhungen der Serumkreatininwerte klinisch tolerabel und gut beherrschbar.

Im Vergleich mit Literaturdaten scheint die Wirksamkeit von ABLC in der Prophylaxe von invasiven Mykosen bei allogenen HSZT Patienten der des bereits für diese Indikation zugelassenen L-AmB zu entsprechen. Dies sollte in einer prospektiven Studie mit einem direkten Vergleich der beiden Arzneistoffe überprüft werden. Soweit es allerdings die Bedingungen der durchgeführten Untersuchung zulassen, können die Ergebnisse der

Diskussion

Studie von Mattiuzzi et al. bestätigt werden, in der beide Arzneistoffe direkt miteinander verglichen wurden [117].

Aus den ausgeführten Ergebnissen ergibt sich, dass Abelcet® klinisch sicher und effektiv eingesetzt wurde. Um von den Daten des beobachteten Patientenkollektivs auf die Grundgesamtheit an allogenen Stammzell- transplantationspatienten zu schließen, fehlten leider Fallzahlen in ausreichender Größe für signifikante Ergebnisse. Weitere klinische Studien, die sich mit dieser Fragestellung beschäftigen, erscheinen sinnvoll und gerechtfertigt.

Da mit den Azolen und Echinocandinen antifungale Arzneistoffe vorliegen, die bei ähnlich guter Wirksamkeit ein im Vergleich zu AmB Formulierungen besseres Verträglichkeitsprofil zeigen, kann man, wie dies bereits in unterschiedlichen Metaanalysen geschehen ist [20, 111, 142], empfehlen, diese, nach Ausschluss der Kontraindikationen, als Mittel der ersten Wahl den AmB Formulierungen vorzuziehen. Alle Autoren sind sich jedoch einig, dass weitere große Studien in klar definierten Patientenkollektiven erforderlich sind, um Empfehlungen für antifungale Prophylaxe bei Hochrisikopatienten mit einem hohen Evidenzgrad aussprechen zu können [20, 108, 109, 111, 142].

6 Zusammenfassung

Die invasive Pilzinfektion ist eine schwere Komplikation der allogenen Stammzelltransplantation. Sie tritt als Folge der notwendigen immun-suppressiven Therapie auf. Von der DGHO werden Stammzell- transplantationspatienten mit einem hohen Risiko für die Entwicklung einer invasiven Pilzinfektion eingestuft.

Antifungale Prophylaxe reduziert die Häufigkeit der parenteralen antifungalen Therapie und der gesicherten invasiven Mykosen signifikant, besonders bei allogenen HSZT Patienten.

Für die Therapie von invasiven Pilzinfektionen stehen 3 Wirkstoffgruppen zur Verfügung: Azole, Polyene und Echinocandine. In der vorliegenden Arbeit geht es um die Frage, ob das Polyen-Antimykotikum Amphotericin B Lipidkomplex in der prophylaktischen Anwendung effektiv vor einer invasiven Pilzinfektion im Rahmen von allogenen HSZT schützt und den Sicherheitsanforderungen genügt.

103 Patienten haben ABLC als antifungale Prophylaxe erhalten, 60 davon mindestens 7 Tage. Die Verträglichkeit von ABLC wurde bei allen Patienten anhand akut auftretender Infusionsreaktionen untersucht. Die nephrotoxischen Reaktionen und die Wirksamkeit wurden nur bei den 60 Patienten untersucht, die ABLC mindestens 7 Tage erhalten haben. Bei 23% der Patienten trat eine akute Unverträglichkeitsreaktion auf.

Von den 60 Patienten bei denen die nephrotoxischen Reaktionen untersucht wurden, zeigten 22% einen auffälligen Serumkreatininanstieg.

Bezüglich der Frage der Wirksamkeit von ABLC haben insgesamt 13 Patienten (22%) die Kriterien einer IFI erfüllt, darunter 2 gesicherte Fälle, 4 wahrscheinliche und 7 mögliche.

Im Vergleich mit Literaturangaben lag ABLC bezüglich der Anzahl von entwickelten akuten Toxizitätsreaktionen im suboptimalen Bereich bei insgesamt milderem Verlauf, während die Ergebnisse zur Nephrotoxizität gute Ergebnisse zeigen. Die Wirksamkeit entspricht der von L-AmB.

Durch das Vorliegen von Arzneistoffen mit weniger toxischen Reaktionen bei gleicher Wirksamkeit wird ABLC voraussichtlich in der antifungalen Prophylaxe von Hochrisikopatienten ein Mittel der 2. Wahl bleiben.

Für valide Ergebnisse, die auf die Grundgesamtheit übertragen werden können, sollten in der Zukunft breiter angelegte Untersuchungen mit größeren, aber klarer definierten Patientenkollektiven angestrebt werden.

7 Abkürzungsverzeichnis

Abb.	Abbildung
ABLC	Amphotericin B Lipid Komplex (Abelcet®)
AG	Antigen
AGIHO	Arbeitsgemeinschaft Infektionen in der Hämatologie und Onkologie
AK	Antikörper
AmB	Amphotericin B
AML	Akute Myeloische Leukämie
ATG	Anti-Thymozyten-Globulin
BAL	Broncho-alveoläre Lavage
cAmB	konventionelles Amphotericin B
CsA	Ciclosporin A
DGHO	Deutsche Gesellschaft für Hämatologie und Onkologie
DNS	Desoxyribonukleinsäure
ECIL	European Conference on Infections in Leukemia
EIA	Enzymimmunoassay
EORTC/MSG	European Organisation for Research and Treatment of Cancer/Invasive Fungal Infections Cooperative Group and the National Institute of Allergy and Infectious Diseases Mycosis Study Group Consensus Group
FUO	Fever of unknown origin / unklares Fieber
G-CSF	Granulocyte-colony-stimulating-factor
GvHD	Graft-versus-Host-Disease / Spender gegen Wirt Erkrankung
HLA	Humanes Leukozyten Antigen
HSZT	Hämatopoetische Stammzelltransplantation
IA	Invasive Aspergillosis / Invasive Aspergillose
IDSA	Infectious Disease Society of America
IFD	Invasive fungal disease / Invasive Pilzerkrankung (neue Nomenklatur)
IFI	Invasive fungal infection / Invasive Pilzinfektion (alte Nomenklatur)
KG	Körpergewicht
KM-SZT	Stammzelltransplantation aus Knochenmark
L-AmB	Liposomales Amphotericin B (AmBisome®)

Abkürzungsverzeichnis

KMT	Knochenmarktransplantation
MDS	Myelodysplastisches Syndrom
NNH	Nasennebenhöhlen
NSAID	Nicht steroidale antiinflammatorische Arzneimittel (alt: NSAR)
PB-SZT	Stammzelltransplantation aus peripheren Blutstammzellen
PCR	Polymerase chain reaction, Polymerasekettenreaktion
PUP	Pneumonia of unknown pathogen / Pneumonie unbekannter Erreger
Sp.	Spezies
SZT	Stammzelltransplantation
Tab.	Tabelle
TCT	thorakale Computertomographie/ -tomogramm
TNF-α	Tumornekrosefaktor-alpha
UKE	Universitätsklinikum Hamburg-Eppendorf
UAW	Unerwünschte Arzneimittelwirkung
ZVK	Zentraler Venenkatheter

Maßeinheiten

kg	Kilogramm	nm	Nanometer
mg	Milligramm	min	Minute
µg	Mikrogramm	h	Stunde

Aus Gründen der Vereinfachung werden Patientinnen und Patienten unter der maskulinen Form des Wortes zusammengefasst.

8 Literaturverzeichnis

[1] Ehninger G, Holler E
Knochenmark und Blutstammzelltransplantation
Deutsche Gesellschaft für Hämatologie und Onkologie (DGHO) www.dgho.de

[2] Kröger N, Zander A
Allogene Stammzelltherapie – Grundlagen, Indikationen und Perspektiven
2. Auflage, Uni-Med Verlag, ISBN 978-3-8374-2033-3

[3] Leather HL, Wingard JR
Infections after hematopoietic stem cell transplantation
Infect Dis Clin North Am 6/2001; 15(2): 483-520

[4] Maschmeyer G, Kern WV
Infektionen bei hämatologischen und onkologischen Erkrankungen
DGHO / www.dgho.de [12.03.2009]

[5] Hematopoietic cell transplantation. Second Edition.
Malden: Blackwell Science, 1999

[6] Hematopoietic stem cell therapy. First Edition.
Philadelphia: Churchill Livingstone, 2000

[7] Ruhnke M
Invasive Mykosen in der Onkologie
Im Focus Onkologie 6/2008
www.onkosupport.de/ascors/content/e974/e1778/e2343/ifo0806_45.pdf
[13.03.2009]

[8] Bow EJ, Loewen R, Cheang MS et al.
Invasive fungal disease in adults undergoing remission-induction therapy for acute myeloid leukemia: The pathogenetic role of the antileukemic regimen
Clin Infect Dis 1995; 21: 361-69

Literaturverzeichnis

[9] Goodrich JM, Reed EC, Mori LD et al.
Clinical features and analysis of risk factors for invasive candidal infection after marrow transplantation
J Infect Dis 1991; 164: 731-40

[10] Bodey GP, Buckley M, Sathe YS et al.
Quantitative relationships between circulating leukocytes and infection in patients with acute leukemia
Annals of Internal Medicine 1966; 64, 1: 328-40

[11] Einsele H, Bertz H, Beyer J et al.
Epidemiology and interventional treatment strategies of infectious complications after allogenic stem-cell transplantation
Dtsch Med Wochenschr 2001; 126 (45): 1278-84

[12] O'Brien SN, Blijlevens NMA, Mahfouz TH et al.
Infections in patients with hematological cancer: recent developments
Hematology Am Soc Hematol Educ Program 2003: 438-72

[13] Doctor fungus
www.doctorfungus.org [12.03.2009]

[14] Wild C, Jonas S, Frank W et al.
Aspergillose – Stand des Wissens zu Diagnose, Therapie, Umweltbedingungen – ein Assessment – 4/2001
Österreichische Akademie der Wissenschaft – ITA
http://epub.oeaw.ac.at/ita/ita-projektberichte/d2-2b18.pdf [13.09.2009]

[15] Jehu V
Managing fungal and viral infections in the immunocompromised host
Rec Res Cancer Res 1988; 108: 61-70

Literaturverzeichnis

[16] Donhuijsen K, Petersen P, Schmid KW
Trendwende in der Mykosefrequenz bei hämatologischen Neoplasien:
Obduktionsergebnisse von 1976 bis 2005
Deutsches Ärzteblatt 2008; 105 (28-29): 501-6

[17] Bartsch HH, Mertelsmann R
Knochenmark und periphere Stammzelltransplantation, Kapitel 3
1996 Karger

[18] Glasmacher A, Prentice AG
Evidence based review of antifungal prophylaxis in neutropenic patients with haematological malignancies
Journal of Antimicrobial Chemotherapy 2005; 56, Suppl. S1

[19] Slavin MA, Osborne B, Adam R et al.
Efficacy and safety of fluconazole prophylaxis for fungal infections after marrow transplantation – a prospective randomized, double-blind study
J Infect Dis 1995; 171: 1545-52

[20] Robenshtok E, Gafter-Gvili A, Goldberg E et al
Antifungal prophylaxis in cancer patients after chemotherapy or haematipoietic stem cell transplantation: systematic review and meta-analysis
Journal of Clinical Oncology 12/2007; 25: 5471-89

[21] Cornely OA
Invasive Mykosen –CME (Bayerische Landesärztekammer)
Springer

[22] Upton A, Kirby KA, Carpenter P et al.
Invasive aspergillosis following hematopoietic cell transplantation: Outcomes and prognostic factors associated with mortality
Clin Infect Dis 2007; 44: 531-40

Literaturverzeichnis

[23] Neue Entwicklungen in der Therapie systemischer Pilzinfektionen
Supportivtherapie Folge 18
Im Fokus Onkologie 7/2002

[24] Heinz WJ
Pilzinfektionen: Prophylaxe bei hämatologischen Patienten
Journal Onkologie – Online Ausgabe 5/2007

[25] Conference Abstract Search:
Report from the 35th Annual Meeting of the European Group for Blood and Marrow Transplantation, Göteborg, Sweden, 29 März bis 1. April 2009
www.aspergillus.org.uk/secure/conferences/confabstracts/
searchconf.php [05.09.2009]

[26] Morell M, Fraser VJ, Kollef MH
Delaying the empiric treatment of candida bloodstream infection until positive blood culture results are obtained: a potential risk factor for hospital mortality
Antimicrob. Agents Chemother. 2005; 49, 9: 3640-45

[27] Parkins MD, Sabuda DM, Elsayed S et al.
Adequacy of empirical antifungal therapy and effect on outcome among patients with invasive candida species infection
J Antimicrob. Chemother. 2007; 60: 613-18

[28] Focus on fungal infections 17, 3/2007
Kongressbericht

[29] Ascoiglu S, de Pauw BE, Meis JF
Prophylaxis and treatment of antifungal infections associated with hematological malignancies
Int J Antimicrob Agents 2000; 15: 159-68

[30] Nucci M, Marr KA
Emerging fungal infections
Clin Infect Dis 2005; 41: 521-26

Literaturverzeichnis

[31] Wald A, Leisenring W, van Burik JA et al.
Epidemiology of aspergillus infections in a large cohort of patients undergoing bone marrow transplantation
J Infect Dis 1997; 175: 459-66

[32] Shaukat A, Bakri F, Young P et al.
Invasive filamentous infections in allogeneic hematopoietic stem cell transplant recipients after recovery from neutropenia: clinical, radiologic and pathologic characteristics.
Mycopathologia 2005; 159: 181-8

[33] Trifilio S, Singhal S, Williams S et al.
Breakthrough fungal infections after allogeneic hematipoietic stem cell transplantation in patients on prophylactic voriconazol
Bone marrow transplantation 2007; 40: 451-6

[34] Invasive Pilzinfektionen bei Leukämiepatienten: Empirische Antimykotikatherapie im aktuellen europäischen Leitlinienstandard
Journal Onkologie 19.2.2008

[35] Marr KA
Invasive candida infections: the changing epidemiology
Oncology 2004; 18: 9-14

[36] Wingard JR, Merz WG, Rinaldi MG et al.
Increase in candida crusei infection among patients with bone marrow transplantation and neutropenia treated prophylactically with fluconazole
N Engl J Med 1991; 325 (18): 1274-7

[37] Wingard JR
The changing face of invasive fungal infections in hematopoietic cell transplant recipients
Curr Opin Oncol 2005; 17: 89-92

Literaturverzeichnis

[38] Bow EJ, Laverdiere M, Lussier N et al.
Antifungal prophylaxis for severely neutropenic chemotherapy recipients - metaanalyse
Cancer 2002; 94: 3230-46

[39] Uderzo C, Angelo PD, Rizzari C et al.
Central venous catheter-related complications after bone marrow transplantation in children with hematological malignancies
Bone marrow transplantat 1991; 9: 113-7

[40] Diagnostik invasiver Pilzinfektionen
www.cancidas.de/secure/hintergrund/diag_1300.thml [02.02.2010]

[41] Krüger W, Sobottka I, Stockschläder M et al.
Fatal outcome of disseminated candidosis after allogeneic bone marrow transplantation under treatment with liposomal and conventional amphotericin B. A report of 4 cases with determination of the mic values.
Scand J Infect Dis 1996; 28 (3): 313-6

[42] Rinaldi MG
Problems in the diagnosis of invasive fungal diseases
Rev Infect Dis 13; 493-5

[43] Ruhnke M, Böhme A, Buchheidt D et al.
Diagnosis of invasive fungal infections in hematology and oncology. Guidelines of the Infectious Diseases Working Party (AGIHO) of the German Society of Hematology and Oncology (DGHO).
Ann Hematol 2003; 82 Suppl 2: 141-8

[44] Reimer LG, Wilson ML, Weinstein MP
Update on detection of bacteremia and fungemia
Clin Microbiol Rev 1997; 10: 444-465

Literaturverzeichnis

[45] Willinger B
Infektionen - Diagnostik invasiver Pilzinfektionen
Jatros Infektiologie 1/2007

[46] Horvath JA, Dummer S
The use of respiratory tract cultures in the diagnosis of invasive pulmonary aspergillosis
Am J Med 1996; 100: 171-8

[47] Odabasi Z, Mattiuzi G, Estey E et al
ß-D-Glucanas a diagnostic adjunct for invsive fungl infections: Validation, cutoff development, and performance in patients with AML and MDS
Clin Inf Dis 2004; 39: 199-205

[48] Marr KA, Balajee SA, McLaughlin L et al.
Detection of galactomannan antigenemia by enzyme immunoassay for the diagnosis of invasive aspergillosis: Variables that affect performance J of Inf Dis 2004; 190: 641-9

[49] Maertens J, Verhagen J, Lagrou K et al.
Screening for circulating galactomannan as a noninvasive diagnostic tool for invasive aspergillosis in prolonged neutropenic patients and stem cell transplantation recipients: a prospective validation
Blood 2001; 97: 604-10

[50] Sulahian A, Boutboul F, Ribaud P et al.
Value of antigen detection using an enzyme immunoassay in the diagnostis and prediction of invasive aspergillosis in two adult and pediatric haematology units during a 4-year prospective study
Cancer 2001; 91: 311-8

[51] Sulahian A, Touratier S, Ribaud P
False positive test for aspergillus antigenemia related to concomitant administration of piperacillin and tazobactam
New England Journal of Medicine 12/2003; 349(24): 2366-7

Literaturverzeichnis

[52] Aubry A, Porcher R, Bottero J et al.
Occurrence and kinetics of false-positive aspergillus galactomannan test results following treatment with ß-lactam antibiotics in patients with haematological disorders
J of Clinical microbiology 2/2006, 40: 389-94

[53] Mitsutake K, Miyazaki T, Tashiro T et al.
Enolase antigen, mannan antigen, cand-tec antigen and beta glucan in patients with candidemia
J Clin Microbiol 1996; 34: 1918-21

[54] Pasqualotto AC, Denning DW
Diagnosis of invasive fungal infections – Current limitations of classical and new diagnostic methods
Business Briefing: European Oncology Review 2005

[55] De Repentigny L
Serodiagnosis of candidiasis, aspergillosis and cryptococcosis
Clin Infect Dis 1992 14: 11-22

[56] Buchheidt D, Baust C, Skladny H et al.
Detection of aspergillus species in blood and bronchoalveolar lavage samples from immunocompromised patients by means of 2-step polymerase chain reaction: clinical results
Clin Infect Dis 2001; 33: 428-35

[57] Kami M, Fukui T, Ogawa S et al.
Use of real time PCR on blood samples for diagnosis of invasive aspergillosis
Clin Infect Dis 2001; 33: 1-504-12

[58] Hardman JG, Limbird LE, Gilman AG
Pharmakologische Grundlage der Arzneimitteltherapie,
Kapitel Antimikrobielle Wirkstoffe – Antimykotika

Literaturverzeichnis

[59] Zonios DI, Bennett JE
Update on azole antifungals
www.medscape.com from
Seminars in respiratory and critical care medicine 2008, 29 (2): 198-210

[60] Deutschsprachige Mykologische Gesellschaft
www.dmykG.de/history//geschichtliches.html [27.02.2009]

[61] Kanda Y, Yamamoto R, Chizuka A et al.
Prophylactic action of oral fluconazole against fungal infection in neutropenic patients.
A metaanalysis of 16 randomized controlled trials.
Cancer 2000; 89(7): 1611-25

[62] Mykosen Online
Alles über systemische Mykosen in Hämatologie und Onkologie
www.mykosen-online.de/antimykotika [26.02.2009]

[63] Böhme A, Buchheidt D, Einsele H et al.
Leitlinie Antimykotika der AGIHO
www.dgho-infektionen.de [25.02.2009]

[64] Pharmainformation 7/1
www2.i-med.ac.at/pharmakologie/info/info7-1.html#triazol [26.02.2009]

[65] Fachinformationsservice der Roten Liste online
www.rote-liste.de [16.02.2010]

[66] Boogaerts M, Winston DJ, Bow EJ et al.
Intravenous and oral itraconazole versus intravenous amphotericin B deoxycholate as empirical antifungal therapy for persistent fever in neutropenic patients with cancer who are receiving broad-spectrum antibacterial therapy
Annals of Internal Med 2001; 135, 6: 412-22

Literaturverzeichnis

[67] Walsh TJ, Anaissie EJ, Denning DW et al.
Treatment of aspergillosis: Clinical practice guidelines of the Infectious Diseases Society of America
Clin Infect Dis 2008; 46: 327-60

[68] Johnson LB, Kauffmann CA
Voriconazole: A new triazole antifungal agent
Clin Infect Dis 2001; 36 (5): 630-7

[69] Keating GM
Posaconazole
Drugs 2005; 65: 1553-65

[70] Zeitschrift für Chemotherapie, Heft 1/06
Posaconazol
www.zct-berlin.de [18.02.2010]

[71] Cornely OA, Maertens J, Winston DJ et al.
Posaconazole versus fluconazole or itraconazole prophylaxis in patients with neutropenia
N Engl J Med 2007; 25, 356(4): 348-59

[72] Onkologie Telegramm
Jahrestagung DGHO in Wien 10/08
Höchste Evidenz für Prophylaxe mit Posaconazol bestätigt
www.onkologie-telegramm.com [18.02.2010]

[73] Haydu R, Thompson R, Sundelof JG et al.
Preliminary animal pharmacocinetics of the parenteral antifungal agent MK-0991
Antimicrob. Agents Chemother. 11/1997; 11, 41: 2339-44

[74] Antiinfektiva
Caspofungin
www.infektionsschutz.at/AntimykotikaCaspofungin.phtml [19.02.2010]

Literaturverzeichnis

[75] Mora-Duarte J, Betts R et al.
Comparison of caspofungin and amphotericin B for invasive candidiasis
N Engl J Med 2002; 347(25): 2020-29

[76] Cornely AC
Caspofungin
www.p-e-g.org/archiv_tmp/jahrestagung_18/ss/abs_cornely.htm
[19.02.2010]

[77] The drug monitor
A non-for-profit website edited and maintained by Nasr Anaizi, PhD
Amphotericin B Preparations
www.thedrugmonitor.com [30.01.2009]

[78] Bennett JE
Antimicrobial agents: Antifungal agents
Goodman & Gilman's The Pharmacological Basis of Therapeutics
McGraw-Hill New York 10. Edition 1995, pp 1175-90

[79] Adam D, Christ W
Antibiotika und Chemotherapeutika
Pharmakologie und Toxikologie
BI Wissenschaftsverlag 1987, pp 580-750

[80] Kroker R
Pharmaka zur Behandlung von Pilzinfektionen.
Pharmakotherapie bei Haus- und Nutztieren
4. Auflage 1999, pp 290-4

[81] Collette N, van der Auwera W, Lopez AW et al.
Tissue concentrations and bioactivity of amphotericin B in cancer patients treated with amphotericin B deoxycholate
Antimicrob Agents Chemother 1989; 33 (3): 362-8

Literaturverzeichnis

[82] Kleinberg
What is the current and future status of conventional amphotericin B?
Antimicrobial agents 2006; 27: 12-6

[83] Kelsey SM, Goldman JM, McCann S et al.
Liposomal amphotericin (AmBisome) in the prophylaxis of fungal infections in neutropenic patients: a randomised, double-blind, placebo-controlled study
Bone Marrow Transplantation 1999; 23: 163-8

[84] Boswell GW, Buell, Bekersky
AmBisome: A comparative review
Journal of clinical Pharmacology, 1998; 38:583-592

[85] Carlson MA, Condon RE
Nephrotoxity of amphotericin B
Journal of the American College of Surgeons 1994; 179(3): 361-81

[86] Goodwin SD, Cleary JD, Walawander CA et al.
Pretreatment regimens for adverse events related to infusion of amphotericin B
Clin Infect Dis 1995; 20: 755-761

[87] Slain D
Lipid based amphotericin B for the treatment of fungal infections
Pharmacotherapy 1999; 19(3): 306-23

[88] Saliba F
Antifungals and renal safety – getting the balance right
Antimicrobial agents 2006; 275: 21-4

[89] Walsh TJ, Finberg RW, Arndt C et al.
Liposomal amphotericin B for empirical therapy in patients with persistent fever and neutropenia
N Engl J Med 1999; 340: 764-71

Literaturverzeichnis

[90] White MH, Bowden RA, Sandler ES et al.
Randomized, double-blind clinical trial of amphotericin colloidal dispersion vs. Amphotericin B in the empirical treatment of fever and neutropenia
Clin Infect Dis 1998; 27: 296-302

[91] Sharkey PK, Graybill SR, Johnson ES et al.
Amphotericin B lipid complex compared with amphotericin B in the treatment of cryptococcal meningitis in patients with AIDS
Clin Infect Dis 1996; 22: 315-21

[92] Anaissie EJ, White M, Uzun C et al.
Amphotericin B lipid complex versus amphotericin B for treatment of hematogenous and invasive candidiasis: A prospective randomised multicenter trial
Proceedings of the 35th ICAAC Washington DC; Am Soc Microbiol 1995; 21: 330

[93] Maertens JA, Frere P, Lass-Flörl C et al.
Primary antifungal prophylaxis in leukemia patients
EJC 2007 ; Suppl 5: 43-8

[94] Liposomales AmB
Zeitschrift für Chemotherapie Heft 4, 1993
www.zct-berlin.de/neueinführungen [30.01.2009]

[95] Bowden RA, Cays M, Gooley T et al.
Phase 1 study of amphotericin B colloidal dispersion for the treatment of invasive fungal infection after marrow transplant
J Infect Dis 1996; 173: 1208-15

[96] Herbrecht R
Safety of amphotericin B colloidal dispersion
Eur J Clin Microbiol Infect Dis 1997; 16: 74-80

Literaturverzeichnis

[97] Walsh TJ, Hiemenz JW, Seibel NL et al.
Amphotericin B lipid complex for invasiv fungal infections: Analysis of safety and efficiacy in 556 cases
Clinical Inf Dis 1998; 26: 1383-96

[98] Janoff AS, Boni LT, Popescu MC et al.
Unusual lipid structures selectively reduce the toxicity of AmB
Proc Natl Acad Sci USA 1988; 85: 6122-6

[99] Amphotericin B (Lipid Complex)
Drug information provided by Lexi-Comp
www.merck.com/mmpe/lexicomp/amphotericinB(LipidComplex).html [29.01.2009]

[100] Gonzalez C, Sein T, Bacher T et al.
Penetration of lipid formulations of amphotericin B into cerebrospinal fluid and brain tissue.
Abstracts of the 37th Interscience Conference on Antimicrobial Agents and Chemotherapy.
Toronto Sep 28-Oct 1 1997: 19

[101] Groll AH, Giri N, Petraitis V et al.
Comparative efficacy and distribution of lipid formulations of amphotericin B in experimental candida albicans infection of the central nervous system.
J Infect Dis Jul 2000; 182(1): 274-82

[102] Rapp RP, Gubbins PO, Evans ME
Amphotericin B lipid complex
The Annals of Pharmacotherapy 1997, 31; 10: 1174-86

[103] Dix SP
Pharmacology of lipid formulations of amphotericin B
Infect Dis Clin Pract 1998; 7(Suppl 1): 8-15

Literaturverzeichnis

[104] Wingard JR, White MH, Anaissie E et al
A randomized, double blind comparative trial evaluating the safety of liposomal amphotericin B versus amphotericin B lipid complex in the empirical treatment of febrile neutropenia
Clinical infectious diseases 2000; 31: 1155-63

[105] Wong-Beringer A, Jacobs RA, Gugliemlmo BJ
Lipid formulations of amphotericin B: Clinical efficacy and toxic ties
Clin Infect Dis 1998; 27: 603-18

[106] Uzun O, Anaissie EJ
Antifungal prophylaxis in patients with hematologic malignancies: a reappraisal
Blood 1995; 86: 2063-72

[107] Rex JH
Correspondence: Systemic antifungal prophylaxis reduces invasive fungal infections in AML: a retrospective review of 833 episodes of neutropenia in 322 adults
Leukemia 2002; 16: 1197-1203

[108] Cornely OA, Böhme A, Buchheidt D et al.
Prophylaxis of invasive fungal infections in patients with hematological malignancies and solid tumors
Guidelines of the Infectious Disease Working Party (AGIHO) of the German Society of Hematology and Oncology (DGHO)
Ann Hematol 9/2003 82 Suppl 2: 186-200

[109] Maertens J
Evaluating prophylaxis of invasive fungal infections in patients with haematologic malignancies
European Journal of Haematology ISSN 0902-4441 (2007)

[110] Barrett JP, Vardulaki KA, Conlon C et al.
A systemic review of the antifungal effectiveness and tolerability of amphotericin B formulations
Clin Ther 2003; 25(5): 1295-320

Literaturverzeichnis

[111] Ullmann AJ, Cornely OA
Antifungal prophylaxis for invasive mycosis in high risk patients
Curr Opin Infect Dis 2006; 19: 571-6

[112] De Pauw B, Walsh TJ, Donnelly JP et al.
Revised definitions of invasive fungal disease from the European Organization for Research and Treatment of Cancer/Invasive Fungal Infections Cooperative Group and the National Institute of Allergy and Infectious Diseases Mycoses Study Group (EORTC/MSG) Consensus Group
Clin Infect Dis 2008; 46: 1813-21

[113] Ascioglu S, Rex JH, De Pauw B et al.
Defining opportunistic invasive fungal infections in immunocompromised patients with cancer and hematopoietic stem cell transplants: an international consensus
Clin Infect Dis 2002; 34: 7-14

[114] Borlenghi E, Cattaneo C, Capucci MA et al.
Usefulness of the MSG/IFICG/EORTC diagnostic criteria of invasive pulmonary aspergillosis in the clinical management of patients with acute leukaemia developing pulmonary infiltrates
Annals of hematology 2007, Vol 86, 3: 205-10

[115] Alexander BD, Wingard JR
Study of renal safety in amphotericin B lipid complex treated patients
Clin Infect Dis 2005; 40: 414-21

[116] Ito JI, Chandrasekar PH, Hooshmand-Rad R
Effectiveness of amphotericin B lipid complex (ABLC) treatment in HCT recipients with invasive aspergillosis (IA)
Bone marrow transplantation 2005; 36: 873-877

Literaturverzeichnis

[117] Mattiuzzi GN, Kantarjian H, Faderl S et al.
Amphotericin B lipid complex as prophylaxis of IFI in patients with acute myelogenous leukemia and myelodysplastic syndrome undergoing induction chemotherapy
Cancer 2004; 100: 581-9

[118] Baddley JW, Stroud TP, Salzman D et al.
Invasive mold infections in allogenic bone marrow transplant recipients
Clin Infect Dis 2001; 32: 1319-24

[119] Marr KA, Carter RA, Boeckh M et al.
Invasive aspergillosis in allogeneic stem cell transplant recipients: Changes in epidemiology and risk factors
Blood 2002; 100: 4358-66

[120] Bearman SI, Appelbaum FR, Buckner CD et al.
Regimen-related toxicity in patients undergoing bone marrow transplantation
J Clin Oncol 1988; 6: 1562-8

[121] Stevens LA, Coresh J, Feldman HI et al.
Evaluation of the modification of diet in renal disease study equation in a large diverse population
J Am Soc Nephrol 2007; 18: 2749-57

[122] Glomeruläre Filtrationsrate
Wikipedia [20.09.2009]

[123] Common toxicity criteria (CTC)
Cancer Therapy Evaluationg Program
Version 2,0
DCTD, NCI, NIH, DHHS 3/1998
www.ctep.cancer.gov/protocoldevelopment/electronic_applicat ons/docs/ctcv20_4-30-992.pdf [04.03.2009]

Literaturverzeichnis

[124] Mattiuzzi GN, Estey E, Raad I et al.
Liposomal amphotericin B versus the combination of fluconazole and itraconazole as prophylaxis for invasive fungal infections during induction
Cancer 2002; 97: 450-6

[125] Kelsey SM, Goldman JM, McCann S et al.
Liposomal amphotericin (AmBisome) in the prophylaxis of fungal infections in neutropenic patients: a randomized, double blind, placebo-controlled study
Bone marrow transplant 1999; 23: 163-8

[126] Glasmacher A, Cornely O, Ullmann AJ et al.
An open-label randomized trial comparing itraconazole oral solution with fluconazole oral solution for primary prophylaxis of fungal infections in patients with haematological malignancy and profound neutropenia
Journal of Antimicrobial Chemotherapy 2005

[127] Wingard JR, Kubilis P, Lee L et al.
Clinical significance of nephrotoxity in patients treated with amphotericin B for suspected or proven aspergillosis
Clin Infect Dis 1999; 29: 1402-07

[128] Leenders ACAP, Daenen S, Jansen RLH et al.
Liposomal amphotericin B compared with amphotericin B deoxycholate in the treatment of documented and suspected neutropenia-associated invasive fungal infections
Br J Haematol 1998; 103: 205-12

[129] Fleming RV, Kantarjian HM, Husni R et al.
Comparison of amphotericin B lipid complex vs. Ambisome in the treatment of suspected or documented fungal infections in patients with leukemia.
Leuk Lymphoma 2001; 40: 511-20

[130] Cannon JP, Garey KW, Danziger LH
A prospective and retrospective analysis of the nephrotoxicity and efficacy of lipid based amphotericin B formulations
Pharmacother 2001; 21: 1107-14

[131] Miller CB, Waller EK, Klingemann HG et al.
Lipid formulations of amphotericin B preserve and stabilize renal function in HSCT recipients
Bone Marrow Transplant 2004; 33: 543-8

[132] Hachem RY, Boktour MR, Hend HA et al.
Amphotericin B lipid complex versus liposomal amphotericin B monotherapy for invasive aspergillosis in patients with hematologic malignancies
Cancer 2008; 112(6): 1282-7

[133] Walsh TJ, Goodman JL, Pappas P et al.
Safety, tolerance and pharmacokinetics of high-dose liposomal amphotericin B in patients infected with aspergillus species and other filamentous fungi: Maximum tolerated dose study
Antimicrob Agents Chemother 2001; 45: 3487-96

[134] Ullmann AJ, Sanz MA, Tramarin A et al.
Prospective study of Amphotericin B formulations in immunocompromised patients in 4 European countries
Clin Inf dis 2006; 43:e29-38

[135] Chou LS, Lewis RE, Ippoliti C et al.
Caspofungin as primary prophylaxis in stem cell transplant recipients
Pharmacother 2007; 2, 12: 1644-50

[136] Hashino S, Morita L, Takahata M et al.
Administration of micafungin as prophylactic antifungal therapy in patients undergoing allogeneic stem cell transplantation
Int J Hematol. 2008; 87(1): 91-7

Literaturverzeichnis

[137] van Burik JH, Ratanatharathorn V, Stephan DE et al.
Micafingin versus fluconazole for prophylaxis against invasive fungal infections during neutropenia in patients undergoinghHematopoietic stem cell transplantation
Clin Infect Dis 2004; 39: 1407-16

[138] Cornely OA, Maertens J, Winston DJ et al.
Posaconazole vs. fluconazole or itraconazole prophylaxis in patients with neutropenia
N Engl J Med 2007; 356: 348-59

[139] Vardakas KZ, Michalopopoulos A, Falagas ME
Fluconazole versus itraconazole for antifungal prophylaxis in neutropenic patients with haematological malignancies: A meta-analysis of randomised-controlled trials
BJH research papers 2005; 131: 22-28

[140] Ullmann AJ, Lipton JH, Vesole DH
Posaconazole or Fluconazole for Prophylaxis in Severe Graft-versus-Host Disease
N Engl J Med 2007; 356: 335-47

[141] Mattiuzzi GN, Alvarado G, Giles FJ et al.
Open-label, randomized comparison of itraconazole versus caspofungin for prophylaxis in patients with hematologic malignancies
Antimicrob Agents Chemother. 2006; 50(1): 143-7

[142] Wirk B, Wingard JR
Current approaches in antifungal prophylaxis in high risk hematological malignancy and hematopoietic stem cell transplant patients
Mycopathologia 2009; 168: 299-311

[143] Pfaller MA
Nosocomial candidiasis: Emerging species reservoirs and modes of transmission
Clin infect Dis 1996; 22 (Suppl.2): 89-94

Literaturverzeichnis

[144] Tollemar J, Ringden O, Anderson S et al
Randomized double-blind study of liposomal amphotericin B (AmBisome) prophylaxis of invasive fungal infections in bone marrow transplant recipients
Bone marrow transplant 1993; 12: 577-82

[145] Wolff et al
Fluconazol vs low dose amphotericin B for the prevention of fungal infections in patients undergoing bone marrow transplantation: A study of the north ameican marrow transplant group
Bone marrow transplantation 4/2000; 25(8): 853-9

[146] Morgenstern GR, Prentice AG, Prentice HG et al.
A randomised controlled trial of itraconazole versus fluconazole for the prevention of fungal infections in patients with haematological malignancies.
Br J Haematol 1999; 105: 901-11

[147] Glasmacher A, Molitor E, Hahn C et al.
Antifungal prophylaxis with itraconazole in neutropenic patients with acute leukemia.
Leukemia 1998; 12: 1338-43

[148] Goodman JL, Winston DJ, Greenfield RA et al.
A controlled trial of fluconazole to prevent fungal infections in patients undergoing bone marrow transplantation.
N Engl J Med 1992; 326: 845-51

[149] Perfect JR, Klotman ME, Gilbert CC et al.
Prophylactic intravenous amphotericin B in neutropenic autologous bone marrow transplant recipients
J Infect Dis 1992; 165: 891-97

[150] Riley DK, Pavia AT, Beatty PG et al.
The prophylactic use of low-dose amphotericin B in bone marrow transplant recipients.
Am J Med 1994; 97: 509-14

Literaturverzeichnis

[151] Warn PA, Morrisey J, Moore CB et al.
In vivo activity of amphotericin B lipid complex in immunocompromised mice against fluconazole-resistant or fluconazole susceptible candida tropicalis
Antimicrob Agents and Chemother 2000; 44, 10: 2664-71

[152] Koh LP, Kurup A, Goh YT et al.
Randomized trial of fluconazole versus low dose amphotericin B in prophylaxis against fungal infections in patients undergoing hematopoietic stem cell transplantation
American Journal of hematology 2002; 71: 260-7

[153] InfektLiga-Antimykotika-Echinocandine
www.infektliga.de [02.02.2010]

[154] Mattiuzzi GN, Alvarado G, Giles FJ et al.
Open label, randomized comparison of Itraconazol versus caspofungin for prophylaxis in patients with hematologic malignancies
Antimicrobial Agents and Chemotherapy 2006; Vol. 50, 1: 143-7

[155] Wingard JR, Carter SL, Walsh TJ et al.
Results of a randomized, double blind trial of fluconazole vs. voriconazole for the prevention of invasive fungal infections in 600 allogeneic blood and marrow transplant patients
Blood 2007; Vol 110, 11: abstract #163

[156] Denning DW, Donnelly JP, Hellreigel KP et al.
Antifungal prophylaxis during neutropenia or allogeneic bone marrow transplantation: What is the state of the art?
Chemotherapy 1991; 38, 43 (Suppl 1)

[157] Milliken ST, Powles RL
Antifungal prophylaxis in bone marrow transplantation.
Rev Infect Dis 1990; 12 (Suppl 3): 374

Literaturverzeichnis

[158] Winston DJ, Maziarz RT, Chandrasekar PH et al.
Intravenous and oral itraconazole versus intravenous and oral fluconazole for long-term antifungal propylaxis in allogeneic hematopoietic stem cell transplant recipients: A multicenter, randomized trial
Ann intern Med 2003; 138: 705-13

[159] Marr KA, Crippa F, Leisenring W et al.
Itraconazole versus fluconazole for prevention of fungal infections in patients receiving allogeneic stem cell transplants
Blood 2006; 103: 1527-33

[160] Ullmann AJ, Lipton JH, Vesole DH et al.
Posaconazole or fluconazole for prophylaxis in severe graft-versus-host-disease
N Engl J Med 2007; 356: 33

9 Danksagung

Für seine Geduld und fachliche Unterstützung und besonders für die schnellen Reaktionen auf meine Fragen danke ich meinem Doktorvater Herrn Prof. Dr. med. Nikolaus Kröger.

Ganz herzlich danke ich meiner engagierten Betreuerin Frau Dr. Claudia Langebrake für die strukturierte Anleitung, die unzähligen praktischen Tipps, die Zeit, die sie mir sogar während ihres Mutterschutzes zur Verfügung stellte und ihre freundliche, unkomplizierte Art, die das Zurechtfinden im undurchsichtigen Universitätsbetrieb zu einem Kinderspiel machte.

Den Mitarbeitern der interdisziplinären Klinik und Poliklinik für Stammzelltransplantation danke ich für ihre Hilfsbereitschaft.

Ich bedanke mich für die Einführung in das Statistikprogramm SPSS bei Friederike von Neindorff und für die technische Unterstützung bei der Layout-Gestaltung bei Ralph Gärtner und meinem Bruder Mario Bendig.

Von ganzem Herzen danke ich meinen Eltern, Frau Ingrid Bendig und Herrn Dr. med. dent. Rainer Bendig, für ihre liebevolle und finanzielle Unterstützung und das Vertrauen über die vielen Jahre der Aus- und Weiterbildung.

Allen genannten Personen und meinen Freunden danke ich für die wiederholten motivierenden Worte, wenn die Arbeit mal nicht so flüssig von der Hand gehen wollte.

10 Anhang

10.1 Abbildungsverzeichnis

Abb. 1: Infektionshäufigkeit bei Granulozytopenie	11
Abb. 2: Infektionshäufigkeit im Verhältnis zur Granulozytenzahl	12
Abb. 3: Molekülbild AmB	23
Abb. 4: Querschnitt durch einen multilamellaren Vesikel	29
Abb. 5: Struktureller Aufbau von ABLC	29
Abb. 6: Flussdiagramm Patientenauswahl	53
Abb. 7: Antimykotische Prophylaxe vor ABLC	55
Abb. 8: Umstellungsgrund auf ABLC	56
Abb. 9: Gruppenvergleich Dauer ABLC Prophylaxe	57
Abb. 10: Neutropeniedauer	58
Abb. 11: Neutropeniedauer (Boxplot)	58
Abb. 12: Häufigkeit der Prämedikation	59
Abb. 13: Verteilung der unerwünschten Arzneimittelwirkungen	60
Abb. 14: Verträglichkeit von ABLC unter Prämedikation	62
Abb. 15: Umstellung wegen Unverträglichkeit im Jahresvergleich	64
Abb. 16: Verträglichkeit von ABLC im Jahresvergleich	64
Abb. 17: Serumkreatinin Veränderungen nach Bearman	65
Abb. 18: Maximales Serumkreatinin	66
Abb. 19: Maximales Kreatinin zur ABLC Dauer	67
Abb. 20: Maximales Serumkreatinin unter nephrotoxischer Substanzen	69
Abb. 21: Maximales Serumkreatinin im Verhältnis zum Patientenalter	71
Abb. 22: Maximaler Serumharnstoff im Verhältnis zum Patientenalter	71
Abb. 23: Verteilung der invasiven Mykosen	73
Abb. 24: Eskalationsgründe	74
Abb. 25: Pilzmedikation nach ABLC	75
Abb. 26: Auftreten von IFI zur Neutropeniedauer, zusammengefasst	78
Abb. 27: Auftreten von IFI zur Neutropeniedauer, aufgegliedert	79

10.2 Tabellenverzeichnis

Tab. 1: Pharmakokinetische Daten	30
Tab. 2: Kriterien für gesicherte invasive Mykosen	35
Tab. 3: Kriterien für wahrscheinliche IFD	35
Tab. 4: Kriterien für die Diagnosestellung einer endemischen Mykose	36
Tab. 5: Unterschiede der verschiedenen EORTC/MSG Definitionen	38
Tab. 6: Patientencharakteristika	54
Tab. 7: Prämedikation * Verträglichkeit von ABLC	61
Tab. 8a-d: Verträglichkeit von ABLC im Jahresvergleich	63
Tab. 9: Nephrotoxische Arzneimittel * Kreatinin	68
Tab. 10: Kreatinin im Verlauf * Patientenalter	70
Tab. 11: Kreatinin * Neutropeniedauer	72
Tab. 12: Antifungale Medikation nach ABLC * Diagnosen	76
Tab. 13: Diagnose * IFI	76
Tab. 14: Neutropeniedauer * IFI	77
Tab. 15: Neutropeniedauer Nicht-IFI-Patienten	77
Tab. 16: Neutropeniedauer in der Subgruppe zur Wirksamkeitsprüfung	78
Tab. 17: Zusammenfassung Ergebnisse	82
Tab. 18: Zusammenfassung der Literaturergebnisse zur Nephrotoxizität	92
Tab. 19: Prophylaxestudien von Amphotericin B Lipidformulierungen im Vergleich	102
Tab. 20: Prophylaxestudien anderer Wirkstoffgruppen	103

I want morebooks!

Buy your books fast and straightforward online - at one of world's fastest growing online book stores! Environmentally sound due to Print-on-Demand technologies.

Buy your books online at
www.morebooks.shop

Kaufen Sie Ihre Bücher schnell und unkompliziert online – auf einer der am schnellsten wachsenden Buchhandelsplattformen weltweit! Dank Print-On-Demand umwelt- und ressourcenschonend produziert.

Bücher schneller online kaufen
www.morebooks.shop

KS OmniScriptum Publishing
Brivibas gatve 197
LV-1039 Riga, Latvia
Telefax: +371 686 204 55

info@omniscriptum.com
www.omniscriptum.com

Printed by Books on Demand GmbH, Norderstedt / Germany